KB181705

게임 프로그래머로 산다는 것

김성완 | 정재원 | 이국현 | 김상천 | 김용준 | 최영준

로드북
RoadBook

게임 프로그래머로 산다는 것

지은이 김성완, 정재원, 이국현, 김상천, 김용준, 최영준 **1판 1쇄 발행일** 2016년 2월 28일
1판 4쇄 발행일 2023년 4월 18일 **펴낸이** 임성춘 **펴낸곳** 로드북 **편집** 장미경
디자인 허진하(표지), 박진희(본문) **주소** 서울시 관악구 신림로 29길 8 101-901호
출판 등록 제 2011-21호(2011년 3월 22일) **전화** 02)874-7883 **팩스** 02)6280-6901
정가 16,000원 **ISBN** 978-89-97924-19-6 93000

이메일 chief@roadbook.co.kr **블로그** www.roadbook.co.kr

이 땅의 프로그래머
당신을 응원합니다

머리말

컴퓨터 게임은 아직 그 역사가 채 100년이 되지 않은 매우 젊은 분야입니다. 그래서 게임 업계 종사자 중에 60대가 된 이들도 최근에야 겨우 생겨났습니다. 하지만 매우 짧은 역사에도 불구하고 불과 50년 정도의 짧은 기간 동안 눈부시게 발전한 분야이기도 합니다. 개인적으로는 90년대 초에 아마추어 게임 프로그래머로 게임계에 발을 들여 놓은 지 20여 년이 되었습니다. 강산이 변한다는 10년 세월을 두번이나 지나온 셈입니다.

게임을 처음 만들기 시작했을 때는 먼 미래의 꿈이었던 것들이 이젠 일상적인 현실이 되어버린 것들이 많습니다. 특히 게임의 그래픽은 눈부시게 발전했습니다. 시커먼 화면에 하얀 점 몇개로 게임 캐릭터를 표현하던 것에서 얼핏 보아서는 실사와 구분할 수 없을 정도로 정교한 그래픽이 고해상도 디스플레이에서 부드럽게 표현되는 시절이 되어 버렸습니다. 게임 분야뿐만 아니라 여러 분야에서 어릴 적 SF가 현실이 된 세상에 살고 있다는 건 너무도 신나는 경험이기도 합니다.

게임 프로그래머로서 이러한 게임의 발전과 함께 하며 항상 공부하는 삶을 살아왔다는 것에 자랑스러운 마음을 가지고 있습니다. 지금도 그러한 삶의 태도는 변하지 않았습니다. 여전히 새로운 것에 대해 호기심을 가지고 더 나은 것을 만들어 내기 위해 노력하는 자세야말로 우리를 꼰대가 되게 하지 않고 지금까지 피터팬 같은 존재로 유지해 주는 힘입니다.

게임 분야는 단지 젊기만 한 분야는 아닙니다. 한국이라는 다분히 학벌과 수직적인 위계 질서를 중요시 하는 사회에서 그러한 것들로부터 가장 자유로운 곳이기도 합니다. 그래서 한국의 여느 분야라면 감히 기대할 수 없는 일이 가능한 곳이기도 합니다. 지방의 이름없는 대학 출신의 프로그래머가 메이저 게임 회사의 중요한 직책을 맡을 수도 있는 곳이 바로 게임 업계이기도 합니다. 특히 오랫동안 게임 프로그래머 지망생을 가르쳐 온 입장에서 제자들이 자신의 학벌에 매이지 않고 최대한 자신의 실력으로 평가받을 수 있다는 게 얼마나 좋은 일인지 모릅니다. 그리고 거대 메이저 게임 회사의 창업주가 말단 직원과도 가장 격의 없이 어울릴 수 있는 곳이기도 합니다.

물론 게임 업계라고 해서 학벌이 전혀 상관없고 한국식의 수직적 위계 질서로부터 완전히 자유롭지는 않습니다. 하지만 한국에서 게임 업계만큼 그런 것에서 자유로운 곳은 별로 없을 겁니다. 이런 곳이라서 그런지 이 업계에 종사하는 이들의 생각도 대다수 매우 진보적입니다. 일 속에서 항상 발전하는 미래를 기대하는 이들이니 너무도 당연한 일입니다.

그래서인지 보수성이 짙은 한국에서는 게임 업계가 뭔가 미운 오리새끼 취급을 받는 일도 많습니다. 하지만 여느 사람들의 백안시하는 시선에는 게임이 단지 미운 오리새끼로 보일지 몰라도 게임은 백조가 분명합니다. 게임에는 이 사회를 더 나은 방향으로 이끌어 갈 신선한 힘이 있습니다. 특히 최근에 활성화된 한국의 인디 게임 씬을 통해서 더욱 그렇다고 확신합니다. 작년에 국내에서는 처음 개최된 인디 게임 페스티벌은 인디 게임 개발자들이 게임을 향한 순수한 마음으로 모인 것만으로도 세상에서 가장 행복한 장소를 만들어 내기도 했습니다.

게임 프로그래머는 게임을 만드는 일을 하는 이들 중에서도 매우 중요한 역할을 맡은 이들입니다. 끊임없이 공부하고 노력해야 하는 일이라 힘들지만 그래서 더욱 행복할 수 있는 직업이기도 합니다. 우리가 행복하지 않고서는 게임을 통해 세상에 제대로 즐거움을 줄 수는 없을 겁니다.

50대에 접어든 나이에 그동안 게임 프로그래머로서 살아온 얘기를 많은 이들 앞에서 해도 별로 부끄럽지 않겠다는 생각을 하게 되었을 때 저자로 참여해 달라는 요청을 받게 되어 기쁘게 수락할 수 있었습니다. 제 개인적으로도 게임 프로그래머로서의 삶을 돌아볼 필요가 있다고 생각했고, 한국의 게임계로서도 자신을 한 번쯤 돌아볼 필요가 있는 시기가 되었다고 생각합니다. 그래서 게임 프로그래머이자 인디 게임 개발자로서 '게임 프로그래머로 산다는 것'이라는 의미있는 책에 게임계의 쟁쟁한 분들과 함께 저자 중 한명으로 참여할 수 있어서 영광이었습니다.

이 책이 현업에서 지금도 열심히 게임을 개발하고 있는 게임 프로그래머 분들과 게임 개발자의 꿈을 꾸며 열심히 공부하고 있을 게임 프로그래머 지망생 분들에게 좋은 길잡이가 되어주기를 바랍니다.

2016년 3월 1일 독립 만세를 힘차게 외쳤던 날에...
저자를 대표하여 김성완

목차

김성완의

나는 인디 게임 개발자다

01

"

Q. 거의 20년이 넘는 게임 인생을 살고 계십니다.
남다른 소회가 있으실 것 같은데요?

후배들에게 전하고 싶은 기쁜 소식은 50대가 되어도
여전히 코딩을 할 수 있고 새로운 걸 공부하고 있다는 것입니다.
물론 젊은 시절만큼의 체력과 속도는 없지만
대신 그걸 메꾸고도 남을 만한 지혜가 생긴다는 것입니다.
그러니 늙는 것을 두려워하지 말고 매일 매일 신나게 살았으면 합니다.
나의 다음 목표는 60대에도 여전히 새로운 걸 공부하고
코딩을 하는 것입니다. .

"

종이와 연필로 시작한 컴퓨터 프로그래밍

컴퓨터 없이도 게임을 만들어서 놀다

이제는 게임이라고 하면 당연히 컴퓨터 게임을 의미하는 말이 되었지만 본래 게임은 컴퓨터 없이도 인류와 함께 늘 존재했던 것이다. 게임은 우리말로 '놀이'이다. 사실 놀이는 인류보다 더 오래되었다고 할 수 있다. 놀이는 인류만의 전유물이 아니다. 인간도 포함된 포유류는 물론 조류의 경우도 놀이를 한다. 우리와 친근한 동물인 개나 고양이의 경우는 놀이하는 모습을 쉽게 관찰할 수 있다. 조류의 경우도 유튜브에서 오리들이 미끄럼틀을 타며 노는 동영상을 어렵지 않게 찾을 수 있다. 하지만 모든 동물종이 놀이를 하는 것은 아니다. 거의 포유류와 조류만이 놀이를 한다. 그러므로 놀이는 상대적으로 지능이 높은 고등한 동물종에만 국한된 행위라고 할 수 있다.

사실 요즘 같은 컴퓨터 시대에 컴퓨터로 놀이를 하는 건 너무도 자연스런 일이다. 이제는 컴퓨터 게임이 그냥 '게임'으로 불리며 모든 놀이의 대표격이 되어 버렸다. 특히 스마트폰의 등장으로 모바일 게임을 어디서나 간편하게 즐길 수 있게 되면서 컴퓨터 게임은 우리와 늘 가까이 있는 존재가 되었다.

하지만 내가 초등학생 시절이던 70년대로 시간을 되돌려 보면 일반 대중들이 접할 수 있는 컴퓨터 게임은 아예 존재하지 않았다. 이런 시절에 게임을 한다는 것은 당연히 컴퓨터 없이 게임을 하는 것을 말한다. 요즘 세대들에게 컴퓨터 없이 할 수 있는 게임이 어떤 게 있는지 물어 본다면 아마도 보드 게임을 말할 것이다. 하지만 내가 초등학교를 다니던 시절에는 보드 게임이라고 해도 국내에서 접할 수 있는 것은 간단한 뱀주사위 놀이나 모노폴리의 아류작인 블루마블 정도가 고작이었다. 그래서 당시에 즐기던 게임들은 일상 생활에서 쉽게 구할 수 있는 물건을 도구삼아 놀 수 있는 것들이 많았다. 신문이나 잡지를 접어서 만든 딱지로 노는 딱지 치기나 주머니에 든 동전으로 하는 동전 던지기 등이 그런 예이다.

이 당시 가장 재밌게 했던 게임 중 하나는 책상에서 종이와 연필만으로 하는 일종의 간단한 전투 게임이었다. 이 게임은 종이 위에 편을 갈라 동그라미를 여러 개 그려놓고 시작한다. 게임의 기본 메카니즘은 수직으로 세운 연필의 지우개 부분을 검지 손가락으로 세게 눌러 연필심이 종이 위를 미끄러지며 선을 휙 긋고 지나가게 하는 것이었다. 이때 그려진 선은 공격 무기의 발사 궤적이거나 유닛의 이동 경로를 나타내는 것이었다. 학교에서 쉬는 시간에 잠시 짬을 내서 쉽게 할 수 있는 놀이라 제법 인기가 많았다. 경기의 규칙은 요즘으로 보면 FPS 게임의 데쓰매치 같은 것이었다. 상대 편 동그라미를 먼저 다 죽이는 쪽이 이기는 것이었다.

그런데 이 놀이를 한동안 즐기다가 병사에 해당하는 동그라미뿐만 아니라 탱크 같은 새로운 유닛을 추가하기 시작했다. 새로운 유닛과 그에 따른 새로운 규칙이 추가되었고 지형도 단순한 평면에서 등고선을 이용해 높낮이를 표현했다. 유닛도 지상 유닛뿐만 아니라 해상과 공중 유닛도 추가되었다. 나중에는 유닛을 수송하거나 생산하는 것도 추가되었다. 점점 새로운 요소가 추가되고 전장의 크기도 커지면서 지금으로 보면 턴 방식의 거대한 전략 게임이 되어갔다. 종국에는 문방구에서 살 수 있는 가장 넓은 종이인 전지에서 자와 컴퍼스까지 이용해서 4명이 함께 플레이하는 대규모 전략 게임으로 발전했다. 하지만 이 게임을 플레이하려면 지금이라면 컴퓨터가 대신 해줄 모든 일들을 일일이 수작업으로 해야 했다. 그래서 규모가 커지고 복잡해진 규칙을 일일이 적용하면서 플레이하는 일은 하나의 중노동(?)이 되었고, 막연하게나마 컴퓨터 같은 존재를 기대하게 되었다.

컴퓨터 게임을 처음으로 보게 된 것은 70년대 말 TV 광고를 통해서였다. 광고에서 본 것은 TV에 연결해서 즐길 수 있는 일종의 콘솔 게임기로 아타리의 퐁 같은 아주 간단한 게임만 할 수 있는 것이었다. 하지만 그 당시에는 검은 TV 화면에 하얀 사각형의 점이 날아다니고, 화면상의 막대바를 조작해서 움직일 수 있고, 독특한 전자음을 내는 것 자체가 놀랍고 신기한 광경이었다. 하지만 당시로 보면 상당히 고가의 제품이었기에 대부분의 아이들에게는 그림의 떡에 불과했다. 실제로 컴퓨터 게임을 접할 수 있게 된 건 중학교 때에 처음 등장한 오락실 게임을 통해서였다. 이 때 동네 오락실에 처음 선보인 게임은 아타리의 브레이크아웃이었다.

이 게임을 만든 게 애플을 창업한 스티브 잡스와 스티브 워즈니악이었다는 걸 알게 된 건 훨씬 나중 일이다.

그리고는 스페이스 인베이더, 갤러그, 제비우스 같은 게임들이 연이어 등장하면서 오락실 게임은 발전을 거듭했다.

▲ 최초의 국내 콘솔 게임 광고

고2 겨울방학 때 발견한 놀라운 책 "BASIC 프로그래밍"

세상에 처음 등장한 오락실 게임들은 넓게 보면 컴퓨터 게임의 일종
이지만 지금 우리가 생각하는 그런 컴퓨터 게임은 아니었다. 초창기 오락
실용 게임들은 CPU를 통해 게임 프로그램이 실행되는 구조가 아니라 아
예 그 게임만 실행할 수 있도록 구현된 전용의 전자회로로 만들어진 것이

었다. 그래서 프로그램을 교체하거나 수정할 수 있는 소프트웨어적인 요소가 없었다. 프로그래밍이 가능한 요즘의 컴퓨터와는 거리가 먼 하드웨어였던 셈이다.

이 시대에도 메인프레임으로 불리는 커다란 컴퓨터가 큰 기업이나 대학 등에서 업무용으로 활용되고 있었다. 하지만 일반인이 이런 컴퓨터를 접할 수 있는 방법은 사실상 없었다. 이런 시절이니 컴퓨터에 대한 이미지도 막연하고 과장된 것이었다. 이 당시 컴퓨터에 대해서 알고 있는 지식은 소년 잡지 등에서 읽은 내용이 전부였다. 하지만 이런 데 묘사된 컴퓨터는 뭔가 뛰어난 지능을 가진 신비로운 기계였다. 사람은 할 수 없거나 하기 힘든 일을 척척 해내는 만능의 기계였다. 그런 일들을 척척 해낼 수 있는 마냥 신기한 기계로만 묘사했을 뿐 어떻게 그런 일을 할 수 있는지를 설명해주는 글은 초등학생 수준의 읽을 거리에서는 찾을 수가 없었다. 그나마 조금 알게 된 지식은 컴퓨터가 이런 일을 척척 하기 위해서는 '프로그램'이란 게 필요하고 그런 프로그램을 만드는 일을 '프로그래밍'이라고 한다는 정도였다. 프로그래밍이란 게 도대체 무슨 일인지 궁금했지만 소년 잡지에 실린 글은 그런 것까지는 가르쳐 주지 않았다. 그래서 내게 있어서 컴퓨터는 내내 신비로운 존재였다.

요즘 우리나라 청소년들은 초등학교에 들어가기 전부터 사교육에 시달리며 살아간다. 하지만 내가 청소년기를 보낸 시절은 중학교 때 즈음해서 사교육이 금지되었고, 자율학습이란 이름으로 밤 늦은 시간까지 학교에 남아서 장시간 공부해야하는 건 사실상 고3 때뿐이었다. 그래서 고2 겨울 방학은 대학 입시 때까지 자유를 누릴 수 있는 마지막 기회였다. 그래서 겨울 방학이 시작되자 방학 동안 읽어볼 재미난 책을 찾아볼 양으로 시내에 있던 대형 서점에 들렀다. 그런데 대학 교재가 있는 곳을 지나치다가 눈에 띄는 책 제목을 발견했다. 그 책은 "베이직 프로그래밍"이라는 제목의 비교적 얇은 책이었다. 그동안 프로그래밍이란 게 도대체 뭔가 궁금했지만 그 궁금증을 해결할 방법이 딱히 없었는데, 대학 교재들이 꽂혀 있던 서가에서 그 답을 알려줄 수 있을 것 같은 책을 발견한 것이었다. 소풍 때 보물 찾기를 하다 보물을 찾은 기분이었다.

그 자리에서 책을 꺼내 살펴보기 시작했다. 내가 기대하던 바로 그런 책이었다.

프로그래밍이란 컴퓨터에 지시할 일을 컴퓨터 언어를 이용해 규칙에 따라 차근 차근 명령서를 작성하는 일이었고 그러한 명령서가 곧 프로그램이었다.

컴퓨터는 오로지 이 프로그램에 의해서만 작동한다는 것을 알게 되었다. 컴퓨터는 프로그램이 없으면 스스로는 아무것도 할 수 있는 게 없는 멍청한 기계 덩어리에 불과한 것도 알게 되었다. 컴퓨터는 이전에 소년 잡지 등을 통해서 접했던 그런 만능의 신비로운 기계가 아니었던 것이다. 컴퓨터가 겉으로 하는 일이 아무리 대단해 보여도 프로그램이란 것은 기본적으로 단순한 명령어들의 조합으로 구성된 것이란 걸 알게 되자 세상의 가장 대단한 비밀을 알게 된 것마냥 기뻤다. 지체 없이 그 책을 사서 집으로 돌아와 열심히 읽기 시작했다. 이렇게 베이직 프로그래밍 독학이 시작된 것이다.

종이와 연필로만 시작한 BASIC 프로그래밍

BASIC 프로그래밍이라는 책을 열심히 탐독하며 프로그래밍이란 게 어떤 것이란 걸 제법 알게 되었지만 한 가지 커다란 문제가 있었다. 실제로 프로그램을 실행해 볼 수 있는 컴퓨터가 없었던 것이었다. 당시는 아직 국내에 8비트 개인용 컴퓨터가 대중적으로 보급되기 직전이라서 시중에서는 컴퓨터를 전혀 만나 볼 수가 없었다.

그나마 베이직 프로그래밍을 공부하기 전에 어느 기술 전시회에서 국산 8비트 개인용 컴퓨터 제품을 잠시 만져 본 것이 유일한 경험이었다. 당시 전시된 8비트 컴퓨터는 삼성 SPC-1000으로 시중에 판매되기 전에 시범적으로 전시된 것이었다. 딱히 사용법을 안내해 주는 이도 없었고 이 때는 아직 베이직 언어도 몰랐으니 영어 자판으로 "hello?"라고 타이핑 하고 뭔가 영화에서 본 것 같은 컴퓨터의 친근한 응답을 기대하는 수준이었다. 하지만 돌아온 답은 뜬금 없는 "Syntax Error" 였다. 몇 번 다른 문장으로 재시도를 했지만 결과는 같았고 결국 금방 흥미를 잃고 말았다. 오히려 당시 전시된 제품 중에서 가장 인상적이었던 것은 스타트랙 극장판을 보여주고 있는 커다란 레이저 디스크 플레이어였다.

아무튼 프로그래밍 공부는 컴퓨터 없이도 계속되었다. 실제 컴퓨터는 없었지만 당시에 책에 실려있던 프로그램 예제도 그렇게 복잡하거나 분량이 많지 않았기 때문에 머리 속에 가상의 컴퓨터를 상상하면서 프로그램 코드를 한줄 한줄 실행해 볼 수 있었다. 그리고 직접 만든 프로그램을 종이에 작성하고 나서 연필로 하나 하나 짚어가며 머리 속에 상상으로 존재하는 컴퓨터로 돌려보면서 흐뭇해 하기도 했었다.

하지만 프로그래밍에 조금씩 익숙해지고 작성하는 프로그램의 크기도 조금씩 커지기 시작하자, 실제 컴퓨터가 없는 아쉬움도 점점 커지게 되었다. 당시 같은 반에 나와 함께 컴퓨터에 관심을 가지고 그런 식으로 프로그래밍을 공부하던 친구가 딱 한명 있었다. 아마도 같은 반뿐만 아니라 전교를 뒤져도 그런 친구는 서너 명밖에 없었을 것이다. 아무튼 이 친구와는 더욱 친해질 수밖에 없었다.

프로그램을 돌려 볼 수 있는 컴퓨터를 찾아라

결국 실제로 컴퓨터 프로그램을 실행하기 위해서는 어디선가 프로그램을 실행할 수 있는 컴퓨터를 찾아야 했다. 그래서 함께 프로그래밍을 공부하던 같은 반 친구와 의기투합해서 시내 중심가에 있던 커다란 전산 학원을 찾아갔다. 거기에 가면 아마도 컴퓨터를 사용할 수 있을 지도 모른다고 생각한 것이다. 짐작대로 그 학원에는 베이직 프로그래밍 과정을 위한 실습실에 여러 대의 8비트 애플II 호환 컴퓨터가 있었다. 그런데 그 학원은 우리 같은 고등학생을 대상으로 하는 그런 학원이 아니었다. 큰 기업의 전산실에 취업을 하려는 이들을 교육하는 일종의 실무 교육 학원이었다. 우리는 학원에서 강좌를 수강하지 않고도 컴퓨터만 무료로 사용할 수 있는 방법을 찾아볼 심산으로 갔던 것이었다. 그런 의도를 노골적으로 드러내지는 않고 어떻게든 무료로 사용해볼 방법을 모색해 보았지만 우리의 언변으로는 잘 먹히지 않았다. 대신 그 학원 강사분의 맛보기 무료 BASIC 프로그래밍 강의만 조금 들을 수 있었다. 당시 그 강사분은 우리를 완전 초보로 알고 베이직 프로그래밍의 아주 기초적인 내용을 나름 열심히 강의해 주셨지만 그 정도는 이미 독학으로 다 알고 있는 것이었다. 결국 전산 학원의 컴퓨터를 무료로 사용해 보려는 시도는 실패하고 발길을 돌려야 했다.

컴퓨터가 있는 곳은 찾았지만 그건 우리를 위한 컴퓨터가 아니었다. 물론 그 학원에 수강료를 내고 다닌다면 컴퓨터를 사용할 수 있는 기회를 얻을 수 있었겠지만 곧 고3이 되는 고등학생들이 입시와 상관없는 공부를 위해서 비싼 학원비를 내고 전산학원을 다닐 수 있는 처지는 아니었다. 그때는 초등학생들도 배우는 컴퓨터 학원이 아직 생겨나기 전이었고, 초등생은 커녕 중고생이 컴퓨터를 배운다는 개념 자체가 없던 시절이기도 했다.

고3은 애플II와 함께

실제로 컴퓨터를 사용할 수 없어 실망하고 있던 우리에게 뜻밖의 행운이 찾아왔다. 고3이 되던 1983년은 마침 국내에서 8비트 개인용 컴퓨터가 일반에게 처음으로 판매되기 시작한 해였다. 그 전에는 오직 극소수만이 해외에서 직접 수입한 8비트 컴퓨터를 접해 볼 수 있었다. 하지만 1983년이 되자 모든 게 달라졌다. 처음으로 컴퓨터가 대중 시장으로 나온 것이었다. 일전에 어느 기술 전시회에서 접했던 삼성 SPC-1000도 바로 1983년의 본격적인 출시를 앞두고 준비중인 제품이었던 것이다. 하지만 컴퓨터는 TV 같은 가전 제품이 아니었다. 그냥 사서 집에 가져가면 바로 사용할 수 있는 게 아닌 것이다. 당시에 컴퓨터란 제품은 일반인들에게는 무척이나 생소한

데다 가격도 제법 고가에다 그 사용법마저 심히 난해한 제품이었다. 이렇게 대중의 사용 경험이 없는 새로운 제품을 처음으로 대중들에게 판매하고자 했을 때 그냥 제품만 판매할 수는 없는 것이다. 그래서 컴퓨터 회사들은 단순히 컴퓨터를 판매하는 게 아니라 곳곳에 컴퓨터를 무료로 사용해 볼 수 있는 컴퓨터 전시장을 마련했다. 당시의 컴퓨터 전시장은 전시장이라는 이름과는 달리 일종의 컴퓨터 실습실 같은 곳이었다. 그냥 전시된 제품을 잠시 구경하는 곳이 아니라 장시간 자리를 차지하고 앉아서 컴퓨터를 사용할 수 있는 그런 곳이었다.

드디어 컴퓨터 전시장에서 컴퓨터를 사용할 수 있게 된 것은 커다란 행운이었지만, 고3들에게 그건 반쪽 짜리 행운이기도 했다. 주중에는 학교에서 밤 10시까지 자율학습을 해야 했기 때문에 정작 컴퓨터 전시장에 가서 컴퓨터를 사용할 시간을 낼 수가 없었던 것이다. 오로지 주말에만 거기에 들릴 수가 있었다.

이렇게 하여 주중에는 몰래 몰래 수업시간도 이용해서 틈틈이 종이와 연필로 프로그래밍을 하고 주말에는 컴퓨터 전시장에 가서 그 프로그램을 입력하고 실행하는 유별난 고3 생활이 시작된 것이었다. 고3으로서 대학 입시 공부에 전념해야 하는 중요한 시기에 컴퓨터 프로그래밍을 한다고 상당한 시간을 할애한 것이다. 여느 사람들은 입시 공부에 전념하지 못한 만큼 대학 입시에서 손해를 보았다고 생각하겠지만 내 생각은 좀 다르다. 지금 한국의 젊은 자수성가형 부자들은 대부분 게임회사나 IT회사를 창업한 이들이다. 그런데 이들에게는 한 가지 큰 공통점이 있다. 모두 1983년에 중

학생이거나 고등학생이었다는 것이다. 고3인 경우는 없다.

사람의 인생이나 사업에는 결정적인 시기란 게 있다. 1983년이 바로 그런 해이다. 1983년은 국내에 처음으로 8비트 개인용 컴퓨터가 출시된 해로서 그 시기에 감수성 예민한 청소년기를 보낸 이들은 이때 접한 새로운 기술의 세례를 받고 이 기술이 가져오는 커다란 변화의 혜택을 가장 크게 누리는 것이다.

이런 면에서 고3이라는 제약으로 이러한 신기술의 세례를 온전히 받지는 못했지만 고3임에도 불구하고 시간을 할애해서 컴퓨터 프로그래밍을 독학으로 공부했던 것은 참으로 다행스런 일이었다고 생각한다.

이렇게 주중에는 컴퓨터 프로그래밍을 종이에다 하고, 주말에만 실제로 컴퓨터에서 실행해 볼 수 있는 생활을 지속하면서 내가 가진 큰 관심사는 비행 시뮬레이션 같은 3차원 그래픽 프로그램을 만들어 보는 것이었다. 하지만 당시의 조악한 컴퓨터 성능으로는 단순한 직선을 그리는 것도 만만한 일이 아니었다.

당시 시중에서 판매되던 8비트 개인용 컴퓨터는 크게 2종류로 나누어 볼 수 있었다. 첫번째는 8비트 개인용 컴퓨터의 원조라고 할 수 있는 모토롤라의 8비트 CPU 6502를 기반으로 한 애플II 컴퓨터의 호환 제품들이었다. 당시 국내에서 애플II 호환 기종으로 두각을 드러낸 회사는 신생의 삼보컴퓨터였다. 두번째는 자일록의 8비트 CPU Z-80을 기반으로한 삼성, 금성, 현대, 대우 등 대기업 제품들이었다. 당시 CPU도 Z-80이 조금 더 고

성능이었고, 거기에 탑재된 ROM BASIC의 기능도 Z-80 계열이 더 우수했다. 하지만 소프트웨어의 수에서는 애플용 소프트웨어가 압도적이었다. 당시 서점에 가면 애플용 소프트웨어 목록을 담은 일종의 카달로그 책도 있었다. 이 책은 전화번호부를 연상시킬 정도로 매우 두툼했다. 그리고 거기에 수록된 대부분의 애플용 소프트웨어는 다름 아닌 게임이었다. 이런 이유로 Z-80계열이 좀 더 고성능이긴 해도 애플II를 더 선호하게 되었다. 일찌감치 애플빠의 길에 들어선 셈이었다.

고3 동안 간단한 베이직 프로그램을 작성해서 주말에만 컴퓨터 전시장에 가서 실행해 보는 생활도 어느덧 대학 학력고사 시험과 함께 끝났다. 당시 학력고사 시험을 끝으로 사실상 고3 생활이 끝났다는 해방감보다는 컴퓨터 프로그래밍을 맘껏 해볼 수 있게 되었다는 해방감이 더 컸다. 시험이 끝나자마자 회포를 풀기 위해 술집으로 간 친구들도 있었겠지만 나는 시험장에서 멀지 않은 서점으로 갔다. 새로 나온 컴퓨터 서적을 살펴볼 양이었다. 거기서 〈애플II를 활용한 마이크로 컴퓨터 그래픽〉이라는 책이 나온 것을 보고 바로 샀다. 표지도 영화 트론(1982)의 이미지가 박혀 있는 멋있는 책이었다. 아무튼 이 책은 해외 원서를 무단 번역해서 출판한 책으로 표지도 디즈니 영화의 이미지를 무단으로 가져다 쓴 셈이었다. 하지만 당시는 한국이 국제 저작권 협약에 아직 가입하지 않은 때라서 해외 서적을 라이센스 없이 무단으로 복제하거나 번역해서 출판하는 것이 예사로운 시절이었다.

그 책은 1982년 미국에서 출간된 〈Micro Computer Graphics〉의 번역서로 애플II 컴퓨터에서 3D 그래픽을 구현하는 방법에 대한 책이었다. 나에게 꼭 필요한 책이었다. 그 책을 통해서 고등학교 수학에서 배운 벡터와 행렬이 컴퓨터 그래픽의 구현에 쓰인다는 것을 처음으로 알게 되었다. 사실 고등학교에서 배운 행렬에 대한 수학은 주로 2×2의 정사각 행렬을 다루는 것이었기 때문에 그 책에 실려있는 4×4의 정사각 행렬은 놀라운 것이었다. 3차원을 다루는 데 3×3 행렬이 아니라 4×4 행렬이 사용되는 것도 신기한 것이었다.

아무튼 학력고사도 끝났고 대학 전산학과를 지망하는 같은 반 친구의 집에는 드디어 애플II 컴퓨터도 장만되었다. 컴퓨터 프로그래밍의 재미와 함께 했던 고3 시절은 저물어 갔다.

천공카드를 들고 수강신청을 하다

물리학과의 첫 디지털 컴퓨터 세대이자 첫 개인용 컴퓨터 세대

고3 시절 함께 컴퓨터 프로그래밍을 공부했던 같은 반 친구와는 컴퓨터라는 면에서 공통점이 있었지만 궁극적으로 지향하는 목표는 서로 달랐다. 친구의 경우는 컴퓨터 자체를 좋아했고, 그래서 대학도 전자계산학과를 지망했다. 내 경우는 중3 때부터 물리학자가 되기를 결심했고, 그래서 컴퓨터에 대한 관심도 컴퓨터 자체에 대한 관심이라기보다는 물리학 현상을 컴퓨터로 시뮬레이션 해보는 것에 대한 관심이 더 컸었다. 나에게 있어서 컴퓨터는 어디까지나 물리학을 위한 유용하고 편리한 도구였던 것이다.

당시 문과의 최고 인기과가 법학과였다면, 이과의 최고 인기과는 의예과가 아니라 전자공학과였고 그 다음이 전자계산학과(요즘의 컴퓨터공학과)였다. 서울에 있는 명문대의 이런 과는 전국의 내로라하는 수재들이 모이는 곳이었다. 고3 시절 컴퓨터 프로그래밍 공부에 적지 않은 시간을 썼기 때문에 내 학력고사 성적은 어른들이 바라는 이른바 SKY 대의 저런 과를 갈 정도는 아니었다. 나는 어디든 물리학과를 가기를 원했지만 결국 타협안으로 서강대의 전산계산학과를 1지망으로 물리학과를 2지망으로 지원했다. 그런데 다행스럽게도 1지망에서 떨어지고 2지망에 합격한 것이었다. 아마 2지망으로 합격한 걸 더 기뻐하는 경우는 별로 없을 것이다.

중3때부터 바라던 물리학과에 입학했기 때문에 대학 첫해의 생활은 마냥 행복했고, 컴퓨터에 대한 관심도 잠시 뒷전으로 밀려났다. 의도된 선택은 아니었지만 다행히도 서강대는 당시에 컴퓨터 교육을 강조하는 데 있어서 앞선 대학이었다. 세속적인 대학 서열로는 SKY대 바로 아래에 있다보니 경쟁력을 높일 방법으로 전교생에게 컴퓨터 교육을 강화했던 것 같다. 그래서 문과생은 COBOL 프로그래밍을 이공계생은 FORTRAN 프로그래밍을 필수 교양으로 한 학기 이수해야 했다. 그리고 전자계산학과가 아니라 해도 내가 다닌 물리학과에도 컴퓨터를 적극적으로 활용하는 과목들이 적지 않았다. 대표적인 게 전산물리학실험 같은 과목이었다. 내가 입학한 해는 바로 그런 움직임이 적극적으로 실행되기 시작한 해였기 때문에 전자계산학과가 아님에도 그러한 교육의 혜택을 입을 수 있었다. 그리고 학교의 전반적인 면학 분위기가 당시 국내 대부분 대학의 먹고 놀자판 분위기와는 거리가 멀었다. 고3때 지금처럼 공부를 했으면 서울대에 가고도 남았을 것이라는 푸념을 할 정도로 학생들에게 공부를 많이 시키는 대학이었고, 그래서 서강고등학교라는 별명을 얻기도 했었다. 이런 분위기이다 보니 학생들끼리도 교과목 수업을 예복습하거나 과중한 과제를 함께 할 목적으로 조직된 스터디 그룹이 활성화되어 있었다. 더 나아가서 정규 교과를 통해서는 배울 수 없는 것을 공부하기 위해서도 스터디 그룹을 조직하기도 했다.

아날로그 컴퓨터는 구경만 할 수 있었다

대학에서 처음으로 수강한 컴퓨터를 활용한 수업은 전산물리학실험이었다. 이 과목은 물리 현상을 컴퓨터로 시뮬레이션하는 방법을 배우는 과목이었다. 그런데 원래 이 과목은 요즘 우리가 사용하는 디지털 컴퓨터가 아니라 아날로그 컴퓨터로 물리 현상을 시뮬레이션하는 것이었다. 요즘은 사실상 모든 컴퓨터가 이진수 기반의 디지털로 동작하기 때문에 더이상 컴퓨터에는 아날로그와 디지털의 두 종류가 있다는 걸 가르치지 않게 되었지만, 당시에는 아날로그와 디지털의 두 종류의 컴퓨터가 있다고 배우던 시절이었다. 하지만 아날로그 컴퓨터는 사실상 범용성이 없었기 때문에 일반적인 범용 컴퓨터로 쓰이지는 않고 물리학이나 공학 분야에서 역학 현상을 기술하는 미분방정식을 아날로그적으로 푸는 도구로만 사용되었다. 디지털 방식의 전자 컴퓨터는 트랜지스터 같은 회로소자의 발전으로 성능이 빠르게 향상되었고, 아날로그 컴퓨터의 입지는 점점 좁아졌다.

아날로그 컴퓨터는 디지털 컴퓨터처럼 논리회로 소자에 의해 동작하는 것이 아니라 미분이나 적분 계산을 흉내내는 전자회로를 여러 개 가지고 있다. 미분 방정식을 풀기 위해서는 이런 회로를 적절하게 배선하고 저항에 연결된 다이얼로그 값을 입력하면 되었다. 그 결과는 오실로스코프에서 그 래프 형태로 볼 수 있었다. 사실 이런 전자회로로 만들어진 아날로그 컴퓨터 이전에도 기계식으로 작동하는 아날로그 컴퓨터가 있었다. 기계식 아날로그 컴퓨터는 이런 계산을 톱니바퀴와 축들을 정교하게 조합해서 처리할 수 있었다. 최초의 비디오 게임으로 여겨지는 'Tennis for Two(1958)'도 일종의 이런 아날로그 컴퓨터로 구현된 게임이라고 할 수 있다.

아무튼 전자식 아날로그 컴퓨터로 이루어지던 전산물리학실험이 내가 입학한 84학번부터 8비트 개인용 컴퓨터상에서 베이직 프로그래밍으로 구현하는 시뮬레이션 실험으로 바뀌게 되면서 아날로그 컴퓨터는 실험실 한 켠에 있는 걸 구경만 하고 아쉽게도 실제로 다루어볼 기회는 없었다.

애플II로 이루어지는 전산물리실험에서 사실상 조교를 하다

처음으로 8비트 애플II 컴퓨터로 실습을 하게 된 전산물리학실험 과목은 수강생은 물론 실험 과목을 담당하는 대학원생 조교까지도 8비트 개인용 컴퓨터가 처음인 상황이었다. 그래서 입학하기 전에 이미 8비트 개인용 컴퓨터로 베이직 프로그래밍을 해본 경험자로서 실질적인 조교를 하게 되었다. 실험 과목이라서 딱히 강의를 하거나 하지는 않았지만 실습 조교로서 수강생들이 하다가 막히는 부분에서 도움을 주는 역할을 하게 되었다. 베이직 프로그램으로 구현해야 하는 물리 시뮬레이션은 매우 간단한 것들이었기 때문에 내것을 얼른 끝내고 나면 다른 수강생들이 코딩하는 걸 돕는 역할을 부담없이 즐겁게 할 수 있었다.

사실 전산물리학실험은 미분방정식을 수치적으로 푸는 수치해석을 직접 컴퓨터에서 실습하는 과목이었다. 컴퓨터 프로그래밍과 수치해석을 동시에 공부해야 하는 과목이라 수강생들에게 너무 큰 부담을 주지 않기 위해서 난이도를 낮추었기 때문에 생각만큼 그리 어렵지는 않았다. 전자계산학이나 공학 전공이었다면 수치해석을 필수 과목으로 수강할 기회가 있었겠지만 내 경우는 전산물리학실험 과목을 통해서 초보적인 수치해석을 실전으로 배운 셈이 되었다.

아무튼 물리 시뮬레이션에 필요한 기초 지식은 이 과목을 통해서 다 배웠다고 해도 지나치지 않다. 이 과목에서 간단한 포사체 운동이나 스프링이 진동하는 현상을 기술하는 미분 방정식을 차분 방정식으로 변환해서 수치적으로 푸는 방법을 배웠다. 당시 컴퓨터의 낮은 성능상 가장 단순하지만 그만큼 오차가 큰 해법인 오일러 해법을 적용했다. 그러다 보니 입력값을 조심하지 않으면 결과값이 무한대로 발산하는 현상이 쉽게 일어났다. 이른바 수치해의 폭발 현상을 쉽게 관찰할 수가 있었다. 그리고 실수 연산이 얼마나 느린 지도 제대로 체험할 수 있었다.

어쩌면 이런 경험이 향후 엄밀성이 덜한 게임에서 물리 현상을 구현하는 데 좋은 공부가 된 것 같다. 공학적인 기준으로 엄밀한 해를 추구하는 과목이었다면 오히려 게임에 응용하는 데 보탬이 되는 실전 지식을 얻기는 어려웠을 것으로 생각한다.

사실 이 때 공부하고 실습했던 물리 시뮬레이션 기법은 지금도 게임아카데미 학생들에게도 큰 변화 없이 기초적인 내용으로 가르치고 있다.

포트란 프로그래밍이 필수 과목

앞에서도 언급했지만 이 학교는 문과 이과생을 가리지 않고 모든 학생들이 컴퓨터 프로그래밍을 교양으로 공부하도록 했다. 나는 이과생이었으므로 비즈니스용 COBOL이 아니라 과학기술용 FORTRAN을 수강해야 했다. FORTRAN은 최초의 고급 언어였던 만큼 오래된 언어로 지금은 아마도 배우는 곳이 전혀 없는 죽은 언어라고 할 수 있을 것이다. 물론 정말 완전히 죽은 언어는 아니다. 예를 들어 기상 시뮬레이션 분야에서는 여전히 유효한 언어이다. 그렇지만 FORTRAN은 그 당시에도 학생들 사이에서는 낡은 언어 취급을 받았다. 전산물리학실험 과목이 아날로그에서 디지털 컴퓨터로 변화가 있었듯이 FORTRAN 과목도 내가 입학한 해부터 천공카드에 프로그램을 작성하는 방식은 폐지되고 처음으로 CRT 단말기 상에서 편리한 텍스트 에디터로 코드를 작성할 수 있게 되었다. 비슷한 시기에 다른 학교들은 여전히 천공카드에 프로그램을 작성해야 했다.

아무튼 천공카드는 거기에다 FORTRAN 코딩을 했던 선배들의 경험담을 듣는 것으로 끝났으면 좋았겠지만 수강신청은 내가 대학을 다니는 내내 여전히 천공카드로 처리되었다. 학교의 메인프레임 컴퓨터가 학생들의 수강신청 처리를 하기는 했지만 전교생이 한날 한시에 접속해서 수강신청을 할 수 있을 만큼 많은 수의 단말기는 없었다. 요즘도 수강신청 날이면 원하는 과목을 먼저 신청하기 위해서 학생들이 일시에 몰리는 바람에 접속 지연으로 서버 컴퓨터가 먹통이 되는 경우가 종종 있다. 그런데 당시의 수강신청은 단말기를 통해 중앙 컴퓨터에 온라인으로 접속하는 대신에 전산실에서 미리 각 과목의 수강생 정원수만큼 해당 과목을 식별할 수 있는 천공카드를 준비한 다음 해당 과목 조교들이 한 묶음씩 들고 있다가 수강을 하려는 학생들에게 선착순으로 직접 나누어 주는 방식이었다. 학생들은 이 천공카드를 모아서 자신의 개인 식별 정보가 담긴 천공카드와 함께 제출하면 되는 식이었다. 그러면 개인별 수강과목이 표시된 천공카드 묶음들을 학교의 중앙 컴퓨터에 일괄적으로 입력하는 것으로 수강신청이 끝나는 것이었다. 어쨌든 최종적으로는 모든 수강신청 정보가 컴퓨터에 입력이 되는 셈이었지만 실제로 수강할 과목을 선택하는 일은 해당 과목의 천공카드를 받기 위해 캠퍼스 여기저기를 열심히 뛰어다니는 것이었다. 이때 어느 과목부터 먼저 달려갈 건지 작전을 잘 짜야 했다. 아무튼 요즘 학생들은 수강신청 때면 마우스 버튼을 광클릭 하느라 힘들지만 당시에는 아예 캠퍼스를 광속(?)으로 뛰어다녀야 했다.

아무튼 내가 입학한 학번부터는 FORTRAN 코딩을 천공카드에다 하지 않아도 되었다. CRT 단말기에서 유닉스의 vi와 유사한 텍스트 편집기로 프로그램을 입력하고, 콘솔 명령어로 소스를 컴파일하고, 이렇게 생성된 이진 프로그램을 실행하는 일까지 가능했다. 하지만 프로그램의 실행 결과는 여전히 라인 프린터를 통해서만 얻을 수 있었다. 그런데다 이런 프린터가 바로 옆에 있는 것도 아니었다. 출력실이라는 곳에 따로 있었고 내가 실행한 프로그램도 즉시 실행되는 것이 아니었다. 당시에는 프로그램이 지금처럼 실시간으로 바로 실행되는 것이 아니었다. 이른바 일괄처리라고 하여 개별 프로그램을 바로 처리하지 않고 한데 모아서 일정 수량이 모이면 그제서야 한꺼번에 처리하는 방식이었다. 그러다 보니 오전에 작성해서 중앙 컴퓨터에 실행 요청을 한 내 프로그램의 결과는 오후쯤에야 별도의 출력실에서 찾을 수 있었다. 출력실에서는 프로그램의 실행 결과가 프린터로 출력되면 사용자별로 그 용지를 분류해서 쉽게 찾아 갈 수 있도록 특별한 진열대에 꽂아 두었다. 자신의 출력 결과가 나오면 통보해주는 시스템이 있는 것도 아니었기 때문에 출력실에 갔지만 헛걸음을 하는 경우도 있었다.

그런데 만일 이렇게 출력된 결과를 확인했더니 프로그램의 오류로 원하는 결과를 얻지 못했다면 이런 일을 또 반복해야 했다. 그래서 이 당시에 프로그래밍을 한다는 건 매우 신중히 해야 하는 작업이 될 수밖에 없었다. 실제로 중앙 컴퓨터에 프로그램의 실행을 요청하기 전에 제대로 정확하게 작성된 프로그램인지 한줄 한줄 꼼꼼하게 여러 번 확인했다. 물론 이 당시에는 프로그램을 한줄씩 차근 차근 실행하면서 변수값의 변화 등을 살펴볼 수 있게 해주는 디버거도 당연히 없었다. 이 당시의 개발 환경 자체가 디버거를 사용할 수 있는 조건이 아니었다. 그래서 모든 디버깅은 프로그래머가 자기 머리 속에 구축한 가상의 컴퓨터를 실행하면서 이루어지는 것이었다.

사실 당시에 FORTRAN 과목은 모든 이공계 생을 위한 교양 과목이었기 때문에 작성해야 하는 프로그램의 난이도가 높지 않았다. 가장 복잡한 프로그램이라고 해보아야 10명의 학생이 국영수 세과목의 시험을 보았다고 했을 때 난수로 적당히 가상의 성적을 부여하고 총점과 평균을 구하고 석차를 매기는 것이 전부였다. 하지만 프로그램의 실행 결과를 즉시 확인할 수 없는 개발 환경의 큰 불편함 때문에 코드를 최대한 신중하게 작성해야 했다.

이 때의 불편한 개발 환경을 통해 자연스럽게 몸에 익힌 신중한 코딩 태도는 나의 프로그래머 경력 내내 단단한 뿌리가 되어 주었다.

〈Oh! PASCAL〉로 파스칼 언어를 공부하다

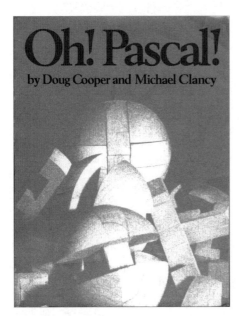

▲ Oh! Pascal!

고3때 독학으로 배운 BASIC 언어와 대학에서 교양 수업으로 배운 FORTRAN 언어는 둘다 이른 시기에 고안된 고급 언어로 점점 복잡해지고 규모가 커지는 소프트웨어를 작성하기에는 많은 단점을 가지고 있었다. 이런 언어들은 서브루틴이 있기는 했지만 지역변수라는 개념이 제대로 없었다(물론 나중에는 이런 점들이 보완된 버전이 나온다). 이런 언어들로 코드를 작성할 경우 goto 문의 남발로 난해한 스파게티 코드를 쉽게 만들어낼 수 있었다. 이에 대한 대안으로 이른바 구조화 프로그래밍 언어가 등장했다.

이러한 구조화 프로그래밍 언어의 대표격인 PASCAL 언어를 독학으로 공부하기 위해 선택한 책이 〈Oh! Pascal〉이라는 책이다. 이 책은 여느 딱딱한 논조의 기술 시적과는 달리 매우 재밌게 쓰여진 책이었다. 기존 프로그래밍 언어의 단점을 비판하면서 구조화 프로그래밍의 장점을 설파하는 그런 책이었다. 나는 이 책 한권으로 PASCAL 언어의 열렬한 신도가 되어버렸다. 결국 나중에 C 언어로 개종하기는 했지만 아마추어로서 처음 개발한 게임도 PASCAL 언어로 작성한 것이었다. 나중에 게임 회사인 미리내에 입사하기 전까지는 PASCAL 언어의 신도 생활을 꽤 여러 해 열심히 했다. 아무튼 PASCAL 언어 덕분에 기본적으로 같은 언어 철학을 공유하는 C 언어는 별다른 큰 수고 없이 쉽게 배울 수 있었다. 실제로 C 언어는 따로 공부했다기보다는 기존에 PASCAL 언어로 작성한 프로그램을 C 언어로 포팅하면서 익힌 셈이다.

PASCAL과 C 언어를 배우는 데는 〈Oh! Pascal〉이라는 책이 큰 도움이 되긴 했다. 하지만 이 책도 완벽한 것은 아니었다. goto문을 결코 사용해서는 안 되는 절대 악으로 규정하는 바람에 오히려 프로그램의 구조가 더 복잡해진 경험이 있다. 다중 루프에서 단번에 빠져나올 필요가 있었는데 이 책의 영향으로 어떻게든 goto 문을 사용하지 않으려고 했기 때문이었다. 하지만 여러 겹으로 중첩된 다중 루프에서 단번에 빠져나올 필요가 있다면 goto문이 아주 유용한 역할을 한다. Pascal이나 C언어에 여전히 goto 문이 존재하는 이유이다. 최대한 사용하지 않는 게 좋겠지만 꼭 써야 할 곳도 있기 때문에 있는 것이다.

이 경험을 통해서 프로그래머는 책 한권으로 쉽게 특정 언어의 신도가 되고 교조주의에 빠지면 안 된다는 교훈을 얻었다.

후배로부터 C언어를 소개 받다

대학시절은 BASIC, FORTRAN, PASCAL 언어로 프로그래밍을 해보았고, PASCAL 언어의 신도가 되었기 때문에 C 언어는 한번도 다루어 본 적이 없었다. 사실 C 언어가 존재한다는 것조차도 스스로 알게 된 게 아니었다. 어느날 똑똑하고 공부 잘하는 같은 과 후배가 나에게 와서는 "선배님 C 언어 아세요? C 언어도 배워 보세요. C 언어 참 좋습니다. 앞으로는 C 언어가 대세입니다."라고 하기에 속으로 좀 건방지다고 생각했지만 겉으로는 웃으면서 알아보마 했지만 뒤로는 무시했었다. 도대체 어떤 언어인지 잠시 살펴 보기는 했지만 당시에는 영 정나미가 떨어지는 언어였다. 프로그램 블록의 시작과 끝을 PASCAL처럼 영어 단어인 begin, end로 나타내는 게 아니라 이런 { } 괄호로 나타내는 게 너무 비인간적으로 보였다. COBOL 언어의 일반적인 영어 문장 같은 구문보다는 FORTRAN의 수학에 가까운 수식 표현을 더 좋아했으면서도 C 언어의 { } 는 너무 지나친 것으로 보였다. 지금은 C 언어를 통해서 처음 배운 { } 표현에 정까지 깊이 들었지만 말이다. 당시에는 선배에게 C 언어를 해보라는 건방진 후배의 모습과 겹쳐지면서 C 언어의 첫 인상을 나쁘게 만든 결정적인 요소였다.

하지만 내 생각과는 상관없이 실제로 그 후배의 말대로 C 언어는 대세가 되었고, 지금까지도 확고한 지위를 누리고 있다. 결국 내 경우도 열렬한 PASCAL 신도였음에도 불구하고 PASCAL 언어로 작성한 프로그램을 C 언어로 포팅하면서 C 언어를 공부해야 했고 여전히 친숙하게 사용하는 언어 중 하나가 되었다. 이런 경험을 통해서 후배들의 말에도 귀를 기울여야 한다는 교훈을 얻었다. 컴퓨터 분야는 특히 빠르게 변하기 때문에 축적된 경험 못지 않게 젊은 후배들의 신선한 시각도 중요한 것이다.

쉬운 말로 프로그래머는 절대로 꼰대가 되면 안 되는 것이다.

게임 프로그래밍의 재미를 발견하다

프랙탈 그래픽을 생성하는 코드가 이렇게 간단하다니

3학년을 마치고 포병으로 군대를 다녀온 다음 어느덧 대학을 졸업하게 되었지만 대기업에 입사할 생각은 없었다. 소프트웨어를 재밌게 개발할 수 있는 탄탄한 중소기업에 입사하겠다는 생각으로 막연하게 취업을 미루고 있었다. 하지만 열심히 취업할 자리를 알아보지도 않고 그냥 대기업은 싫다는 주의였다. 이 시절은 대학 졸업장만 있으면 애써 스펙 같은 걸 쌓지 않아도 취업에 대해서 걱정이 없던 그런 행복한 시절이었다. 그냥 조금 신경써서 취업 준비를 한 동기생들은 쟁쟁한 대기업에 별 어려움 없이 입사할 수 있었다. 내 경우도 나중에 결국은 정보통신 계통의 대기업 계열사에 입사하기는 했지만 그 동안 몇달을 백수로 지내면서 아무것에도 매인 것 없는 자유를 만끽하고 있었다.

이렇게 대학을 졸업한 후 행복한 백수로 지내고 있던 어느날 당시 열심히 보던 과학 잡지에서 흥미로운 기사를 보게 되었다. 그 달에 프랙탈 그래픽에 대한 특집 기사가 실렸는데 거기에 프랙탈 그래픽의 원리는 물론 프랙탈 이미지를 컴퓨터에서 생성할 수 있는 BASIC 프로그램의 소스코드가 함께 실려 있었다. 그런데 소스코드를 보고 깜짝 놀라지 않을 수 없었다. 컴퓨터로 생성된 복잡하고 아름다운 프랙탈 그래픽 이미지들은 이전에도 여러 번 보았기 때문에 잘 알고 있었다. 하지만 그런 이미지를 생성하는 원리에 대해서는 전혀 알지 못했었다. 프랙탈 이미지들은 너무도 복잡했기 때문에 아마도 뭔가 엄청 복잡하고 정교한 프로그램으로 만들어진 것으로 짐작했다. 그런데 엄청나게 복잡할 줄 알았던 프로그램은 믿기 힘들 정도로 너무 단순했다. 겉보기 이미지의 복잡성과는 전혀 딴판으로 너무도 간단한 프로그램의 소스코드가 나의 지적인 호기심을 크게 자극했다. 정말 이렇게 간단한 프로그램으로 저렇게 복잡한 프랙탈 이미지를 생성할 수 있는지 알고 싶었다. 당장 소스코드를 입력해서 돌려 보아야겠다는 생각이 들었다.

사실 이 때까지도 내 소유의 컴퓨터가 없었다. 그래서 양해를 구하고 하숙집 후배의 IBM PC를 프로그래밍용으로 좀 빌려쓰기로 했다. 당시 MS-DOS 운영체제에 기본적으로 포함된 MS의 QBASIC으로 잡지에 있던 코드를 입력하고 실행해 보았다. 모니터가 흑백이라서 화려한 컬러 이미지는 아니었지만 실제로 평소에 보았던 복잡한 프랙탈 이미지가 몇 줄 되지 않는 BAISC 프로그램으로 생성되는 것을 눈으로 직접 확인할 수 있었다.

이 때 생성했던 프랙탈 이미지는 프랙탈 도형 중에서 가장 유명한 만델브로트 집합이었다. 만델브로트 집합은 2차원 복소평면 상에 존재하는 집합으로 프랙탈 기하학의 창시자인 만델브로트가 발견했고, 그래서 그의 이름이 붙어 있다. 이 이미지가 집합이라고 불리는 이유는 만델브로트 집합 이미지를 생성하는 복소수식의 값이 유한한 값으로 수렴하는지 아니면 무한대로 발산하는지에 따라 집합의 원소를 구분했기 때문이다. 아무튼 이 식은 저렇게 복잡한 도형을 생성하는 수식이라고는 전혀 믿기지 않을 정도로 단순한 수식이다.

$$Z' = Z^2 + C$$

복잡할 뿐만 아니라 아무리 확대해도 여전히 그 복잡성이 줄어들지 않는 이 기묘한 프랙탈 도형을 생성하는 수식이 이렇게 간단하다는 것은 쉽게 믿을 수 없는 일이다. 나도 직접 코드를 입력하고 컴퓨터에서 실행된 결과를 보고 나서야 믿게 되었다. 하지만 간단한 수식으로 복잡한 이미지를 생성할 수는 있지만 생성하는 데는 꽤 긴 시간이 소요되었다. 요즘의 컴퓨터라면 순식간에 생성할 수 있는 이미지를 당시의 개인용 컴퓨터에서는 한점 한점 그리는 과정이 눈에 보일 정도로 매우 느렸다. 소스코드를 한 줄씩 번역하며 실행되는 인터프리터 방식의 BASIC으로는 더욱 느릴 수밖에 없었다.

그래서 프랙탈 이미지를 빠르게 생성하는 프로그램을 만들기 위해 PASCAL을 사용하기로 했다. PASCAL 언어는 소스코드를 통째로 기계어로 번역해서 실행된다. 그래서 실행 프로그램이 만들어지고 나면 더이상의 번역 과정 없이 바로 기계어로 실행되니 BASIC보다 훨씬 빠르게 동작하는 프로그램을 만들 수가 있다. 대학 때 독학으로 PASCAL 언어를 공부하기는 했지만 주로 책으로만 접했고, 실제 PASCAL 컴파일러는 학교 중앙 컴퓨터에 설치된 것을 조금 다루어 본 게 전부였다. 하지만 그즈음은 프랑스 수학 교사 출신의 필립 칸이 창업한 볼랜드사의 Turbo Pascal 컴파일러가 인기있는 개발 툴로 이미 자리잡고 있었기 때문에 주저없이 Turbo Pascal을 PASCAL 개발 환경으로 선택했다. Turbo Pascal은 지금은 너무도 당연한 개발 환경인 IDE(Integrated Development Environment, 통합 개발 환경)를 처음으로 선보인 개발툴이다. IDE는 프로그램 개발에 필요한 에디터, 컴파일러, 링크, 디버거를 개별적인 프로그램으로 사용해야 했던 이전의 개발 환경과는 달리 하나의 프로그램 내에서 통합적으로 사용할 수 있게 해주는 편리한 개발 환경이다. 이 덕분에 본래 프로그래밍을 교육하기 위한 언어였던 PASCAL이 상용 프로그램을 개발하는 데 쓰이는 실전 언어로 거듭날 수 있었다. 범용 게임 엔진의 최고봉으로 여겨지는 Unreal 엔진을 개발한 에픽 게임즈의 경우도 초창기 출시했던 상용 게임 '재즈 잭 래빗'은 다름 아닌 Turbo Pascal로 개발되었다고 한다.

프랙탈 그래픽 전문 프로그램을 만들 꿈을 꾸다

처음에 BASIC으로 작성한 프랙탈 그래픽 프로그램을 Pascal로 포팅을 하고 나자 실행 속도는 훨씬 빨라졌다. 이렇게 실행 속도가 빨라지자 사용자와 상호작용하는 프로그램으로 발전시켜 볼 수 있겠다는 생각이 들었다. 프랙탈 이미지는 일부분을 선택해서 확대해도 여전히 복잡한 세부를 숨기고 있는 모습이 매우 놀랍다. 그렇기 때문에 본격적인 프랙탈 이미지 생성 프로그램이라면 편리한 확대 기능은 필수라고 할 수 있다. 잡지에서만 본 확대된 이미지를 직접 내 눈으로 확인하고 싶기도 했고 오랜만에 뚜렷한 목표를 가지고 프로그래밍을 하다 보니 재미도 붙었고 한번 제대로 달려볼 생각이었다. 물론 프랙탈 그래픽을 생성하고 쉽게 확대해서 볼 수 있는 기능을 제공하는 프랙탈 프로그램이 어느 외국 대학의 연구실에는 있을 것이었다. 하지만 일반 사용자들도 편리하게 사용할 수 있는 프로그램은 보지 못했기 때문에 내가 만들게 되면 일반 사용자들을 염두에 둔 프랙탈 이미지 생성 프로그램을 처음으로 만드는 셈이었다. 이런 생각이 나의 도전 의식을 한껏 북돋아 주었다.

하지만 내가 만들 프로그램이 처음이라는 착각은 그렇게 오래가지 않았다. 프랙탈 도형의 특정 부분을 쉽게 선택해서 확대 축소할 수 있는 UI를 어떻게 하면 좋을지 고민하던 중에 PC통신 자료실에서 진짜 놀라운 기능과 성능의 프랙탈 이미지 생성 프로그램을 발견한 것이다. 그 프로그램의 이름은 Fractint였다. 이름을 보면 알 수 있겠지만 fractal 같은 단어로 검색해서는 쉽게 찾을 수 없는 프로그램이었다.

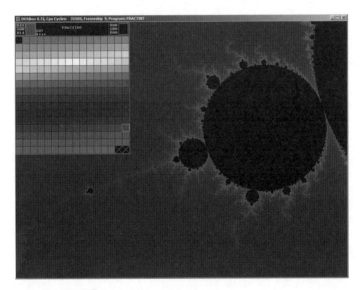

▲ Fractint 프로그램

외국에 이미 엄청나게 뛰어난 Fractint라는 프로그램이 있었다

Fractint라는 해외의 프랙탈 이미지 생성 프로그램은 그 기능에서도 어마어마 했지만 속도도 정말 빨랐다. 나는 고작해야 만델브로트 집합의 이미지 하나만 가지고 편리하게 여기 저기 확대해서 볼 수 있는 프로그램을 만들 생각을 했었다. 하지만 Fractint는 만델브로트 집합은 물론이거니와 그 외에도 나에게는 대부분 생소한 프랙탈 이미지 생성 공식들을 다양하게 내장하고 있었다. 화려한 컬러의 예술적인 이미지를 생성하고 파일로 저장할 수도 있고, 심지어 생성된 2D 프랙탈 이미지를 바탕으로 3차원 입체 영상을 만들어 주는 기능도 있었다. 물론 이미지의 한 부분을 편리하게 선택하고 확대하는 기능은 기본이었다.

그리고 무엇보다도 Fractint는 내가 PASCAL로 작성한 프로그램보다 프랙탈 이미지를 매우 빠르게 생성했다. 프랙탈 이미지를 생성하는 공식은 너무 단순하기 때문에 기본적인 이미지 생성 알고리즘에는 딱히 차이가 있을 수 없었다. 이런 큰 속도 차이는 더 근본적인 수준의 연산 처리에서 생기는 것이었다. 프랙탈 이미지 생성에는 $x + yi$ 형태의 복소수에 대한 연산이 필요하고 이는 결국 실수 연산이다. 그렇기 때문에 통상적인 프로그램보다 Fractint가 빠른 이유는 바로 이 실수 연산을 특별한 방법으로 최적화했기 때문이었다. 실수 연산을 정수 연산만으로도 빠르게 처리할 수 있는 일종의 묘수가 사용된 것이었다. Fractint의 이름에 int가 붙어있는 이유가 바로 정수 연산으로 프랙탈 이미지를 빠르게 생성할 수 있다는 의미인 것이다.

요즘은 모바일용 CPU는 물론 GPU도 실수 연산을 정수 연산과 별로 다를 바 없는 빠른 속도로 처리할 수 있다. 그래서 복잡한 수학식도 거침없이 사용할 수가 있다. 하지만 이 시절의 CPU들은 그렇지 못했다. 무엇보다도 CPU 칩 내부에 실수 연산을 전담하는 실수 연산 유니트 즉 FPU가 기본으로 포함된 것도 인텔의 486DX CPU가 등장하고부터였다. 그전에 FPU는 별도의 프로세서 칩으로 존재했고, 메인보드 상에 옵션으로 추가 장착할 수 있는 별도의 빈 소켓이 있었다. CPU가 286이라면 FPU는 287이, CPU가 386이라면 FPU는 387이 별도로 있었다. 하지만 이런 FPU는 옵션이라 당연히 일반적인 용도의 컴퓨터에는 장착되어 있지 않았다. 일상적인 계산은 CPU 내의 정수 연산 유니트만으로도 감당할 만했고, 꼭 실수 연산이 필요하면 정수 연산 유니트로 실수 연산 유니트의 동작을 흉내내는 매우 느린 에뮬레이션으로 처리했다. 하지만 실수 연산이 많이 필요하지 않다면 크게 문제 될 게 없었다. 그리고 FPU 프로세서의 가격이 상당히 비싼 탓으로 고속의 실수 연산이 반드시 필요한 과학 기술 분야에서나 사용되었다.

설사 큰 맘을 먹고 비싼 FPU를 장착한다고 해도 어디까지나 정수 연산 유니트가 에뮬레이션 하는 실수 연산에 비해 빠른 것이었을 뿐 요즘처럼 실수 연산이 정수 연산과 비슷한 속도로 처리되는 건 아니었다. 그래서 당시에 빠른 속도를 요하는 게임 프로그램들의 기본적인 최적화 규칙 중 하나는 무슨 수를 써서라도 실수 연산을 피하는 것이었다. 2D 게임이라면 사실 이런 목표는 무리한 것도 아니었다. 2D 게임들은 스크린 상의 스프라이트 등을 정수 값으로 표시되는 픽셀 좌표 단위로 움직이면 충분했기 때문에 굳이 실수 연산을 할 필요가 없었다. 하지만 3D 게임이거나 2D 게임이라 하더라도 스프라이트의 축소 확대나 회전이 필요하다면 기본 정수 연산만으로는 처리가 불가능했다. 하지만 일종의 편법을 사용하면 정수 연산 유니트로 정수 연산과 비슷한 속도로 실수 연산을 어느 정도 근사할 수 있는 묘수가 있었다. 이를테면 부동소수점수 대신에 고정소수점수를 사용하는 것이다. 과학기술 계산용의 높은 정밀도가 필요하지 않고 시각적으로 그럴싸 하게 보이는 것으로 충분하다면 정수 연산과 비슷한 속도로 실수 연산을 할 수 있는 그야말로 근사한 방법이었다.

Fractint는 이런 방법을 극한까지 사용하는 프로그램이었다. 게다가 프로그램의 모든 소스코드가 공개되어 있었기 때문에 이런 기법이 구체적으로 어떻게 구현되어 있는지 들여다 볼 수도 있었다.

Fractint라는 뛰어난 공개 프로그램 때문에 내가 만들고자 했던 프랙탈 프로그램의 개발은 포기하게 되었지만 Fractint를 통해서 나중에 게임 프로그래밍에 유용하게 활용할 수 있는 실수 연산 최적화 기법을 배울 수 있었다.

'퐁'만 만들어 보고 끝내려고 했다 – 그전부터 컴퓨터 게임의 작동 원리가 궁금해서 아주 간단하게 만들어보기로 하다

프랙탈 프로그램 개발을 포기하기는 했지만 이미 달아오른 개발에 대한 열정을 잠재울 수는 없었다. 그래서 이왕 내친 김에 게임을 한번 만들어 보기로 했다. 그 전부터 실시간으로 사용자의 입력을 받아서 상호작용하며 실행되는 게임 프로그램은 매우 궁금한 대상이기도 했다. 그래서 게임 프로그램의 작동 원리를 간단한 게임을 만들면서 한번 알아 보기로 했다. 이런 목적으로 선택한 게임은 내가 생전 처음 보았던 컴퓨터 게임으로 바로 아타리의 '퐁'이었다. 퐁은 매우 단순한 게임이지만 게임 프로그램으로서 가장 기본적인 요소는 다 갖추고 있었다.

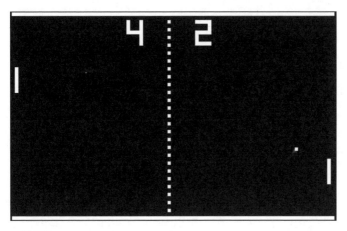

▲ 퐁 게임

게임 프로그래밍에 대한 경험이 전혀 없이 처음으로 게임을 만들고자 하니 막히는 부분이 많았다. 주변에서 구할 수 있는 책이나 자료들도 게임을 만드는 방법을 뚜렷하게 설명해주는 것은 거의 없었다. 어쨌든 잡지에 나온 게임 프로그래밍에 대한 기사나 이런 저런 자료들을 참고해서 시행착오를 겪으면서 결국 플레이가 가능한 퐁을 완성하게 되었다. 아무튼 이를 통해 게임 프로그램이 어떻게 실시간으로 사용자의 입력에 반응하면서 실행되는지 그 원리도 알게 되었고 굳이 추가로 게임을 더 개발할 이유는 없었다. 그래서 원리를 터득한 것으로 만족하고 개발을 종료할 작정이었다.

하숙집 후배들이 좀 더 나은 게임을 요구하다

그런데 한번 시작한 게임 프로그래밍을 내 뜻과는 달리 끝낼 수가 없게 되어 버렸다. 하숙집에서 같이 생활하던 후배들이 내가 퐁을 만드는 모습을 지켜 보고 있었던 것이다. 후배들은 퐁 같은 아주 단순한 게임을 만드는 것에서 끝나버리는 것을 무척 아쉬워했다. 그리고 퐁보다 좀 더 발전된 게임을 만들어 볼 수 없겠냐며 나를 부추기기 시작했다. 아마 자기들 눈 앞에서 하나의 게임이 만들어지는 과정을 직접 볼 수 있었다는 것도 처음 겪는 흥미로운 경험이었을 것이다. 사실 퐁을 만들어 보는 것만으로도 내 목적은 달성했지만 좀 더 나은 게임을 만드는 게 굳이 싫지는 않았다. 그래서 8비트 애플II 컴퓨터에서 가장 재밌게 했던 게임을 한번 따라 만들어 보기로 했다.

그 게임은 사보타지(1981)란 게임으로 화면 중앙 아래에 대공포가 있어서 포신을 좌우로 회전시키면서 연발로 신나게 포를 쏠 수 있는 게임이었다. 이 포로 맞추어야 하는 목표물은 하늘에서 강하하는 낙하산 병들이었다. 이 낙하산 병들이 지상에 착지하기 전에 모두 처치해야 했다. 만일 그렇게 하지 못하고 지상까지 안전하게 도착한 낙하산 병이 4명이 되면 이들이 포탑에 접근해서 포탑을 폭파할 수 있게 되고 그러면 게임이 끝나는 것이었다. 당시에 이 게임을 좋아했던 큰 이유는 연발로 신나게 발사되는 대공포 때문이었다. 그래서 연발로 신나게 발사되는 포를 우선 구현했다. 포대나 포신은 단순한 기하학적 도형으로 묘사가 가능해서 딱히 그래픽 실력이 필요하지 않았지만 하늘에서 내려오는 낙하산 병들의 경우는 달랐다. 그래서 낙하산 병을 풍선으로 대체하고 풍선을 터뜨리는 비폭력적인 게임으로 대신 구현했다.

나는 연발로 발사되는 포를 구현한 것만으로도 무척 만족하였지만 후배들의 생각은 달랐다. 풍선이나 터뜨리는 야들야들한 게임이 아니라 오락실에서 볼 수 있는 갤러그 같은 슈팅 게임처럼 아군 우주선을 좌우로 조종하면서 적을 물리치는 게임을 만들어 볼 수 없겠냐는 것이었다.

사용자와 함께하는 게임 개발의 재미를 느끼고 게임 프로그래머를 꿈꾸다

게임 프로그래머가 되었거나 게임 프로그래머가 되고자 하는 이들의 동기를 물어보면 게임을 너무 재밌게 하다보니 그런 게임을 직접 만들어 보고 싶어서인 경우가 대부분이다. 하지만 내가 게임 프로그래머가 된 이유는 좀 달랐다. 애시당초 나는 게임을 그렇게 열심히 즐기는 편도 아니었다. 처음에 게임을 만들게 된 것도 단지 게임이 구동되는 기술적인 원리가 궁금했기 때문에 그러한 지적 호기심을 해결하기 위해서였다.

하지만 간단한 퐁으로 마무리하려고 했던 잠깐의 게임 개발은 후배들의 요구로 점점 커지고 결국 오락실에서 볼 수 있는 게임에 제법 근접하는 본격적인 게임을 만드는 데까지 가게 되었다. 내 첫 게임의 유저들이었던 하숙집 후배들의 이런 저런 요구 사항을 들어주기 위해서 계속 개발을 진행하다보니 어느새 게임을 만드는 재미에 푹 빠진 나 자신을 볼 수가 있었다. 처음에는 후배들의 성화에 떠밀려 개발을 계속했지만 결국은 나 자신도 좋아하는 일이 되어 버린 것이었다.

후배들의 요구 사항은 끝날 줄을 몰랐다. 총알이 전방으로만 나가는 게 아니라 다른 방향으로도 나가면 좋겠다고 해서 그렇게 만들어 주면 거기서 더 많은 방향으로 나가면 좋겠다고 요구했다. 적이 하나만 있어서 심심하다고 해서 새로운 적을 힘들게 추가하면 더 강력한 적을 요구했다. 게임에는 점수판이 꼭 있어야 한다고 해서 점수판을 넣어주면 그 점수가 너무 작다고 했다. 그래서 점수 값을 크게 만들어 주면, 최고점을 기록하는 기능이 없으니 그것도 넣어 달라는 식이었다.

이렇게 후배들의 요구에 떠밀려 개발하기 시작했던 게임은 어느새 하숙집 안에서만 즐기기에는 너무 아까운 수준의 게임으로 발전하게 되었다. 그래서 그 게임을 더 많은 사람들에게 널리 알리기 위해 당시 가장 인기있는 컴퓨터 잡지인 마이컴에 기고하러 잡지사에 직접 찾아갔다. 당시에는 컴퓨터 잡지에 독자가 보내오는 프로그램의 소스를 게재하는 코너가 있었는데 마이컴에는 '나의 자랑 나의 프로그램'이 그런 코너였다. 당시 불쑥 잡지사에 찾아온 나를 경계의 눈빛으로 바라보던 담당 기자분은 내가 건넨 디스켓의 바이러스 감염 여부를 체크한 다음 게임을 직접 실행했다. 게임을 실행해 본 담당기자분의 얼굴은 이제 더이상 경계심 어린 표정이 아닌 매우 호의적인 표정으로 바뀌어 있었다. 그리고 검토한 다음 나중에 연락을 주겠다는 식의 답이 아니라 그 자리에서 바로 다음 호에 싣겠다는 답변을 얻었다. 다만, 소스코드를 다 싣기에는 너무 양이 많으니 소스코드의 분량을 줄여 달라는 요구만 했다. 이렇게 해서 게임에 대한 간략한 설명과 소스코드가 6페이지에 걸쳐서 실렸고, 페이지당 4만원으로 모두 24만원의 원고료를 받았다. 게임을 만들어서 처음으로 돈을 번 것이었다. 90년대초에 24만원이면 결코 작은 돈이 아니었다. 당시 그 게임이 잡지사에서 선뜻 실어줄 만한 수준이 될 수 있었던 것은 결코 나 혼자의 힘은 아니었다. 무엇보다도 내가 만들고 있는 게임에 대해 잔소리와 끊임 없이 새로운 기능을 요구했던 후배들이 있었기에 가능했던 일이었다.

나의 아마추어 게임 개발자로서의 경력은 이렇게 유저와 함께 하며 시작되었던 것이다. 이런 경험을 통해 막연하기는 했지만 게임을 만드는 일을 직업으로 가졌으면 하는 바람을 가지게 되었다.

그러나 하숙집에서 시작된 게임 개발자의 꿈은 당장은 막연했다. 혼자 게임을 계속 개발할 수 있는 처지도 아니었고, 마냥 취업을 미루고 있을 수도 없었다. 게임 분야에 취업을 하려고 해도 어떤 게임 회사들이 있는지조차도 잘 알지 못했었다. 그래서 일단은 정보 통신 계열의 대기업 계열사에 입사해서 직장을 다니면서 아마추어 게임 개발자로 게임 프로그래밍 공부를 계속하게 되었다. 회사와 게임 개발 공부를 병행하는 생활이 한동안 계속되었지만 대기업에서 하는 일에서는 보람을 느낄 수가 없었다. 맡은 일은 내 실력으로는 수월하게 감당할 수 있는 일이라 딱히 스트레스를 받지는 않았지만 열정을 가지고 도전할 만한 여지도 없었고 무엇보다도 재미가 없었다. 그렇다고 직장 생활에 부적응한 문제 사원도 아니었다. 내게 주어진 일은 회사의 청구 업무를 지원하는 DB 시스템을 관리하는 일이었다. 동료 직원들이 업무상 요구하는 추가 기능들을 전임자보다 수월하게 척척 잘 구현해주었기 때문에 일 잘하는 사원으로 칭송받았고, DB 시스템 관리 업무와 간단한 DB 프로그래밍을 가르치는 사내 강사를 하기도 했었다. 일도 수월하고 실력도 인정받는 안정된 대기업 직장이었지만 아마추어가 아닌 직업으로서의 게임 프로그래머가 되기 위해서 조만간에 퇴사할 결심을 굳히게된다. 딱히 트러블도 없는 안정된 직장을 버리고 퇴사한다는 결정이 쉬운건 아니었지만 일단 마음을 정하고 나자 실제로 내가 퇴사를 실행하지 못하게 될까 오히려 걱정하게 되었다. 게임 분야에 아무런 인맥도 회사 현황에대한 지식도 없는 상태에서 이직할 게임 회사를 미리 마련한 다음 그만 두려고 하면 영영 그만두지 못하게 될까 두려웠다. 그래서 게임 쪽 일자리도알아보지 않고 일단 회사를 퇴사했다.

수월하게 잘 다니던 대기업 직장을 그만두고 나온 것은 1993년 여름이었다. 물론 바로 게임 회사에 입사할 수 있었던 것은 아니었다. 다행스럽게도 퇴사 직후 모교인 서강대 내에 새로 설립되는 연구소의 도서를 컴퓨터로관리하는 일자리를 추천받고 일종의 계약직으로 일하게 되었다. 이 일에는트럭으로 실려오는 무거운 책장과 책들을 연구소까지 옮겨서 정리하는 일까지 포함되어 있었다. 아무튼 이 무렵은 PC 통신 서비스인 하이텔에 처음으로 아마추어 게임개발자들의 온라인 동아리인 게임제작동호회가 생겨나서 자리 잡아 가고 있던 때였다. 제2대 시삽으로 지금 IMC 게임즈의 김학규 대표가 선출되고 이를 축하하는 자리로 마련된 오프라인 모임에 참석했다. 미성년자들도 함께하는 1차 모임이 끝나고 음주가 가능한 성인들만 소수 모인 2차 모임도 있었다. 거기서 다른 몇 분들과 함께 부시삽을 맡게 되었다. 당시 아마추어 게임 개발자로 조금 발을 들여놓은 입장에서는 좀 과분한 자리였지만 나중에 미리내에 견학을 하러 갈 때 하이텔 게임제작동호회 부시삽이란 게 좋은 핑계가 되어 주었다. 아무튼 하이텔 게임제작동호회에서 열심히 활동하면서 이런 저런 게임 개발에 필요한 프로그래밍 기술들을 독학으로 공부하는 생활을 계속했다.

미리내에서 어셈블리 언어를 배우다

풀 어셈블리로 게임을 만드는 곳

1993년이면 미리내로서는 최고의 해였다. 그 해 3월에 출시한 PC용 슈팅 게임 '그날이 오면 3'가 엄청난 성공을 한 것이었다. 이로써 미리내는 1990년대 전반기 최고의 국산 게임 개발사로 자리 잡는다. 미리내는 원래 1987년에 대구에서 설립된 게임 개발사로 1992년 본격적인 IBM-PC용 게임 개발을 시작하면서 수도권인 인천으로 사무실을 이전했다. 그리고 1993년 '그날이 오면 3'의 큰 성공 덕분에 드디어 서울로 옮겨 오게 된다. 미리내가 인천에 사무실을 얻게 된 데에는 웃지못할 사연이 있다. 원래는 인천이 아니라 서울로 사무실을 이전하기로 결정하고 사무실을 알아보게 되었다. 하지만 임대료가 만만치 않아서 임대료가 싼 곳을 찾아서 지하철 1호선을 타고 더 변두리로 찾아 나서게 되었고 마침내 적당한 곳이 있어 즉

석에서 계약을 했는데 하고 보니 거기 주소지가 인천이었다고 한다.

▲ 미리내 소프트웨어

　이런 우여곡절 끝에 서울로 옮겨온 사무실이 홍대가 있는 서교동이었고, 내가 있던 하숙집에서 멀지 않은 곳이었다. 유명한 국산 게임 개발사가 내가 살고 있는 근처로 옮겨왔다고 하니 꼭 한번 견학 삼아 방문하고 싶었다. 더군다나 그 해 최고의 히트작을 낸 미리내이니 더욱 가보고 싶었다. 이때 감히 미리내에 입사한다는 생각은 전혀 하지 못했었다. 그냥 아마추어 게임 개발자로서 프로들이 일하는 게임 회사란 곳이 과연 어떤 곳인지 무척 궁금했기 때문이었다. 그래서 전화를 걸어서 하이텔 게임제작동호회 부시삽인데 회사를 한번 방문하고 싶다고 했다. 그렇게 해서 근처 가게에서 쥬스 한 박스를 사들고 미리내의 사무실을 찾아 가게 되었다. 미리내의 사무실은 일반적인 사무실 건물이 아니라 2층짜리 일반 가정 주택이었다. 큰 기대를 하고 들어가서 보니 아직 이삿짐도 다 정리되지 않은 상태로 어수선한 분위기에다 직원도 대표를 포함해서 2명밖에 보이지 않았다. 당시 정재성 대표는 사람이 찾아 왔는데도 닌텐도 게임기로 다른 직원 한명과 열심히 스트리터 파이터 2를 플레이하는 중이라 게임을 끝낼 때까지 잠시 기다려야 했다. 기대와는 좀 다른 어수선한 상태에서 정재성 대표와 대화를 나누었는데 마침 신입 프로그래머를 구하고 있는 중이었다. 그래서 나에게 게임 프로그래밍을 어느 수준까지 해보았는지 물어 보았다. 그래서 슈팅 게임을 만든 게 있다고 하니 직접 보고 싶어했다. 견학이 어느새 입사 면접이 되어버린 것이다. 이때 포트폴리오가 되어준 게임은 다름아니라 마이컴에 실었던 그 게임을 좀 더 업데이트한 게임으로 'Thunder'라고 이름 붙인 슈팅 게임이었다. 이 게임을 PC통신으로 다운로드 받아서 해보고는 마음에 들었는지 그 자리에서 나에게 입사 제의를 했다. 내 입장에서는 속으로 쾌재를 불렀지만 내색을 하지 않고 생각할 시간이 좀 필요하니 내일까지 답변을 드리겠다고 했다.

사용자 UI가 불편한 어셈블리 프로그램

생각할 시간을 달라고 했지만 사실 고민할 시간이 필요 없었다. 다음 날로 바로 입사하겠다고 답변을 했고, 하숙집도 정리하고 직원들의 숙소로 쓰는 2층으로 내 짐도 옮겼다. 그리고 사무실로 쓰는 1층에 마련된 내 자리에는 내가 사용하던 PC를 그대로 옮겨와서 회사 개발용으로 쓰게 되었다. 지금 기준으로 보면 새로 입사한 직원이 사용할 업무용 PC를 회사가 제공하지 않고 직원 개인이 소유한 PC를 가져와서 쓴다는 게 의아한 일이지만 당시는 게임 회사들이 미리내 정도의 성공을 한 회사라 할지라도 큰 돈을 버는 게 아니라서 이런 식의 열정 페이가 자연스런 일이었다. 심지어는 게임을 완성해서 유통사로부터 돈을 받을 때까지 개발 기간 내내 급여도 없이 일하는 경우도 있었다. 거기에 비하면 많지 않은 월급이나마 밀리지 않고 꼬박 꼬박 나오는 미리내 같은 회사는 상황이 좋은 회사였다.

아무튼 입사를 하고 보니 미리내는 인천에서 서울로 옮겨오는 사이에 창업자들 사이에 분란이 있어서 회사를 두개로 나눈 상태였다. 세상 일이란 게 어려움을 함께 하며 같이 지내던 동료들이 정작 고대하던 성공 후에 이렇게 갈라지는 일이 적지 않은 것 같다. 분란 끝에 협상된 타협안은 정재성 대표가 미리내라는 이름을 가지는 대신에 대부분의 기존 직원은 세로 설립된 새론이라는 회사 소속이 되는 것이었다. 결국 내가 미리내에 입사했을 때는 정재성 대표 말고는 게임 프로그래머가 나밖에 없었던 것이었다.

거기다가 기존에 개발된 미리내의 게임들은 모두가 풀 어셈블리로 작성된 것이었다. 풀 어셈블리로 작성된 탓에 게임의 성능은 뛰어났다. 하지만 게임 외의 설치 프로그램도 어셈블리로 작성되어 있다 보니 미리내의 설치 프로그램은 단순한 텍스트 UI로 된 조악하고 불편한 프로그램이었다. 당시는 게임들의 용량이 점점 커지는 시기로 디스켓 여러 장에 담겨 출시되는 게임들이 많아졌다. 그래서 여러 장의 디스켓에 나누어져 배포되는 게임 프로그램을 하드디스크의 지정된 곳에 잘 복사해주는 설치 프로그램이 필수가 되었다. 그리고 가능한 사용자들에게 친숙한 프로그램이어야 했다. 하지만 당시 미리내의 설치 프로그램은 그런 프로그램이랑은 거리가 먼 상태였다.

C로 구현한 한글이 지원되는 설치 프로그램

결국 나에게 주어진 첫 임무는 기존의 불편한 설치 프로그램을 대신하는 새로운 설치 프로그램을 만드는 것이었다. 새로운 설치 프로그램은 영문이 아닌 사용자들이 쉽게 읽을 수 있는 한글이 지원되고 메뉴의 선택도 번호 키를 누르는 방식이 아닌 키보드의 화살표 키로 직관적으로 선택할 수 있는 세련된 UI를 가져야 했다.

한글도 지원하고 세련되고 편리한 UI를 구현하기 위해 어셈블리가 아닌 C언어로 개발하기로 결정되었다. 모든 걸 어셈블리로 만들던 미리내에서 만들어지는 첫 C 프로그램인 셈이었다. C언어로 만드는 장점은 복잡한 UI를 어셈블리 언어에 비해 아주 수월하게 구현할 수 있고, PC 통신 상에 무료로 공개된 여러 한글 출력 라이브러리를 쉽게 활용할 수 있는 것이었다. 그리고 높은 실행 성능을 요구하는 게임 프로그램과는 달리 설치 프로그램은 성능보다는 사용자 편의성이 더 중요한 프로그램이었기 때문에 어셈블리에 비해서는 성능이 떨어지는 C언어로 작성을 해도 무방했다. 당시에 게임들은 대부분 C언어로 작성하고 속도를 요구하는 부분만 일부 어셈블리로 작성하는 혼합 프로그래밍이었다. 그래서 게임 프로그래머들은 C언어를 기본으로 해서 가능한 어셈블리 언어도 능숙하게 다룰 수 있어야 했다.

사실 아마추어 게임 프로그래머 시절 내가 사용하던 주 개발 언어는

PASCAL이었다. 하지만 그 즈음이면 아마추어 프로그래머들 사이에서도 주 언어는 C가 대세였다. 내가 만들었던 게임의 소스를 PC 통신에 공개했지만 소스가 PASCAL이라서 이해하기 힘들다며 당시 더 널리 쓰이고 있던 C언어로 포팅 해달라는 요구들이 많았다. 그래서 PASCAL로 만든 게임을 C 언어로 포팅하면서 C언어를 익혔다.

악착 같은 에러 검출 테스트

설치 프로그램은 사용자가 게임을 구매해서 가장 먼저 사용하는 프로그램이기 때문에 사용자 친화적인 UI가 잘 구성되어야 하지만 무엇보다도 설치 프로그램의 가장 중요한 기능은 디스켓에 있는 파일을 하드디스크에 오류 없이 잘 복사하는 것이다. 만일 이 기능이 제대로 작동하지 않는다면 제 아무리 미려하고 편리한 UI가 지원된다고 해도 소용이 없는 것이다.

예전의 디스켓은 요즘의 휴대용 저장매체인 USB 메모리와 같은 것이다. 21세기 최신 기술인 USB 메모리도 컴퓨터에서 인식이 잘 안되거나 정전기로 데이터를 날리는 일이 종종 있다. 하물며 당시의 디스켓은 얇은 플라스틱 원판에 자성 물질을 입혀서 자기장의 형태로 데이터를 저장하는 매체이다 보니 이런 저런 이유로 기록된 데이터를 제대로 읽지 못하거나 데이터를 아예 유실해 버리는 일이 흔하게 있었다.

디스켓에 저장된 데이터가 손상되었다고 해서 설치 프로그램이 그걸 복구할 수 있는 기능을 요구 받지는 않았다. 그런 일에는 '디스크 닥터' 같은 전문 프로그램이 따로 있었다. 하지만 디스켓에 오류가 있는 것을 알아채지 못하고 설치 프로그램이 무한 루프에 빠지거나 비정상적으로 종료하는 것도 좋지 않은 일이다. 디스켓 자체에 저장된 데이터에는 아무런 문제가 없다고 해도 패키지 포장 과정에서의 실수로 여러 장의 디스켓 중에 누락되거나 중복된 것이 있을 수도 있었다. 이럴 경우 설치 순서에 맞게 제대로 된 디스켓을 드라이브에 넣지 못하는 일이 생기게 되고 이로 인해 설치 프로그램이 무한 루프에 빠질 수도 있다. 기존에 어셈블리로 작성된 설치 프로그램은 설치 중에 올바르지 않은 디스켓이 삽입되었을 경우 올바른 디스켓이 삽입될 때까지 무한정 기다리기만 할 뿐 이를 취소할 방법이 없었다. 그래서 이런 경우 설치 프로그램을 종료하는 방법은 컴퓨터를 리셋하는 수밖에 없었다. 이런 문제는 사실 UI 디자인의 실패이다. 취소 기능이 필요한 곳에 취소 기능을 만들어 놓지 않은 것이다. 그래서 이에 대한 처리는 UI에 취소 기능을 추가하는 것으로 쉽게 개선될 수 있었다.

하지만 디스켓 자체에 오류가 있는 경우는 시스템에서 디스켓을 엑세스 하다 오류가 발생하고 설치 프로그램을 중단시켜야 하는 지경까지 갈 수 있다. 디스켓 엑세스 오류로 설치 프로그램이 종료되어야 한다면 이런 시스템의 오류를 설치 프로그램이 잘 감지해서 우아한 모습으로 종료를 할 수 있는 것이 좋다.

물론 설치 프로그램이 이런 오류를 직접 검출하는 것은 아니었다. 디스켓에 대한 입출력은 당시 컴퓨터의 기본 입출력 시스템인 BIOS에서 담당했기 때문에 입출력시 발생하는 오류는 BIOS에서 검출이 가능했다. 그러므로 설치 프로그램은 BIOS의 입출력 결과를 잘 받아서 사용자에게 어떤 이유로 오류가 발생했는지 알려주고 우아하게 프로그램을 종료하면 되는 것이었다. 그러기 위해서는 디스켓 액세스 오류를 최대한 재현해서 오류에 대한 메시지가 제대로 표시되는지를 확인해야 했다. 이를 위해서 일부러 오류가 있는 디스켓을 넣어 보기도 하고 디스켓을 읽는 중에 디스크 드라이브의 문을 연다든지 해서 오류가 제대로 감지되고 적절하게 처리되는지를 꼼꼼히 테스트했다.

사실 이런 영역의 일은 게임 프로그래머가 해야 하는 일 밖이라고 생각할 수도 있지만 당시의 게임 프로그래머는 어느 정도 시스템 프로그래머이기도 했다. 지금에 비해 매우 낮은 성능의 컴퓨터에서 원활하게 잘 돌아가는 게임을 만들기 위해서는 하드웨어에 대한 지식은 많으면 많을수록 좋았다. 그레서 전자공학도 출신들이 게임 프로그래밍에서 발군의 실력을 발휘하는 경우가 많았다. 내 경우는 물리학도 출신이었지만 대학에서 기초적인 전자회로 실험을 통해 초보적인 전자공학 지식은 조금이나마 가지고 있었고, 나름 머리 속에 가상의 전자기계를 잘 구축하고 있었다.

하드웨어에 대한 지식은 유용하다 - 어셈블리에서는 포인터도 그냥 투명하게 보인다

요즘은 포인터를 몰라도 프로그래밍을 할 수 있는 JAVA나 C# 같은 언어가 널리 쓰이다 보니 이런 언어로만 프로그래밍을 한 프로그래머들에게는 포인터 변수가 무슨 고대에 멸종한 괴물처럼 여겨지기도 한다. 하지만 당시의 프로그래머들에게 포인터 변수는 어떠한 일이 있어도 반드시 정복해야 하는 대상이었다. 그래서 당시에는 "C 포인터 완전 정복" 같은 제목의 책이 유행했었다. 결국 포인터는 지금이나 그때나 이해하기 어려운 대상이라는 데는 변함이 없다. 다만 과거에 비하면 하드웨어로부터 많이 추상화된 개발 환경에서 프로그래밍을 익힌 요즘의 프로그래머들이 더 어려워 할 뿐이다. 사실 컴퓨터에 가장 가까이 있는 어셈블리로 코딩을 하게 되면 포인터 변수가 그냥 있는 그대로 드러나 보이기 때문에 막연한 구석이 조금도 없어진다. 포인터란 존재가 메모리의 주소값을 저장하고 있는 하나의 메모리 영역으로 투명하게 보이는 것이다.

백신 프로그램 없이 바이러스를 수동으로 잡다

내가 미리내에 입사했을 때는 '아파차차'라는 인디언 꼬마가 주인공인 플랫포머 게임이 한창 개발 중이었다. 그런데 이 게임의 최종 완성본을 유통사에 넘겨야 하는 마감일 3일 전에 심각한 문제가 발생했다. 개발 중인 PC가 바이러스에 감염된 것이었다. 당시 감염된 바이러스는 일종의 부트 바이러스로 디스켓을 매개로 전염되는 것이었다. 부트 바이러스는 감염시킨 컴퓨터 하드디스크의 부트 섹터에 자리 잡고는 그 컴퓨터의 디스크 드라이브에 삽입되는 모든 디스켓의 부트 섹터에 자신의 복제품을 새겨 넣었다. 사실 그 무렵이면 부트 바이러스 정도는 이미 손 쉽게 치료할 수 있는 백신 프로그램이 있었기 때문에 크게 걱정할 일은 아니었다. V3 같은 백신 프로그램으로 감염되거나 그럴 가능성이 있는 하드디스크나 디스켓들을 찬찬히 검사하고 치료하면 되는 일이었다. 하지만 당시의 상황은 그런 통상적인 경우가 아니었다. 당시 '아파차차'를 개발 중인 컴퓨터는 하드디스크에 저장된 자료의 보안을 위해서 암호 입력 없이는 하드디스크의 파일시스템에 접근할 수 없게 하는 보안 프로그램이 설치되어 있었다. 이 보안 프로그램의 기본적인 작동 원리는 이랬다. 이 보안 프로그램은 하드디스크의 부트 섹터(컴퓨터에 전원이 들어오고 ROM BIOS가 가장 먼저 실행할 프로그램을 찾는 장소)에 자리잡고 있으면서 어떠한 하드디스크 접근도 차단하는 것이었다. 부팅시 암호를 정확하게 입력해야만 하드디스크를 사용할 수 있게 허용하는 것이었다. 그런데 이 하드디스크 보안 프로그램이 부트 바이러스에 감염되면서 암호 인증 단계가 작동하지 않게 되었다. 하드디스크에 접근할 수 있는 방법이 없어져 버린 것이다.

그런데다 보통의 시스템에 감염되었다면 백신 프로그램으로 별 어려움 없이 쉽게 제거할 수 있는 만만한 바이러스가 하드디스크 보안 프로그램과 서로 엉켜 버리면서 어떤 백신 프로그램으로도 치료할 수 없는 괴물 바이러스가 되어 버린 것이다. 그런데 미리내에서는 이런 일이 처음이 아니었다. 내가 입사하기 전에 출시해서 크게 히트를 했던 '그날이 오면 3'의 최종본을 유통사에 넘겨야 하는 마감일을 3일 앞두고도 똑 같은 일이 있었다는 것이다. 그때는 어쩔 수 없이 하드디스크를 포맷하고 다른 컴퓨터에 있던 데이터와 프로그램을 최대한 활용해서 3일만에 게임을 다시 만들었다고 한다. 그래서 '그날이 오면 3'의 두번째 스테이지에는 완전히 복구되지 못한 이때의 상처가 그대로 남아 있다. 배경에 지나가는 시커먼 스프라이트가 그 흔적이다.

그러나 이번에도 같은 방법으로 3일 만에 게임을 다시 만들어내는 비상 게임 잼을 또 할 수는 없는 노릇이었다. 그래서 디스크에 저장된 데이터를 저수준에서 직접 살펴보고 편집할 수 있는 노턴 디스크 닥터의 기능을 이용해서 수작업으로 바이러스를 제거해 보기로 했다. 이건 컴퓨터가 부팅되는 과정에 대한 구체적인 지식과 이해가 필요한 일이었다. 다행히도 하드디스크 없이 플로피 디스켓으로만 부팅되던 시절부터 IBM-PC 컴퓨터를 접해 왔었고, 컴퓨터가 어떻게 작동하는지에 대한 순수한 지적인 호기심 때문에라도 부팅 과정에 대해서는 잘 알고 있던 터였다. 그래서 주저함 없이 조심스럽게 시도해 보기로 했다. 디스크 닥터 프로그램이 들어있는 감염되지 않은 깨끗한 디스켓으로 부팅을 하고 감염된 하드디스크에 저수준으로 접근한 다음 감염되지 않은 다른 컴퓨터의 하드디스크와 섹터 단위로 저장된 데이터를 차근차근 비교해 보기 시작했다. 그러자 그리 어렵지 않게 본래의 정상적인 부트 섹터와 동일한 내용의 데이터가 하드디스크의 다른 곳에 그대로 옮겨져 있는 것을 발견할 수 있었다. 이는 부트 바이러스가 부트 섹터에 기록된 자신의 코드를 먼저 실행되도록 한 다음 원래의 정상적인 부트 프로그램이 실행될 수 있도록 그 저장된 위치만 옮겨 놓은 것이엇다. 그렇다면 치료법은 간단했다. 백업된 내용을 디스크 닥터로 복사해서 부트 섹터에 덮어 쓰면 되는 것이었다.

　　이렇게 해서 3일 짜리 비상 게임 잼을 할 필요없이 문제가 해결되었다.

16비트 어셈블리 코드를 32비트 어셈블리 코드로 포팅하다

미리내에 입사하고 어쩌다 보니 바이러스를 수동으로 잡는 소방수 역할을 하게 되었고, 그 이후에도 소방수 역할을 할 일은 생겨났다. 이번에 소방수 역할을 맡은 일은 바이러스를 잡는 간단한 일이 아니었다. 미리내의 모든 어셈블리 소스코드를 새로운 개발 환경에 맞추어 포팅하는 방법을 찾는 것이었다.

그 무렵 게임 프로그램들의 덩치는 점점 커지고 640KB의 메모리 용량 내에서만 구동되는 DOS 환경으로는 더 이상 게임에 필요한 메모리 용량을 감당하기 어려운 시점이었다. 당시에 판매되던 컴퓨터들은 대개 1MB 이상의 메인 메모리를 장착하고 있었고, 4MB 정도의 메모리를 장착한 시스템도 흔한 시질이었다. 그러나 DOS 운영체제를 사용하는 한 이런 메모리를 응용 프로그램을 위해서 자유롭게 사용할 수 있는 방법이 딱히 없었다. 기본적으로 DOS는 16비트 운영체제로, 접근할 수 있는 메모리 주소공간은 최대 1MB까지 밖에 되지 않았다. 물리적으로는 4MB의 메모리가 장착되어 있다고 해도 DOS로는 1MB만 사용할 수 있었다. 물론 거기다 응용 프로그램이 사용할 수 있는 메모리는 640KB로 제한되었다. 그래서 사실상 놀고 있는 1MB 너머의 메모리를 부가적인 저장 매체인 양 사용할 수 있게 해주는 방법들도 몇가지 있었다. 하지만 이런 방법들도 이 메모리 영역을 데이터를 보관하는 용도로만 사용할 수 있을 뿐 응용 프로그램이 바로 접근할 수 있는 시스템 메모리 영역으로 만들어 주지는 못했다. 결국 1MB 이상의 광활한 메모리 영역에 직접 접근하려면 4GB까지의 메모리 주소를 지정할 수 있는 32비트 모드를 지원하는 운영체제가 필요했다. 물론 1995년에 본격적인 32비트 운영체제로 윈도우95가 등장하지만 애석하게도 시스템의 자원을 제한 없이 독점적으로 사용해야 하는 게임 프로그램들을 위한 운영체제는 아니었다. 그러다 보니 일반 응용 프로그램들이 윈도우95의 편리한 GUI 환경을 십분 활용하기 위해서 빠르게 윈도우95 환경으로 포팅되고 있음에도 불구하고 대부분의 게임 프로그램들은 여전히 DOS 환경에서 실행되는 실정이었다.

이런 상황은 나중에 윈도우 환경에서 게임 같은 응용 프로그램이 원활하게 돌아갈 수 있도록 지원해주는 DirectX가 등장하고 나서야 제대로 해결되었다.

하지만 DirectX가 등장하기까지 게임 프로그램들이 마냥 16비트 DOS 환경에만 머물러 있지는 않았다. 윈도우95라는 본격적인 32비트 운영체제가 등장하기 전에도 DOS 환경에서 32비트 모드 프로그램이 구동 가능하게 해주는 이른바 DOS 확장자(DOS Extender)가 있었다. 이들 DOS 확장자는 기존의 기본 운영체제 기능은 그대로 DOS에 의존하면서도 32비트 코드로 작성된 응용프로그램들이 32비트 환경에서 구동될 수 있도록 해주는 일종의 간이 32비트 운영체제 역할을 해주는 프로그램이었다. 이 당시 가장 널리 사용된 DOS 확장자는 32비트 C++ 컴파일러 Watcom C/C++ 에 번들로 포함된 DOS/4GW였다. DOS 확장자용 32비트 응용 프로그램을 생성할 수 있는 Watcom C/C++ 컴파일러는 1993년 말에 출시되어 1994

년 한 해를 완전히 휘어 잡은 Doom(1993)이라는 게임을 개발하는 데 사용된 것으로 알려지며 게임 프로그래머들의 집중적인 관심을 받게 되었다. 당시에는 대부분의 게임 프로그램들이 볼랜드사의 Turbo-C 컴파일러로 개발되던 시절로 이들 게임들은 당연히 16비트 DOS 환경에서 구동되는 16비트 프로그램들이었다.

하지만 Doom의 엄청난 성공으로 게임 프로그래머들은 자신의 개발 툴을 빠르게 Watcom C/C++ 컴파일러로 바꾸기 시작했다. Wolfenstein 3D(1992)와 Doom(1993)의 연이은 큰 성공으로 FPS 게임의 창시자로 불리게 된 이드 소프트웨어 존 카맥은 이 무렵부터 게임 프로그래머들의 강력한 오피니언 리더 역할을 하게 된다. 그래서 존 카맥이 했다고 하면 모두 따라하는 분위기였다.

그렇다 하더라도 만일 Watcom C/C++ 컴파일러가 존 카맥 같은 슈퍼 천재 프로그래머나 다룰 수 있는 난해한 개발 툴이었다면 다른 게임 프로그래머들이 그렇게 빠르게 자신들의 개발 툴을 Watcom C/C++ 컴파일러로 바꿀 수 없었을 것이다. 사실 Watcom C/C++ 컴파일러는 볼랜드의 Turbo-C만큼 세련된 UI를 지원하는 개발 환경은 아니었다. 그러나 기존의 16비트 응용 프로그램의 C/C++ 소스코드를 큰 수정없이 Watcom C/C++에서 새로 컴파일만 하면 손쉽게 32비트 응용 프로그램을 얻을 수 있었기 때문에 게임 프로그래머들에게는 아주 행복한 일이었다.

그러나 미리내의 경우는 그렇지 못했다. 기존에 작성된 게임들의 소스코드가 모두 16비트 어셈블리 코드로 작성되어 있기 때문에 Watcom C/

C++ 컴파일러로 그냥 재컴파일만 하면 되는 행복한 상황이 아니었다. 16비트 어셈블리 코드를 32비트 어셈블리 코드로 자동으로 바꾸어주는 개발 툴 따위도 존재하지 않았다. 점점 커지는 게임 프로그램들을 위한 원활하고 빠르게 동작하는 환경을 제공하기 위해서는 이제 더이상 16비트 환경에 머물러 있을 수가 없는 상황이었다. 모든 게임 프로그램의 코드가 어셈블리로 작성되어 있어서 국내의 그 어떤 게임 개발사도 따라 올 수 없을 정도의 높은 성능의 게임을 선보일 수 있었던 미리내의 장점이 이제는 오히려 발목을 잡는 상황이 되어 버린 것이다.

여기서 벗어나는 방법은 기존의 어셈블리 프로그램을 C로 포팅해서 Watcom C/C++에서 재컴파일 하거나, 16비트 어셈블리 소스코드를 직접 32비트 어셈블리 코드로 바꾸는 것이었다. 그 어느 쪽의 방법도 난감하기는 마찬가지였다. 어셈블리 프로그램을 C로 포팅하는 것은 PASCAL로 작성된 프로그램을 C로 포팅하는 것처럼 쉬운 일이 결코 아니었다. 그리고 16비트 어셈블리 코드를 32비트 어셈블리 코드로 옮기려고 해도 32비트 어셈블리 코딩에 대해서는 아는 바가 전혀 없었던 것이다. 이건 회사 전체의 명운이 달린 심각한 문제였다. 다른 경쟁 개발사들이 빠르게 Watcom C/C++ 컴파일러로 갈아타며 32비트 개발 환경으로 옮겨가고 있는 상황에서 이러지도 저러지도 못하는 처지에 빠진 것이다.

결국 16비트 어셈블리 소스코드를 32비트 어셈블리 소스코드로 포팅하는 방법을 찾아내는 것으로 결정되고 그 일이 나에게 주어졌다. 3개월 정도만에 그 방법을 찾을 수 있었다. 32비트 어셈블리 코딩에 대한 책도 제대로 없고, 정보도 거의 없는 상태에서 약간의 힌트가 될 만한 정보에 기대어 고군분투하며 어렵게 찾은 방법이었다. 이 시기 즈음부터 미리내에서도 새로 만들어지는 게임들은 아예 C로 작성되기 시작했다. 하지만 나는 힘들게 알아낸 32비트 어셈블리 코딩 방법이 아까워서라도 굳이 32비트 어셈블리로 게임을 코딩했었다. 아마도 국내에서는 가장 최후까지 어셈블리로 게임 프로그래밍을 한 사람이 아닐까 한다. 이 덕분에 32비트 Intel 어셈블리 코드를 아주 잘 아는 게임 프로그래머가 되기는 했지만 결코 권장할 만한 일은 아니다.

물론 나중에 소프트웨어로만 구현된 3D 렌더링 엔진 g-matrix3d를 개발할 때에는 이때 단련된 32비트 어셈블리 코딩에 대한 지식이 큰 도움이 되기는 했다. 하지만 이제는 직접 어셈블리로 코딩을 해야 하는 시절은 막을 내렸다고 본다. 게임 프로그래머를 가르치는 입장에서도 비주얼 스튜디오 6.0이 등장하고부터는 어셈블리 코딩을 간단하게 소개하는 것 외에는 더 이상 가르치지 않고 있다. 왜냐하면 어셈블리 코딩에 오랜 경험을 가진 단련된 어셈블리 프로그래머가 아니면 컴파일러가 번역한 코드보다 더 나은 어셈블리 코드를 작성할 수 없게 되었기 때문이다.

GDC 1996을 통해 새로운 세상을 만나다

어떨결에 참석한 게임개발자 컨퍼런스

미국에서 열리는 세계 최대의 게임 개발자 컨퍼런스인 GDC는 게임 디자이너 크리스 크로포드의 집에서 처음 시작되었다고 한다. 지금은 대도시인 샌프란시스코에서 열리지만 내가 1996년 처음으로 GDC에 참석했을 때는 실리콘밸리 지역의 소도시인 산타클라라에서 열렸다. 당시에는 CGDC_{Computer Game Developers Conference}라고 불렸다. 규모도 별로 크지 않은 오붓한 분위기의 컨퍼런스였다. 강연이 열리는 여러 강연장 외에도 게임 개발에 관련된 개발 툴이나 미들웨어나 관련 하드웨어 제품들을 위한 전시장도 있었지만 그 규모는 아주 작았다.

미리내는 1996년 1월 게임 회사로서는 한국 최초로 인터넷 홈페이지를 개설했다. 이 소식은 일본의 컴퓨터 잡지에도 소개되면서 그동안 인터넷 홈페이지 개설에 소극적이었던 일본의 게임 회사들이 3월에 일제히 홈페이지를 개설하는 계기가 되기도 했다. 1996년은 넥슨의 바람의 나라가 첫 서비스를 시작한 해이기도 해서 한국 게임의 역사에서는 큰 의미를 가진 해이다.

당시 미리내 홈페이지는 영문으로 된 페이지도 함께 준비해서 그동안 출시된 게임의 스크린 샷과 데모 버전들을 다운로드 받을 수 있게 했었다. 그러자 해외에서 이메일을 통해 하나 둘 연락이 오기 시작했다. 대부분은 데모 버전을 재밌게 즐긴 유저들의 메일이었지만 정품을 어디서 구매할 수 있는지에 대한 문의도 있었다. 게임을 해외에 본격적으로 수출할 가능성이 엿보인 것이다. 이 당시에는 해외 마케팅을 담당하는 전문 직원이 없던 터라 내가 힘들게 영문 메일에 답장을 하는 게 해외 마케팅 활동의 전부였다. 그러던 중 미국의 한 게임 퍼블리셔가 미리내 게임들의 미국 내 출시에 관심을 표명하며 3월 말에 열리는 GDC에서 미팅을 하는 게 어떻겠냐는 연락이 왔다.

이런 일이 있기 얼마 전에 국제 게임 개발자 협회 IGDAInternational Game Developers Association의 회장인 어니스트 아담스가 한국에 강연차 방문했다가 미리내의 마케팅 직원과 명함을 교환했다(참고로 당시 IGDA의 명칭은 CGDAComputer Game Developers Association였다). 그는 미국으로 돌아간 뒤 GDC에 오라는 초대 편지를 보내 왔다. 하지만 GDC에 대해서 아는 바도 없었고 딱히 미국에 가야 할 이유도 없었기에 그 초대를 가볍게 무시하고 있었다. 하지만 미국의 게임 퍼블리셔가 GDC에서 만나자고 하니 우리 게임을 미국이라는 큰 시장에 수출할 수 있을지도 모른다는 가능성에 이유 불문하고 GDC는 꼭 가야하는 행사가 되었다.

이렇게 해서 처음으로 혼자 미국 출장길에 오르게 된다. 이때 게임 개발자 컨퍼런스를 참관하러 간다는 생각은 전혀 하지 못했다. 오로지 우리 게임을 미국에서 수출하기 위한 비즈니스를 하기 위해 간다는 생각으로 비행기에 올랐다. 미국에 도착하고 보니 비즈니스 대화를 위해서 통역 역할을 해주기로 한 재미교포 1.5세 분이 아직 컨퍼런스가 열리는 산타클라라에 도착하지 않은 상태였다. 당시 내 영어 회화 수준은 생존 영어 수준으로 혼자서 미국을 잠시 다녀올 정도는 되었지만 영어로 진지한 비즈니스 대화를 나눌 수준은 아니었다. 그래서 재미 교포 통역을 미리 섭외 해 둔 것인데 나 혼자서 미국 게임 퍼블리셔의 직원과 만나야 하는 상황이 되어 버렸다. 당시는 지금처럼 스마트폰이 있던 시절도 아니었고, 막연하게 컨퍼런스 장에서 만나기로 했지만 첫날은 만나지 못했다. 컨퍼런스 장에는 참석한 참석자들끼리 서로 연락을 주고 받을 수 있게 주최 측에서 마련해둔 커다란 게시판이 하나 있었다. 다행히 만나기로 한 미국 퍼블리셔 직원이 자신이 묵고 있는 호텔의 전화 번호를 남긴 메모를 발견했다. 하지만 반갑지만은 않았다. 서툰 영어 실력에 전화로 영어를 해야 하는 어려운 상황이 되었기 때문이다. 전화상으로는 짧은 영어 실력을 손짓 발짓으로 메꿀 수가 없기 때문이다.

하지만 큰 비용을 들여서 미국까지 날아왔는데 만나지도 못하고 돌아갈 수는 없는 일이었다. 용기를 내어 호텔로 전화를 했다. 의외로 큰 어려움 없이 전화로 대화를 나누고 다음날 만날 약속을 잡을 수 있었다. 결국 통역도 없이 나 혼자 비즈니스 목적의 미팅을 하게 된 것이다. 깊은 대화를 나눌 수 없는 상황이라 노트북에 담아간 게임들을 보여주며 미국 시장에 출시하게 될 때 필요한 번역 등에 대해서만 조금 얘기하고 미팅은 끝났다. 그 이후로 일은 더 진전되지 못했고 이 미팅을 통해서 아직은 우리 게임을 미국 시장에 출시하기에는 많이 부족하다는 것을 확인할 수 있었다. GDC에 왔던 본래 목적은 결국 이루지 못했지만 해외 비즈니스 목적만 염두에 두고 어떤 곳인지 잘 알지 못하고 얼떨결에 왔던 GDC는 나에게 많은 배움과 변화를 가져 오게 된다.

GDC에 참석한 첫 한국 게임 개발자

GDC에 참석한 첫날 참석자들을 살펴 보니 한국에서 온 이들은 ETRI 연구소에서 온 이들과 3D 디스플레이를 마케팅 하러 온 가산전자의 직원들이 전부인 듯했다. 그리고 일본 등 다른 아시아 국가에서 온 듯한 개발자들은 극소수에 불과했다. 아무래도 한국의 게임 회사에서 온 사람은 나밖에 없는 모양이었다.

둘째 날에는 IGDA 총회에도 회원 자격으로 참석을 했는데 어니스트 아담스 회장이 처음으로 한국에서 온 회원도 있다고 언급하는 걸 들을 수 있었다. 그런데 당시 IGDA 회원에 가입한 이유는 딱히 국제 게임 개발자 협회 회원으로 활동하기 위해서는 아니었다. GDC 등록비가 꽤 비쌌는데 연회비를 내고 IGDA 회원으로 가입하면 연회비 이상으로 할인을 해주기 때문에 가입했을 뿐이었다. 아무튼 의도하지 않게 한국 게임 개발자로서는 최초로 GDC에 참관하게 되었고, 한국 게임 개발자로서는 최초의 IGDA 회원이 되었다.

모든 게임이 3D 게임이라니

얼떨결에 마케팅을 목적으로 GDC에 처음 가기는 했지만, 나는 엄연히 게임 개발자였기 때문에 원래 마케팅 목적과는 상관없이 개발자로서 접한 GDC는 정말 최고의 행사였다. 게임 개발자로서 처음으로 GDC를 체험한 것은 나에게는 커다란 행운이자 큰 배움이 되었다. GDC 행사장 여기저기에 전시된 게임들을 유심히 살펴보면서 적이 놀라지 않을 수 없었다. 거기에 전시 중인 게임들은 단 두 게임만 제외하고는 모든 게임이 3D였다. 당시 전시된 많은 게임들 중에 3D 게임이 아닌 단 두개의 게임은 블리자드의 워크래프트2와 웨스트우드의 C&C 레드앨럿이었다. 둘 다 당시 인기 최고의 실시간 전략 게임으로 플레이어가 전략적 조망을 얻기에는 2차원 맵이 오히려 더 적절한 게임이었기 때문에 2D 게임으로 만들어진 것이지 3D 게임을 기술적으로 구현할 능력이 없어서 2D 게임으로 나온 건 아니었다. 결국 기술적인 관점에서 본다면 GDC에 전시된 게임들은 사실상 모두 3D게임인 셈이었다. 하지만 당시 국내 게임 시장에 출시되는 국산 게임들은 미리내 같은 회사가 2.5D 수준의 3D 게임을 극소수 출시했을 뿐 거의 전적으로 2D 게임들이었다.

사실 1996년이면 DOOM이나 Duke Nukem 3D(1996) 같은 3D FPS 게임들이 어머어마한 성공을 거두고 있던 시절이다. 하지만 이들 게임은 아직 온전한 3D 게임이 아니었다. 배경은 3D로 구성되었지만 카메라를 수평으로만 회전할 수 있고, 지형이나 배경 건물도 수직면과 수평면만 있는 제한적인 형태만 가능했다(Duke Nukem 3D의 경우는 일부 비스듬한 면도 표현이 가능했지만 제한적이었다). 캐릭터의 경우는 2D 스프라이트를 여러 방향의 모습으로 미리 준비해서 마치 3D 모델인 것처럼 적당히 눈속임을 하는 수준이었다. 간단히 말해 온전한 3D 게임이 아닌 이른바 2.5D 게임들이었다. DOOM 시리즈를 개발한 이드소프트웨어는 이의 후속작으로 배경은 물론 캐릭터도 폴리곤으로 렌더링되는 온전한 3D 게임인 Quake(1996)를 출시한 해였다.

1996년 3월 말에 열린 GDC에서는 다양한 분야에 다양한 주제로 강연이 열렸지만 거기에서 단연 최고의 인기를 누린 강연은 다름 아니라 마이클 애브러쉬의 Quake에 대한 기술 강연이었다. Quake는 그해 6월에나 정식으로 출시되었지만 그 전에 이미 테스트 버전이 공개되어 죤 카맥과 마이클 애브러쉬에 의해 만들어진 이 놀라운 기술의 3D 게임에 대한 관심이 하늘을 찌르던 시기였다. 그래서 나도 이 중요한 강연을 듣기 위해 일찌감치 그 앞 시간의 강연이 채 끝나기도 전에 강연장으로 향했지만 이미 엄청나게 많은 이들이 앞 시간의 강연이 끝나기를 기다리며 줄을 서 있었다. 드디어 앞 시간의 강연이 끝났지만 강연장 밖으로 아무도 나오지 않는 것이었다. 밖에 줄 서 있는 이들보다 더 발빠른 이들이 아예 앞시간 강연부터 미리 자리를 차지한 것이었다. 산타클라라 킨벤션 센터에서 제일 큰 극장식 깅연장이었지만 빈 자리가 하나도 없었다. 많은 이들이 행사요원에게 사이 사이 복도에라도 않아서 들을 수 있게 해달라고 요구를 했지만 안전을 우려해서인지 단지 규정을 잘 지키기 위해서인지 그렇게는 할 수 없다고 했다. 안에서 나오는 사람이 있어야만 그 숫자만큼만 들어갈 수 있었다. 그래서 누군가가 행여라도 나오기를 기대하며 계속 기다려 보았지만 아무도 나오는 사람이 없었다. 결국 강연장에는 들어가 보지도 못하고 발길을 돌려야 했다. 나중에 강연을 담은 비디오 테이프라도 구입해볼 양으로 판매소에 갔지만 그마저도 발 빠른 사람들이 벌써 구입해서 이미 매진된 상태였다.

1996년 3월이면 3D 가속을 지원하는 쓸만한 그래픽 카드가 이제 막 시장에 선을 보인 시기라서 대중적으로는 제대로 보급되지 않은 상태였다.

그러므로 GDC에서 만난 3D 게임들은 3D가속 카드의 도움없이 사실상 모두 소프트웨어 렌더링으로 구현된 게임들이었다. 소프트웨어 렌더링 엔진의 개발을 시도해 본 입장이기 때문에 그게 얼마나 어려운 건지도 잘 알고 있었다. 그렇기에 GDC 1996에 전시된 게임들이 사실상 모두 3D 게임들이었다는 것은 나에게는 커다란 지적 충격이기도 했다. 당시라면 일반적인 대중 시장에 출시된 게임들은 미국산이라 해도 이렇게까지 모두 3D 게임은 아니었다.

하지만 GDC는 게임 개발 기술의 미래를 엿볼 수 있는 곳이었고, 그곳에 전시된 모든 게임이 3D였다는 것은 결국 게임의 미래도 3D라는 것을 의미했다.

우리도 3D 엔진을 만들자

한국에서도 3D 게임을 만들 수 있었으면 한다는 생각은 GDC를 다녀온 다음에는 반드시 만들어야 한다는 생각으로 바뀌었다. 당시에 게임을 위해 3D 렌더링 엔진을 만든다는 것은 지금과는 사뭇 다른 일이었다. 왜냐하면 당시는 3D 렌더링 처리를 가속해주는 3D 그래픽 카드가 없었기 때문이다. 그래서 모든 3D 그래픽 처리를 CPU에서 모두 감당해야 했다. 이른바 소프트웨어 렌더링 엔진을 구현해야 하는 것이었다.

3D 렌더링 엔진을 소프트웨어로 구현한다는 것은 기술적으로 아주 높은 난이도의 일이라고 할 수 있다. 3D를 표현하고 다루는 데 필요한 수학적인 지식도 갖추어야 하고, 무엇보다도 당시의 하드웨어에서 렌더링 처리

가 빠르게 동작하도록 하려면 높은 최적화 능력도 필수였다. 이런데다 이를 구현하는 데 필요한 기술적인 정보를 구하기도 쉽지 않았다. 당시는 인터넷도 FTP 같은 텍스트 기반의 서비스를 주로 사용하던 시절이었고, 웹브라우저를 통해 텍스트 정보는 물론 멀티미디어 정보에도 편리하게 접근할 수 있는 월드와이드웹이 막 탄생해서 서서히 영역을 넓혀가고 있던 시기였다. 그래서 당시에는 국내에서는 PC 통신을 통해서, 해외에는 주로 FTP 서비스를 통해 기술적인 정보를 얻었다. 당시 가장 유용했던 FTP 서버는 핀란드 오울루 대학의 서버였다. 거기에는 게임 개발에 필요한 자료들이 비교적 잘 정리되어 있었다.

한국 3D 게임의 개척자들을 모으다

본격적인 3D 게임을 만들 수 있는 3D 렌더링 엔진을 만들기 위해서는 당연히 나 혼자서 애쓰기보다는 같이 힘을 보탤 수 있는 이들을 한 명이라도 늘리는 게 좋은 일이었다. 그래서 PC 통신 하이텔의 게임제작동회에서 활동하는 회원들 중에서 3D 프로그래밍을 잘하는 이들을 미리내에 영입하려는 노력도 했었다. 이를 위해서 3D 프로그래밍 실력이 돋보이는 이들을 찾아서 연락하고 만나서 미리내에 입사하기를 권유하는 일을 하는 일종의 헤드 헌터 역할도 했다.

이 당시에 미리내에 입사했던 3D 프로그래머들은 국내의 3D 엔진 초기 개척자들로 한국 게임사에 있어서 빼놓을 수 없는 중요한 업적들을 남겼다. 이런 이들로는 미리내 소프트웨어의 마지막 대작 게임 네크론(1997)의

3D 엔진을 구현했고, 나중에 재미시스템에서 국내 최초의 FPS 게임 액시스(2000)를 개발한 박재홍씨가 있다. 박재홍씨의 경우는 사실 미리내에 입사하기 위해 제 발로 찾아온 경우였다. 당시 제출한 포트폴리오 중에는 좌표값을 일일이 입력해서 모델링한 로봇 캐릭터를 실시간으로 렌더링하는 정말 감동적인 프로그램도 있었다. 그리고 미리내 소프트웨어에서 배틀기어 등 가장 많은 3D 게임을 개발했고, 나중에 오즈인터미디어에서 국내 최초의 온라인 3D 가상 사회 게임인 '카페나인'의 소프트웨어 렌더링 엔진을 개발했던 조기용씨가 있다. 이 엔진은 카페나인의 후속 게임인 오즈에서 아직도 렌더링 엔진으로 쓰이고 있다고 한다. 조기용씨는 무엇보다도 한국 최초의 온라인 3D RPG 뮤(2003)의 클라이언트를 OpenGL 기반으로 혼자서 개발한 장본인이다. 조기용씨의 경우는 병역특례 자리를 약속하며 영입하기 위해 애써 노력했던 경우이다. 이 외에도 미리내에 입사하지는 않았지만 미리내의 멤버들과 밀접한 관계를 가지며 뛰어난 3D 게임 엔진을 개발한 숨은 천재 프로그래머도 있다. 이미 고등학교 때 폴리곤 렌더링 방식의 간단한 3D 엔진을 만들기도 했고 지금도 위플게임즈의 온라인 FPS 게임 '아이언 사이트'의 자체 3D 엔진 개발을 책임지고 있다.

미리내를 떠나다

미리내는 당시 삐삐로 불리던 무선호출기로 크게 성공한 팬택의 투자를 받으면서 회사 조직이 급격히 커졌다. 10명도 되지 않던 직원이 50명이 넘는 규모로 커지고 누군가는 관리자의 역할을 맡아야 했다. 게임 개발 외에 감당해야 하는 역할도 늘어났다. 전담 직원이 생기기 전까지는 해외 마케팅도 감당해야 했고, 동시에 개발이 진행되는 3~4개의 프로젝트를 전체적으로 관리해야 했다. 그러면서도 메인 프로그래머 역할을 맡은 프로젝트까지 있었다. 더 이상 실무 개발자로서 게임 프로그래밍에 전념할 수 없는 처지가 되었다. 그래서 실무 개발은 그만두고 관리자의 역할만 맡기로 했다. 개인적으로는 아직 충분히 개발자로서 성장할 여지가 많이 있었지만 회사의 입장에서는 관리자로서의 역할이 더 필요했기 때문이었다. 결국 내가 즐겁게 할 수 있는 일에서 멀어지고 관리자가 되자 회사 생활에도 큰 회의가 들었다. 대기업을 그만둔 건 신나게 개발을 하고 싶어서였는데 결국은 관리만 해야 하는 처지가 된 것이었다. 여기서 오는 스트레스가 심해지자 몸도 나빠지기 시작했다. 결국 첫 게임 회사였던 미리내를 도망치듯이 그만두게 되었다.

이때 심정으로는 게임을 만드는 일에서 완전히 떠나고 싶었다. 그래서 모든 일을 끊고 고향으로 내려와 칩거에 들어갔다. 하지만 이런 칩거 생활이 6개월쯤 지나자 다시 게임을 만들고 싶어서 몸이 근질 근질하기 시작했다. 다시 서울로 올라와 컴퓨터 그래픽 전문 회사에 게임 프로그래밍 팀장으로 입사했다. 이 회사의 뛰어난 그래픽과 나의 전문적인 게임 프로그래밍 실력이 결합하면 좋은 결과를 얻을 수 있을 것으로 기대했지만 문화적 차이에서 오는 갈등으로 여기도 오래 있지 못하고 퇴사하게 되었다.

가르치는 것은 또한 배우는 것이다

2달만 강의를 하려고 했었다

컴퓨터 그래픽 전문 회사의 게임 프로그래밍 팀장 일을 그만 두고 다시 새로운 게임 회사에 입사하기보다는 당분간 쉬면서 부족한 게임 엔진 기술 공부도 하면서 재충전의 시간을 가지기로 했다. 하지만 기본적인 벌이는 있어야 하기에 미리내 시절 시간강사로 강의를 한 적이 있는 금성소프트웨어 스쿨로 찾아갔다. 금성소프트웨어 스쿨은 국내에서 가장 먼저 게임 개발자 교육과정을 시작한 곳이기도 했다. 미리내 시절 C와 어셈블리 시간 강사로 프로그래밍을 가르치기도 했던 곳이라 이미 친숙한 곳이었다. 불쑥 찾아가면 내가 강의할 만한 자리가 없을지도 모른다는 걱정이 있었지만 막상 찾아가자 다행스럽게도 무척이나 반가워 했다. 그런데 그렇게 반갑게 맞아준 데는 이유가 있었다.

당시 금성소프트웨어 스쿨은 부산의 신설 대학인 동명정보대학교와 위탁 교육 계약을 맺고 게임 개발자 교육을 막 시작한 지 한달이 된 상태였다. 당시 그 교육과정은 IMF 사태 직후인 1998년에 노동부의 지원을 받아 실직자나 대학을 졸업한 후에 취업을 하지 못한 청년 미취업자를 위해 마련된 1년짜리 과정이었다. 내가 막 찾아갔을 때는 기존 강사진들이 부산에 1주일씩 교대로 내려가서 교양 과목을 강의한 후였고, 이제 본격적으로 전공 과목을 강의할 강사를 파견해야 하는 상황이었다. 그러니 마침 내가 찾아 온 것을 무척이나 반가워 할 수밖에 없었던 것이었다. 금성소프트웨어 스쿨은 내게 부산에 내려가서 C 프로그래밍을 한달 동안 강의할 수 있는지 의사를 물어왔고, 나는 기꺼이 하겠다고 했다. 멀리 부산까지 파견을 가는 셈이라 현지 체제비는 물론이고 시간당 강사료도 조금 높게 책정했기 때문에 나로서는 마다할 이유가 없었다.

이렇게 한달 간의 파견 강사로 부산에 내려와서 보니 게임 과정의 수강생 구성이 내 예상과는 전혀 달랐다. 당시 내 나이는 33세로 국내 게임 개발자로서 최고령 층이었다. 그래서 나보다 나이가 많은 학생들이 있으리라고는 생각하지 않았다. 그러나 와서 보니 수강생의 1/3 정도가 나보다 나이가 많았고 심지어 40대 후반인 분도 있었다. 연유를 알아보니 당시 게임 개발자 과정은 가장 비인기 과정으로 다른 웹이나 네트웍 개발자 과정으로 지원자가 몰렸고, 이들 나이 많은 수강생들은 딱히 게임 개발을 배우고 싶어서 지원한 게 아니라 다른 인기있는 과정에서 탈락하고 2차 3차로 겨우 합격해서 들어온 분들이었다. 인기있는 과정들은 대학을 졸업한 지 얼마되지 않은 젊은이들의 차지였고, 직장 생활을 오래 하다 IMF 사태로 실직한 이들에게는 그런 인기 과정에 들어갈 자리가 없었던 것이다. 결국 가장 인기없는 게임 개발자 과정에 모이게 된 것이었다. 1998년이면 게임 업계 종사자가 아닌 한 아직은 온라인 게임이 커다란 시장을 형성하고 리니지가 하루 1억의 매출을 돌파하기 전이었기 때문에 게임 분야가 얼마나 유망한 곳인지 일반 대중들은 잘 알지 못하던 때였다.

한달로 예정된 C 프로그래밍 강의가 끝나갈 즈음 금성소프트웨어 스쿨에서 연락이 왔다. C 프로그래밍만 강의하기로 했지만 이어지는 C++ 과목도 한달만 더 맡아 주었으면 한다는 것이었다. 딱히 서울로 복귀해야 할 특별한 이유가 있는 것도 아니었고, C 프로그래밍만 가르치고 끝내는 것보다 C++까지는 한 사람이 이어서 가르치는 게 더 낫다고 생각했다. 그래서 기꺼이 C++ 프로그래밍까지 한달 더 강의를 맡기로 했다. 그런데 C++ 강의가 끝나갈 무렵에 금성소프트웨어 스쿨의 행정 담당 직원이 직접 부산까지 내려 왔다. 그 이유는 어려운 부탁을 하기 위해서였다. 그 부탁이란 건 게임 프로그래머 1년 과정 전체 강의를 나 혼자 다 맡아 주었으면 한다는 것이었다. 서울에 있는 강사들이 부산에 한달 이상 내려와서 교육을 해야 한다는 것에 크게 부담을 느끼고 있고, 그 중에는 차라리 퇴사하겠다며 강하게 거부 의사를 표하는 경우도 있다고 했다. 충분히 이해가 가는 반응이었다. 내 경우는 고향이 부산에서 멀지 않은 마산이다 보니 부산의 사투리나 문화를 이해하는 데 어려움이 전혀 없고 오히려 정겹게 느껴졌지만 그래픽 반의 강의를 담당하는 서울내기 강사분들은 많이 힘들어 하는 모습이었다. 이건 단지 멀리 타지에서 생활해야 하는 어려움만이 아니었다. 서울과 부산의 문화적 차이 때문에 심리적으로도 매우 힘들어 했었다. 거친 억양의 부산 사투리도 알아듣기 어려운데 그러한 거친 억양 때문에 학생들의 태도를 뭔가 공격적인 것으로 오해하기 십상이었다. 말씨가 거칠어서 그렇게 느껴지는 것일 뿐 결코 그런 게 아니라고 설명을 해주어도 심정적으로 납득을 하지 못하는 눈치였다. 안타깝게도 1998년이면 역대 최고의 흥행기록을 갈아치우며 부산 사투리에 대한 전국민적인 호감도를 높였던 곽경택 감독의 영화 친구(2001)가 개봉되기 전이었다.

결국 크게 고민하지 않고 내가 게임 프로그래밍 반의 강의를 모두 맡기로 했다. 대신 커리큘럼을 금성소프트웨어 스쿨에서 원래 정한 대로가 아니라 내 방식대로 새로 짜서 진행하겠다고 했다. 금성소프트웨어스쿨 측도 이에 반대하지 않았다. 이렇게 하여 전체 1년 과정의 남은 9개월 동안 졸업 프로젝트를 위한 마지막 3개월을 제외하고 6개월 동안 가르칠 내용을 내가 온전히 정할 수 있게 되었다. 나에게는 평소에 게임 프로그래머 교육이 이러해야 한다고 가졌던 철학을 실제로 실현할 수 있는 좋은 기회가 된 것이었다.

당시 이미 어느 정도 자리잡은 게임 교육 기관의 커리큘럼은 2D 게임을 위한 교육과 3D 게임을 위한 교육이 얼추 2:1 정도의 비중으로 잡혀 있었다. 쉽게 말해 2D 교육 위주에 3D가 가미된 교육이었다. 그나마 비중이 낮은 3D 교육도 3D 그래픽의 원리를 제대로 배우는 것보다는 Direct3D 사용법 교육에 가까웠다. 1998년이면 아직도 국내에는 3D 게임이 드물었지만 조만간에 3D 게임의 비중이 높아지고 3D 인력의 수요가 늘어날 것으로 확신했기 때문에 2D에 대한 내용은 대폭 줄이고 과감하게 3D 게임 중심의 교육 과정으로 개편했다. 그것도 소프트웨어 렌더링 엔진을 기반으로 탄탄한 기초 교육을 받을 수 있게 했다. 국내에서는 3D 게임 개발을 본격적으로 가르치는 교육 과정이 처음으로 생긴 셈이었다.

이렇게 1998년 금성소프트웨어 스쿨의 파견 강사로 부산에서 시작한 3D 게임 개발자 교육은 동명게임스쿨에서 7기로 마감을 하고, 2006년에는 부산시의 지원으로 공공교육기관인 부산게임아카데미가 설립되었다. 여기에 동명게임스쿨의 교수진들이 함께 옮겨 가면서 좀 더 안정적인 교육 환경에서 게임 개발자 교육을 계속할 수 있게 되었다. 부산게임아카데미는 2015년 10기생을 배출하며 10년을 넘겼고, 2016년도 11기의 교육을 시작했다. 개인적으로는 2달만 하고 서울로 돌아가려던 계획이 부산에서만 17년의 3D 게임 개발자 교육을 한 셈이 되었다. 이렇게 부산에 자리 잡았던 큰 이유 중 하나는 부산에 온 첫해에 부산에서 내 평생의 반려자를 만났기 때문이기도 했다.

3D 게임 프로그래머 인력이 절대 부족하다

1998년 즈음이면 양호한 성능의 3D 그래픽 카드가 본격적으로 대중에게 보급되기 시작된 시기라서 굳이 소프트웨어 렌더링 엔진을 구현하지 않더라도 3D 하드웨어의 도움을 받아 비교적 쉽게 3D 렌더링 엔진을 구현할 수도 있게 되었다. 하지만 아직은 보편적인 수준으로 충분히 보급되지 않은 상태였기 때문에 해외의 3D 게임들은 대개 소프트웨어 렌더링과 3D 가속 카드를 통한 렌더링을 동시에 지원했다. 대표적으로 1998년에 출시된 에픽 메가 게임즈의 언리얼(1998)과 밸브의 하프라이프(1998)가 그런 게임들이다.

당시 3D 하드웨어를 표준적으로 매개해주는 3D API는 MS의 DirectX에 포함된 Direct3D가 있었고, 공개 표준으로는 OpenGL이 있었다. 하지만 이런 3D 하드웨어와 3D API의 도움에도 불구하고 3D 게임을 만드는 데 필수적인 3D 엔진을 구현할 수 있는 개발자가 절대적으로 부족했다. 미국 등 서구권의 경우 3D 가속 카드 없이도 소프트웨어로만 3D 렌더링 엔진을 구현할 수 있는 프로그래머가 적지 않았지만, 한국의 경우는 정말 극소수에 불과했다. 3D 렌더링 엔진의 구현이 쉬워졌다는 것도 어디까지나 소프트웨어 렌더링 엔진을 구현할 때보다 쉬워졌다는 것일 뿐 2D 게임만 만들던 대다수 한국의 게임 프로그래머들에게는 무의미한 것이었다. 그나마 국내에도 3D 게임이 많아지기 시작한 것은 어디까지나 3D 가속 카드가 거의 모든 PC에 당연히 장착될 정도로 보편화된 이후였다. 소프트웨어 렌더링 엔진을 만들지 않고 3D API상에서만 3D 렌더링 엔진을 구현해도 되었기 때문이다.

하지만 1998년 부산의 동명정보대학교 내에 자리를 잡은 동명게임스쿨은 가장 기초 원리가 되는 소프트웨어 렌더링부터 차근히 배우는 교육 과정으로 발전하게 된다. 당시 첫 졸업생들이 소프트웨어 렌더링으로 구현한 자체 개발 엔진으로 만든 졸업작품이 한국아마추어게임공모전에서 연말 대상을 받으면서 큰 주목을 받기 시작했다. 그리고 이 공모전이 폐지될 때까지 대상을 거의 독식하다시피 했다. 그러자 서울에서 유학을 오는 교육생도 생기고, 3D 게임 프로그래머 인력을 구하기 위해 서울에서 부산까지 직접 방문하는 회사도 있었다.

당시는 넥슨의 '바람의 나라(1996)'로 시작된 온라인 게임 시장이 급격히 성장하던 시기로 시장은 빠르게 레드 오션이 되어가고 있었다. 이런 치열한 온라인 게임 시장에서 3D 게임을 만드는 것은 확실하게 우위를 점할 수 있는 선택으로 여겨졌다. 하지만 당시에 국내에서 3D 프로그래밍을 할 수 있는 인력은 절대수가 부족했다.

그렇기에 지금의 눈으로 보면 조악한 수준의 3D 프로그래밍만
할 수 있어도 모셔가기 위해서 애쓰는 분위기였다. 2000년이면 단순
한 육면체에 텍스츄어만 입혀서 돌릴 수 있는 실력이라도 모셔갈 태
세였다.

다양한 컴파일러를 경험해 보라

당시 국내의 게임 개발 환경에서부터 교육기관의 커리큘럼에까지 불만
이 많았던 입장에서 전체 교육을 맡아서 가르치게 되자 내 자신이 바람직하
다고 여기는 방향으로 교육을 밀어 부칠 수 있었다. 그 중에 하나는 지나치
게 MS 개발 툴에만 의존하는 국내의 개발 환경을 조금이라도 완화하는 것
이었다. 국내에서 게임을 개발한다는 것은 컴파일러는 MS의 비주얼 스튜
디오를 사용하고 게임용 API는 MS의 DirectX만 사용하는 것이 무슨 불문
율처럼 지켜지고 있었다. 이것저것 다양한 것을 경험해 보기보다는 가장 많
이 쓰이는 하나만 잘하면 된다는 심산인 것이다. 이런 식의 사고 방식은 실
은 개발자들만의 문제는 아니다. 우리 사회 전반의 문화가 그런 식이다.

결국은 가장 많이 사용하는 개발 툴이나 API에 귀착한다고 해도 일단
시작할 때에는 가능한 다양한 환경들을 접하게 하고 싶었다. 그래서 컴파일
러의 경우는 Turbo C++, Watcom C/C++, Dev-C++을 조금씩은 체험
해 보고 VC++ 로 넘어갔다. 내 욕심대로라면 해외처럼 멀티 플랫폼 개발

을 강하게 밀어 붙이고 싶었지만 국내 취업을 목적으로 하는 실무 교육 과정이라 국내 게임 회사들의 개발 환경도 고려해야 했기 때문에 온전히 내 욕심대로 밀어붙일 수는 없었다. 아마도 교육 과정이 2년이었다면 분명히 그렇게 했을 것이다.

국내에서 GUI가 필요한 개발 툴의 경우 윈도우 환경에서는 거의 전적으로 MFC 라이브러리를 사용하는 것이 정석이다. 하지만 Win32 API 수준에서 간단한 GUI 요소를 구현해 본 다음 멀티플랫폼을 지원하는 다양한 GUI 툴킷을 소개하는 식으로 가르쳤다. 사실 내 전문 분야가 저수준 엔진쪽이다 보니 GUI 부분은 특히 MFC에 대해서는 깊이 가르칠 만한 실력도 되지 않았다. 멀티플랫폼용 GUI 툴킷을 이용할 경우 특정한 플랫폼에 의존하지 않는 프로그램을 비교적 쉽게 만들 수 있고, MS 개발 환경에 대한 의존성을 크게 줄일 수 있다.

3D API의 경우도 국내에서는 DirectX에 포함된 Direct3D만 거의 전적으로 사용하는 경향이다. 하지만 이 경우도 OpenGL을 먼저 가르치고 Direct3D로 넘어갔다. 그리고 일부 실력이 되는 학생들이라도 시도해 볼 수 있도록 소프트웨어 렌더링, OpenGL, Direct3D를 동시에 지원할 수 있는 방법도 가르쳤다. OpenGL의 경우 온라인 3D 게임이 등장하던 초창기에만 일부에서 조금 사용되었을 뿐 한국은 DirectX가 대세가 되어 버렸다. 국내에서는 DirectX만 열심히 배우면 충분한데 굳이 OpenGL까지 배울 필요가 있냐는 불만도 있었다. 하지만 2009년 국내에 아이폰이 도입된 이후로 게임의 중심이 모바일 시장으로 바뀌자 오히려 OpenGL이 3D API

의 대세가 되어 버렸다. 그래서 OpenGL 교육을 놓지 않고 꾸준히 했던 교육의 잇점을 제대로 누릴 수 있었다. 학생들이 OpenGL에 익숙하니 유니티 엔진이 널리 쓰이기 전인 2010년에는 OpenGL ES 기반으로 직접 아이폰용 3D 엔진을 구현하는 졸업 작품 개발팀도 있었다.

3D 엔진은 소프트웨어 렌더링부터 – 원리를 강조하는 교육

원리를 강조하는 교육이라고 하면 좀 막연한 개념으로 보일 수도 있다. 여기서 원리란 것은 특정한 환경에 종속되지 않고 시간이 흘러도 유행을 타지않는 근본적인 지식을 말한다. 더 간단히 말하면 공간과 시간의 변화에 구애받지 않는 지식이라고 할 수 있다. 원리를 강조하는 교육은 구체적으로 어떤 지식을 가르친다기보다는 지식을 대하는 태도를 가르친다고 하는 게 더욱 정확한 말이다. 이런 교육의 구체적인 형태는 다양한 컴파일러를 경험하게 하거나 API를 다양하게 사용하게 하는 식이다. 얼른 생각하면 이런 저런 지식을 백화점 식으로 늘어 놓는 교육으로 오해할지도 모른다. 하지만 이런 식의 교육을 하는 목적은 다양함 속에서 공통된 패턴을 발견하게 하려는 것이다.

즉 플랫폼이든 컴파일러든 API이든 개발 환경을 바꾸어도 변하지 않고 공유되는 지식이 있다면 그게 바로 원리인 것이다.

이것은 결코 이게 원리라며 던져 주는 식으로만 터득될 수 있는 것이 아니다. 가능한 학생들 스스로가 원리를 자연스럽게 도출해 낼 수 있어야 하는 것이다.

지금은 예전처럼 과정 중에 컴파일러를 억지로 4가지나 다루어 보게 하
는 식으로 교육을 하지 않아도 모바일 게임의 빌드를 위해서는 자연스럽게
멀티플랫폼 환경을 경험할 수 있게 되었다. 그러다 보니 컴파일러도 윈도우
용의 비주얼 스튜디오와 iOS용의 엑스코드와 안드로이드용의 안드로이드
스튜디오 등 최소한 3가지는 필요에 의해서 다루어 보게 된다. 그리고 지금
도 교육 과정의 초입에 처음 사용하는 컴파일러는 GCC 기반의 Dev-C++
이다. 원리를 강조하는 수업의 한 예는 이런 식이다. 동일한 소스코드의 C
프로그램이 Dev-C++과 VC++에서 확연히 다르게 동작하는 것을 경험하
게 하는 것이다. 이런 식의 수업은 하나의 컴파일러만 가지고는 할 수 없는
것이다.

3D 프로그래밍을 가르칠 때도 마찬가지다. OpenGL도 가르치고
DirectX도 가르치지만 소프트웨어 렌더링도 가르친다(요즘은 소프트웨
어 렌더링의 너무 저수준에 해당하는 레스트라이저를 직접 구현하게 하
는 식으로까지는 가르치지는 않는다). 이를 통해 학생들은 어떤 환경에서
도 동일하게 적용할 수 있는 지식을 터득하게 된다. 실제로 강의 때도 내
용에 따라 소프트웨어 렌더링과 OpenGL과 DirectX를 동시에 언급하면
서 진행하기도 한다. 이렇게 소프트웨어 렌더링과 OpenGL과 DirectX
를 다 가르치고 나면 유니티 엔진 교육은 훨씬 수월해진다. 굳이 엔진의
사용법을 일일이 가르칠 필요가 없기 때문이다. 앞선 수업을 통해서 3D
렌더링 엔진의 원리를 어느 정도 터득한 학생들은 결국 동일한 원리를 바

탕으로 만들어진 유니티 엔진을 그 겉모습에 현혹됨이 없이 알아서 척척 배우게 되는 것이다.

아무튼 이렇게 원리를 강조하는 교육을 받고 졸업한 제자들 중에는 게임 엔진 개발팀에서 일하게 된 경우가 많았다. 동명게임스쿨 시절 가장 뛰어났던 제자는 현재 엔씨소프트에서 자체 엔진으로 개발중인 리니지 이터널의 엔진 팀장을 맡고 있기도 하다.

공개용 소프트웨어 렌더러 g-matrix3d를 만들다

미리내 시절 너무 이르게 관리자가 되면서 제대로 하지 못했던 이런 저런 프로그래밍을 학생들을 가르치면서부터는 틈틈히 할 수 있는 시간이 생겼다. 그래서 학생들에게 소프트웨어 렌더링을 가르치면서 학생들보다는 조금 앞서서 소프트웨어 렌더링 엔진을 차근 차근 만들게 되었다. 바로 간단한 소프트웨어 렌더러인 g-matrix3d이다. 이 엔진의 모든 소스를 당시 운영하고 있던 개인 홈페이지를 통해서 공개했다. 학생들을 가르칠 목적으로 만든 엔진이라서 상업적 수준의 대단한 규모나 성능은 아니었지만 너무 많지 않은 분량에 비교적 알아보기 쉽게 작성된 소스코드는 내가 직접 가르친 학생들뿐만 아니라 3D 렌더링 엔진을 공부하는 이들에게 좋은 학습자료가 되어 주기도 했다.

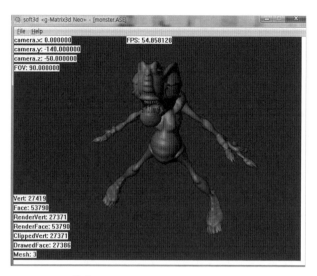

▲ g-matrix3d 엔진

　　g-matrix3d의 마지막 버전인 g-matrix3d neo v0.4는 소프트웨어 렌더링만 지원하는 엔진으로 삼각형의 내부를 채우는 레스트라이저 부분은 온전히 32비트 어셈블리로 코드로 작성되었다. VC++과 GCC를 동시에 지원하기 위해서 어셈블리 문법도 Intel과 AT&T의 두 가지로 작성되었다. 통상적인 실수 연산 대신에 지금은 잊혀진 고대의 기술 같은 고정 소수점 연산을 이용해서 속도를 최대한 끌어올리고, 레스트라이저의 정밀도도 최대한 높였다. 이렇게 하려면 Sub-pixel accuracy라고 하는 픽셀보다 작은 수준의 미세한 보정이 필요하다. g-matrix3d neo v0.4를 공개하던 2003년이면 소프트웨어 렌더링 엔진은 더 이상 필요하지 않은 시절이 되었지만 GPU에 프로그램을 내장할 수 있게 되면서 렌더링 코드를 직접 작성할 수 있는 능력은 여전히 유용한 지식으로 남아 있다.

인디 게임 개발자로 나서다

게임을 만드는 재미를 다시 찾고 싶다

한국의 게임산업이 온라인 게임들의 연이은 상업적 성공으로 거대한 산업으로 성장하는 동안 혼자나 소규모의 인원이 즐겁게 게임을 만들던 재미는 점점 누릴 수 없게 되었다. 90년대 초부터 게임 업계에서 개발자로 혹은 교육자로 일해 오면서 진정 신나게 게임을 개발했던 것은 아마추어 시절밖에 없었던 것 같았다. 교육자로 일하던 시기에는 동명게임스쿨 3기 졸업생들과 함께 대학으로부터 약간의 지원을 받아 울프 체이서(2003)라는 온라인 FPS 게임을 개발하기도 했었다. 사실 소속 대학과 동명게임스쿨의 홍보를 위한 일종의 홍보물로 만들어진 것이었다.

▲ 울프 체이서(2003)

그런데 만들어진 결과물은 당시 크게 인기를 얻고 있던 카르마 온라인 (2002)보다 더 좋아 보이게 나왔다. 그러자 오히려 게임 개발의 순수함 보다는 큰 돈이 될 수 있을지도 모른다는 욕심들이 더 힘을 얻는 지경으로 변하고 말았다. 당시는 아직 온라인 FPS 게임의 수익 모델이 정립되지 못하고 있던 때기도 했지만 겉으로 드러나 보이는 화려한 면 말고도 내부에 있는 단점들을 잘 알고 있는 처지에서 상업화로 가는 길은 감히 생각할 수 없었다. 당시에 메이저 급 게임 기업에 취업해도 모자라지 않는 졸업생들에게 용돈 정도의 급여만 주고 개발을 한다고 해도 2년에 최소 12억원 정도의 개발비가 필요한 것으로 산정되었다. 온라인 게임은 당시에도 MMORPG라면 최소 100억원 정도의 개발비가 필요하고 캐주얼 게임이라고 해도 최소 20~30억의 개발비가 소요되는 사업이었다. 더 이상 재미삼아 할 수 있는 일이 아니었다. 이런 반대 극단에는 피처폰 게임들이 있었다. 하지만 피처폰 게임들은 하드웨어의 성능상 주로 간단한 게임들을 위한 플랫폼이었고, 플랫폼 홀더라고 불리는 휴대폰 사업자들이 갑의 권한을 맘껏 부리는 곳이었다. 그렇다고 완전히 상업적인 목적은 배제한 채 순수 아마추어 게임처럼 만들 수도 없는 노릇이었다.

쉽게 말해 바라는 바는 이랬다. 대단한 상업적 성공을 바라지는 않지만 적어도 개발비는 건질 수 있고, 대작은 아니라도 어느 정도 괜찮은 수준의 게임이라야 하고, 만들면서도 재밌는 그런 게임을 만들고 싶었다.

물론 이렇게 만들 수 있는 게임은 적어도 당시에는 찾을 수 없었다. 잠시 창업을 고려한 적도 있었지만 결국은 접고 일단은 교육에 전념하기로 마음을 정했다.

거대한 산업이 된 게임 개발 시스템에서 벗어나 개성있는 게임을 만들고 싶었다

온라인 게임이 대세이던 시절에는 상업적인 게임을 개발한다는 건 쉽게 뛰어들 수 없는 사업이었다. 그런데 이러한 상황이 2007년 아이폰의 등장과 함께 급격히 변하기 시작했다. 내 경우도 매킨토시 컴퓨터도 구입을 하고 아직 국내에는 출시가 미루어지고 있는 아이폰을 대신해서 아이팟 터치도 구입하고, 아이폰 개발자로도 등록을 했다. 하지만 아직 터치 디바이스에 대한 경험도 부족했고, 새로운 방식의 기기에 잘 어울릴 만한 이거다 싶은 구체적인 게임도 떠오르지 않은 상태였다. 일단 아이폰의 개발 환경부터 익숙해지기로 했다. 하지만 뚜렷하게 무엇을 만들겠다는 목표도 없이 시작한 일은 공부도 지지부진했다. 아직 국내에는 아이폰이 정식으로 들어오지도 않았고, 나중에 결국 들어 오기는 했지만 한국의 앱스토어에는 게임 심의 문제로 게임 카테고리가 막힌 채였다.

학생들에게는 새로운 기회를 얘기하며 스마트폰 게임 개발을 부추기면서도 정작 나 자신은 적극적으로 움직이지 않았다. 너무 많이 아는 탓에 이것저것 재는 게 많으니 뭔가를 선뜻 하지 못하는 것이었다. 거대한 산업이 된 온라인 게임에 대해서 반감을 가지고 있으면서도 한편으로는 그런 호황을 통해 형성된 태평성대에 익숙해져 있었는지도 모르겠다. 부산게임아카데미의 교육도 안정적으로 잘 이루어지고 있었고, 매년 게임산업개발원에서 실시하는 평가에서도 늘상 최우수 지방 게임아카데미로 뽑혔고, 열심히 가르쳐서 배출한 졸업생들도 개발 현장에서 좋은 평가를 받고 있었다. 뭔가에 애써 도전해야 하다는 생각만 있고, 몸은 태평성대에 익숙해져 움직이지 않는 그런 상황이었다.

하지만 이런 시기도 얼마 가지 않았다. 해외에서는 스팀과 아이폰의 앱 스토어 같은 온라인 마켓이 가져온 변화로 거대한 퍼블리셔를 통하지 않고도 수월하게 전세계를 상대로 게임을 출시할 수 있게 되었고, 행운이 따라준다면 큰 수익을 낼 수 있게 되었다. 이렇게 인디 게임이 활성화 되고 있었고, 국내에도 점점 그런 여파가 전해져 오고 있었다. 결국 한국도 전병헌 의원이 발의한 오픈마켓 법이 국회를 통과해서 애플의 앱스토어나 구글의 플레이 스토어로 출시하는 게임들은 국내 심의 기관의 심의를 면제 받을 수 있게 되었다. 그러자 국내의 스마트폰 게임 시장도 활성화 되기 시작했지만 거대한 게임 기업은 들어오지 않고 개인이나 작은 기업들이 활동하는 시장으로 형성되었다. 수십억원이나 수백억원 단위로 움직이던 거대 온라인 게임 회사들에게는 앱스토어 같은 건 시장으로 보이지도 않았던 것이다. 그렇다면 이 시장은 바로 인디들을 위한 시장이었다.

2012년에 접어들자 스마트폰 게임들이 확연하게 두각을 드러내기 시작했고, 카카오가 게임 서비스를 시작하자 불에다 기름을 붙는 격이 되었다. 2012년 지스타에서 게임 시장의 중심이 모바일로 옮겨 간 것을 목도하자 드디어 게임 기획자인 동생과 의기투합했다. 아내는 회사 대표와 CG 편집 작업을 맡고, 나는 프로그래밍을 맡고, 동생은 게임 기획과 손 그림을 맡아서 게임을 만들기로 하고 함께 인디게임사를 세웠다. 드디어 인디 게임 개발에 발을 내딛게 된 것이었다. 사무실은 집 거실을 사용하고 부부와 형제가 직원인 그야말로 가내수공업 같은 인디게임사가 탄생한 것이었다. 회사 이름도 성공에 대한 바람을 담아 젬스푼이라고 지었다.

유체 물리 엔진도 직접 구현해 보다

일단 회사부터 설립을 하고 보니 나는 게임 개발 실무에 너무 오랜만에 복귀한 것이었고, 게임 기획자인 동생도 MMORPG만 주로 기획을 하다 작은 모바일 게임을 기획한 것은 얼마 되지 않은 상태였고, 아내는 상업적으로 게임을 개발한 경험은 없었다. 나와 동생은 게임 업계 경력이 오래 되었지만 새로운 플랫폼에서 만드는 첫 게임이니 욕심을 내지 않고 한달 정도만에 완성할 수 있는 최대한 간단한 게임을 만드는 게 좋은 일이었다. 그렇게 일종의 실험작을 빨리 출시해서 시장에 대한 직접적인 경험을 얻어야 한다는 걸 머리로는 잘 알고 있었다. 하지만 처음 만들 게임의 아이디어를 내고 그런 아이디어를 검토하기 시작하자 게임 업계 20년 경력자들로서 자존심도 발동하고 결국은 단순한 게임 아이디어들은 버리고 개발에 4개월 정도는 걸릴 것으로 예상되는 아이디어로 결론이 났다.

그 게임 아이디어가 바로 첫 가내수공업 인디 게임 '와들와들 펭귄즈(2013)'가 된 것이다. 와들와들 펭귄즈는 정말 잘 기획된 게임 같았다. 기술적으로는 실감나는 물을 표현하기 위해서 첨단 유체 물리 엔진도 직접 구현했고, 누구나 좋아하는 펭귄을 캐릭터로 했고, 물을 얼려 다리를 만들고 아기 펭귄들이 무사히 엄마 펭귄의 품에 안길 수 있도록 돕는다는 감동적인 스토리까지 있었다. 꼭 성공할 수밖에 없어 보이는 게임이었다. 게임을 만드는 동안에도 정말 그렇게 즐거울 수가 없었다. 개발 중에 시도한 국내 크라우드 펀딩도 성공했고, 이제 출시해서 성공하기만 하면 되는 일이었다. 결국 원래 예정보다 2개월이나 더 걸린 6개월 만에 게임을 출시했다.

출시한 때는 한창 여름이었지만 시장의 반응은 펭귄들이 사는 남극만큼 아주 아주 추웠다. 큰 돈은 아니라 해도 한달에 몇 백만원 정도는 매출이 나오리라고 생각했지만 매출은 몇 십만원도 안 되는 수준이었다. 애써 마케팅을 하지 않아도 입소문만으로도 게임이 잘 홍보될 것으로 기대했지만 현실은 전혀 그렇지 않았다. 일반 사용자들의 반응은 아주 싸늘했다. '와들와들 펭귄즈'는 대중적인 성공을 거두기에는 너무 어려운 게임이었다. 업데이트를 통해 난이도을 개선해보기는 했지만 게임의 근본적이 약점을 없앨 수는 없었다. 이렇게 해서 인디 게임 개발자로서의 첫 도전은 시장의 높은 벽을 실감하는 걸로 막을 내렸다. 물론 우리 게임을 열렬히 좋아하는 사용자가 없었던 것은 아니었다. 그리고 개발자들은 원로 개발자의 늦은 도전과 물의 실감나는 움직임을 표현해 내는 유체 물리 엔진에 찬사를 보내 주었다.

▲ 와들와들 펭귄즈(2013)

인디의 뜻은 독립이지만 인디 개발자들은 오히려 서로에게 더 의존적이다 – 인디 게임 개발자 커뮤니티를 만들다

인디 게임 개발자들은 거대 자본으로부터의 독립이나 게임의 내용에 대한 간섭으로부터의 독립을 표방하지만 그것이 아무에게도 의존하지 않고 독립적으로 혼자서만 게임을 만든다는 뜻은 아니다. 인디 게임 개발자들은 독립이라는 말과 달리 서로에게 매우 의존적이고 서로 도움을 주고 받아야 하는 존재이다. 잘 갖추어진 회사 조직에서 게임을 개발하는 것이 아니기 때문에 인디로서 온전하게 게임을 완성해서 출시하고 홍보와 마케팅까지 하는 것은 매우 어려운 일이다. 게임 프로그램의 코드를 고치며 열심히 디버깅을 하는 프로그래머가 또한 게임 홍보를 위한 동영상을 편집하고 게임 홍보을 위해 언론사에 뿌릴 보도자료를 작성하고 있는 상황을 상상해 보라. 결코 쉬운 일이 아니다. 실은 나 자신이 바로 그랬다. 그러기에 누구보다도 인디 게임 개발자들은 서로 기꺼이 정보를 나누고 도움을 준다. 다들 동병상련이다 보니 서로 돕는 공동체 정신도 쉽게 발휘된다. 일반적인 회사라면 영업 비밀로 절대로 공개하지 않을 게임의 매출 정보도 심심찮게 공개된다. 국경을 넘어 국제적인 협력 개발도 이루어진다. 이런 게 인디 게임 개발의 큰 매력이기도 하다.

그렇기 때문에 인디 게임 개발자들에게 있어서 커뮤니티의 역할은 매우 그 의미가 크다. 아마추어 게임 개발자 시절 PC 통신 하이텔의 게임제작동호회가 했던 큰 역할을 생각하면 커뮤니티의 중요성은 아무리 강조해도 지나치지 않다. 특히 인디 게임 개발자들에게는 더욱 그렇다. 그래서 내 경우도 인디 게임 개발을 시작하려고 했을 때 인디 게임 개발자들의 온라인 커뮤니티를 먼저 찾았다. 기존의 인디 게임 개발자들에게 여러 가지 정보나 도움을 얻기 위해서였다. 하지만 안타깝게도 PC 게임의 경우 심의를 받지 않은 게임은 비상업적인 아마추어들의 게임이라고 할지라도 온라인 상에 공개할 수 없다는 어이없는 법의 시행으로 네이버나 다음의 카페로 존재하던 인디 게임이나 아마추어 게임 관련 온라인 커뮤니티들은 이미 초토화된 뒤였다. 아마추어나 인디 개발자들이 가장 손쉽게 게임을 개발하고 서로 공유할 수 있는 PC 플랫폼이 사실상 완전히 막힌 탓이었다. 이런 이유로 한국의 인디 게임들은 심의를 받지 않아도 되는 모바일 게임으로 거의 대부분 출시되는 기형적인 상태가 된 것이다.

아무튼 이런 상태에서 인디 게임을 위한 새로운 커뮤니티를 만든다는 생각은 전혀 할 수 없었다. 그런데 2012년 지스타의 공식 네트워킹 파티에서 만난 한 해외 마케터가 한국의 인디 게임들을 한데 볼 수 있는 포털 사이트가 있는지 물어왔다. 이미 충분히 검색을 해보았기 때문에 나는 주저없이 그리고 단호하게 그런 데가 전혀 없다고 답해 주었다. 당시에 그 해외 마케터의 아쉬워하는 표정을 기억한다.

그렇게 부정적인 답을 해주고 나서 나중에 생각해 보니 포털 사이트 같은 홈페이지는 아니라 해도 페이스북에다 인디 게임 개발자들을 위한 온라인 공간을 마련하는 것은 한번 해볼 수 있을 것 같다는 생각이 들었다. 그리고 꼭 해야 하는 일로 느껴졌다. 그래서 지금은 국내 최대의 인디 게임 개발자 커뮤니티가 된 인디라! 그룹을 페이스북에 만들게 되었다. 만들 당시에는 페이스북의 기능에 아직 익숙하지 않아서 페이스북의 페이지를 먼저 만들었다가 다음날 다시 그룹을 개설한 흔적이 그대로 남아있다. 당시 그룹 대신 잘못 만들었던 페이지도 나름 인디 게임 개발 관련 정보를 간간이 포스팅하는 일종의 정보 페이지로서 인디라! 그룹의 자매 페이지 역할을 하고 있다. 그런데 사실 지금 돌이켜 보면 기존에 국내의 거대 포털 사이트에 있던 관련 커뮤니티들도 이미 초토화된 상태에서 굳이 새로운 인디 게임 개발자 커뮤니티를 만들어야겠다고 생각하게 된 이유를 모르겠다. 어쩌면 지스타의 공식 네트워킹 파티에서 만난 해외 마케터의 아쉬워하던 표정이 내 마음을 강하게 움직였는지도 모르겠다.

그런데 나중에 알고 보니 페이스북에는 이미 '게임에이드'라는 인디 게임 개발자 커뮤니티가 하나 있었다. 다만 온라인보다는 오프라인으로 주로 활동하는 비공개 그룹이다 보니 존재를 알지 못했던 것이었다. 당시에 게임에이드가 있다는 걸 알았다면 거기에 가입할 생각을 했을 테고 굳이 따로 인디 게임 개발자 그룹을 만들지는 않았을 것이다. 하지만 인디라!가 국내 최대의 인디 게임 개발자 커뮤니티가 된 지금의 시점에서 보면 인디라! 같은 좀더 개방적이고 규모가 큰 인디 게임 개발자 커뮤니티도 필요한 것이라고 생각한다.

한국의 첫 국제 인디 게임 페스티벌을 성공적으로 치루다

와들와들 펭귄즈를 출시했을 무렵인 2013년 여름이었다. 지금은 인디라!의 부대표를 맡고 있고 한국의 인디게임씬을 위해 함께 애쓰고 있는 인디 디벨로퍼 파트너스의 이득우 대표가 찾아왔다. 당시 인디라!는 수백명 정도의 회원이 모여서 그래도 작은 커뮤니티의 모습은 갖춘 때였다. 이득우 대표는 유니티 코리아의 에반젤리스트로 활동하다 그해 봄에 그만두었고 앞으로 한국의 인디 게임 개발자들을 위한 오프라인 행사들을 마련하고 싶다고 했다. 유니티의 에반젤리스트로 일하면서 유럽의 인디 게임 문화를 접하고 그런 좋은 문화를 한국에서도 일구었으면 하는 마음이 생겼지만 특정 기업의 소속으로는 맘대로 할 수 있는 일이 아니었다. 그런 차원에서 인디라!의 대표로서 도와 주었으면 좋겠다고 했다. 서로 돕는 것이야말로 인디의 정신인데 나는 그 자리에서 흔쾌히 수락했다. 이렇게 해서 한국의 인디 게임씬을 풍성하게 일구어 갈 본격적인 움직임이 시작되었다.

그해 9월에 한국에서는 처음 열린 인디개발자서밋을 시작으로 11월 지스타에서는 부스 한칸을 얻어서 정말 자그만 인디 게임 전시회를 했고, 처음으로 인디 게임 개발자 네트워킹 파티인 인디나이트도 열었다. 이듬해인 2014년 봄에는 부산을 시작으로 인디라! 회원들의 정기적인 오프라인 모임도 시작되었다. 곧 이어서 서울에도 정기적인 오프라인 모임이 열리게 되었다. 해를 거듭할수록 인디라!의 회원수도 점점 늘고 오프라인 모임에 참석하는 인디 게임 개발자들도 늘어났다. 작지만 성공적으로 게임을 출시하는 인디 게임들도 하나 둘씩 생겨 나면서 이제 한국에도 1년에 한 번쯤 인디 게임 개발자들이 다함께 모이는 국제적인 인디게임 페스티벌이 열렸으면 하는 마음들이 모였다.

그리하여 2015년 한국의 첫 국제 인디 게임 페스티벌은 부산시의 적극적인 유치 노력으로 개최지가 부산으로 결정되고 페스티벌의 명칭도 부산 인디 커넥트 페스티벌로 정해졌다. 봄부터 많은 이들이 열심히 준비하여 드디어 9월 10일에 페스티벌이 개최되었다. 부산 인디 커넥트 페스티벌은 처음으로 열리는 신생 인디 게임 페스티벌인 데다 준비하는 데도 충분히 시간을 가지지 못했다. 그래서 행사를 준비하는 동안 인디 게임 개발자들이 게임을 별로 출품하지 않으면 어떡하나 걱정했고, 지스타처럼 화려한 부스나 늘씬한 도우미 아가씨도 없는 전시장에 관람객들이 별로 오지 않으면 어떡하나 걱정했고, 명색이 국제 행사인데도 불구하고 국제적으로 인지도가 전혀 없는 터라 해외 인디 게임 개발자들의 참여가 저조하면 어떡하나 걱정했다. 그리고 전혀 예상에 없던 메르스 사태로 해외 인디 게임 개발자들이 한국 방문 일정을 취소하면 어떡하나 걱정했다.

▲ 부산 인디 게임 페스티벌(2015)

　　하지만 이 모든 걱정에도 불구하고 한국에서 처음 열린 국제 인디 게임 페스티벌은 너무도 성공적으로 치루어져서 페스티벌 내내 너무도 행복했다. 살아오면서 사람들이 모인 게 이렇게 행복했던 적이 또 있을까 싶을 정도였다. 행사를 일찍부터 조마조마 하며 준비했던 입장이라서 그 행복감이 더 강했을지도 모르겠다. 국제 게임 전시회인 지스타에도 많은 게임 개발자들이 모이고 여러 게임 개발자 컨퍼런스에도 많은 이들이 모이지만 2015년 처음 열린 인디 게임 페스티벌은 정말 각별한 경험이었다. 사실 일반적인 시각으로 보면 인디 게임 개발자들은 경제적으로는 딱히 행복할 만한 이유가 없는 이들이다. 큰 회사에 다니며 돈을 잘 버는 것도 아니고, 극소수의 성공한 인디 게임 개발자들 외에는 대부분은 생존을 걱정하며 살아가는 존재들이다. 그렇다면 도대체 무엇이 인디게임 개발자들을 이렇게 행복하게 만들까?

인디 게임 개발자들은 어쩌면 가난하기 때문에 행복한 사람들인지도 모르겠다. 인디 게임 개발자들은 개별적으로는 약하고 부족하지만 오히려 그렇기 때문에 서로에게 의지할 수 있고, 상업적인 이해타산보다는 게임에 대한 순수한 열정을 공통분모로 삼아 서로 도움을 주고 받을 수 있으며, 그래서 기쁨은 물론 슬픔도 기꺼이 함께 나눌 수 있는 사람들이다.

아무튼 인디 게임 개발자가 되면 아주 작은 것에서도 행복을 느낄 수 있는 감수성이 생기는 것 같다. 이 답이 사실인지 궁금하면 직접 인디 게임 개발자가 되어 보라는 말밖에 할 수 없는 것 같다.

인디라서 행복하다

매년 1월 말이면 인디 게임 개발자들이 많이 참여하는 국제적인 게임 개발 행사가 열린다. 전세계에서 동시에 같은 주제로 48시간 동안 게임을 만드는 게임 개발자들의 축제인 글로벌 게임 잼이 열리는 것이다. 올해도 1월 29일(금)부터 1월 31일(일)까지 2박 3일 일정으로 내가 살고 있는 곳인 부산에서도 글로벌 게임 잼이 열렸다. 작년에 처음 참여하기는 했지만 운영진으로 참관만 하고 직접 출전은 하지 않았었다. 하지만 올해는 큰 마음을 먹고 중학생 아들과 함께 출전했다.

▲ 글로벌 게임 잼에서 아들과 아빠가 함께 코딩하고 있는 모습

아들은 게임 기획과 음악 작곡을 담당하고 내가 프로그래밍을 담당했다. 요즘은 게임을 개발할 때 유니티 같은 범용 게임 엔신을 주로 사용하지만 이런 게임 잼 행사에서라면 더욱 더 유니티 엔진처럼 빠르게 프로토타이핑하고 결과물을 낼 수 있는 범용 게임 엔진을 많이 사용하게 된다. 그런데 이왕 출전하는 김에 게임 엔진을 직접 만들어서 게임을 구현하던 구닥다리 게임 프로그래머의 끼를 한번 발휘해 보기로 했다. 그렇다고 48시간이라는 짧은 시간 동안 게임 엔진을 만들어서 게임을 만들 수는 없었다. 그래서 웹상에서 바로 WebGL의 GLSL 코딩을 할 수 있고 렌더링 결과도 바로 볼 수 있는 Shadertoy.com에서 게임을 만들어 보기로 했다. 사실 게임을 만들기에는 적당한 환경이 아니지만 아주 간단한 게임을 GLSL 프래그먼트 셰이더 코딩만으로 구현해 보는 것도 재밌는 일이다. 우리 팀에는 그래픽을 담당할 사람이 따로 없었기 때문에 그래픽은 수학식으로 구성된 절차적인

방법으로 여러 가지 입체 도형들을 생성해서 쓰기로 했다.

하지만 Shadertoy 상에서만 개발해 보려는 원래 계획대로는 되지 않았다. 아들이 음악을 제어할 수 있어야 하는 기획안을 내는 바람에 일반적인 HTML5+ WebGL 환경으로 포팅해야 했다. Shadertoy 환경에도 사운드 클라우드에 있는 음악을 단순 연주해주는 기능이 있긴 하지만 음악을 세이더 코드로 껐다 켰다 할 수가 없었다. 그래서 게임의 개발 환경을 바꾸는 기술적인 문제를 해결하는 데 개발 시간의 반 정도를 써야 했다. 그 바람에 게임을 구성하는 데 들인 시간이 많이 부족했다. 결국 게임이라고 하기에는 애매하고 부족한 간단한 인터랙티브 뮤직 비디오 같은 작품이 탄생했다. 비록 부족한 작품이었지만 이를 최종 제출하고 글로벌 게임 잼을 마칠 수 있었다.

게임 잼의 결과에 상관 없이 글로벌 게임 잼 부산의 출전자 중 최고령인 아빠와 최연소인 아들이 함께 했다는 것만으로도 큰 의미가 있는 일이었다고 생각한다.

작은 것만 가지고도 용감하게 새로운 시도를 할 수 있고 그런 새로움의 추구에 더 큰 박수를 보내는 이들이 바로 인디 게임 개발자들이다. 그들과 함께 게임을 만드는 자리에 인디 게임 개발자인 아빠와 아들로 함께 새로운 도전을 할 수 있어서 행복했다.

이것이 알고 싶다

Q. 저자에게 게임이란?

게임은 인간의 가장 원초적인 속성이자 인류가 바람직한 방향으로 발전하게 하는 추동력입니다.

"인간은 놀이하는 한에서만 온전한 인간입니다." – 프리드리히 실러

Q. 게임 프로그래밍에 소질이나 관심이 있는지 판단할 수 있는 특별한 방법이 있을까요?

컴퓨터 게임이 아니라고 해도 게임을 직접 만들어 본 적이 있는지 물어보면 됩니다. 만일 그렇다면 관심이 있는 게 확실합니다. 꼭 게임이 아니라고 해도 뭔가를 열심히 만들어 본 적이 없다면 그냥 게임을 좋아하는 것일 뿐입니다. 영화를 보는 것과 만드는 것이 다른 것과 같은 이치입니다.

Q. 후배 게임 프로그래머와 세대 차이가 있을 것 같은데요. 에피소드가 있는지요?

(파스칼, 포트란부터 배웠던 저자와 달리 C나 C++을 첫 언어로 배웠을 20~30대 게임 프로그래머와는 기술적 혹은 철학적(?) 관점 등에서 차이가 많이 날 것 같습니다)

요즘은 유니티 같은 범용 게임 엔진으로 개발하는 일이 대세가 되면서 C# 같은 포인터가 없는 언어로도 괜찮은 상용 게임을 개발할 수 있습니다. 그러다 보니 요즘 후배들 중에는 포인터에 대해서 아주 추상적인 관념만 가지고 있거나 아니면 감히 범접할 수 없는 고대의 괴물처럼 여기는 경향이 보입니다. 메이저급 회사에 입사할 정도로 꽤 뛰어난 친구인데도 오랫 동안 포인터를 잘못 이해했다고 고백하는 경우도 있었죠. 그리고 어셈블리 언어를 마치 고대의 신비한 마법 언어처럼 여기는 것도 내 입장에서는 좀 우습기도 했구요. 그냥 많이 번거로운 언어일 뿐인데 말입니다. 옛날엔 어셈블리어는 막연한 언어가 아니라 컴퓨터를 직접 제어할 수 있고 그래서 게임의 속도를 높이는 데 유용한 언어라서 어려워도 애써 열심히 공부했던 것이었습니다. 물론 지금은 굳이 몰라도 프로그래밍 하는 데 거의 문제가 없을 정도로 개발 환경이 그만큼 좋아졌다는 얘기죠.

Q. 프로그래밍 실력이 어느 정도 되어야 스스로 간단한 게임 프로그램을 만들 수 있을까요?

예전엔 게임을 만들기 위해서는 시스템 프로그래밍 지식까지도 필요했고, 어셈블리같은 저수준 언어에 대한 지식이 거의 필수였습니다. 하지만 요즘은 초보들도 다루기 쉬운 범용 게임 엔진들이 있고, 게임 프로그래밍도 까다롭지 않은 스크립트 언어로도 얼마든지 할 수 있습니다. 그러니 초보들도 간단한 게임들은 물론 제법 괜찮은 게임도 만들 수 있습니다. 사실 요즘은 만들고자 하는 열정만 있다면 얼마든지 혼자서 공부하며 만들 수 있습니다. 다만, 욕심을 내지 않고 아주 간단한 게임부터 만들어 보는 것입니다. 해외의 유명 인디 게임 개발자 라미 이스마엘의 '일주일에 하나씩 게임 만들기(Game A Week)' 같은 방법을 권합니다(http://goo.gl/POA5CA).

Q. 게임 프로그래머로서 가장 후회해본 적은 언제인가요?

딱히 게임 프로그래머인 걸 후회해 본 적은 없는 것 같습니다. 다만, 미리내 시절 개발자보다는 관리자로서의 역할을 해야 했을 때 게임을 개발하는 일을 영영 그만두고 싶었던 적이 있었습니다. 물론 그런 마음이 오래 가지는 않았습니다.

Q. 게임 프로그래머로서 가장 기뻤던 일을 꼽는다면?

뭐니뭐니 해도 내가 만든 게임이 사용자들로부터 찬사를 받을 때입니다. 예전에 국내 게임에 대한 역사 자료가 필요해서 미리내 시절 대표작인 '풀메탈자켓'에 대해서 검색을 하다 한 유저가 미리내 게임 중 최고의 걸작이라고 평을 하며 애타게 게임을 찾고 있는 글을 발견한 적이 있었습니다.

Q. 게임 프로그래밍을 위해 배워야 할 지식 중 가장 중요한 세 가지만 꼽는다면?

수학, 물리학, 영어입니다!

Q. 미래의 게임 프로그래밍은 어떤 모습일까요?

VR/AR 고글을 끼고 게임 프로그래밍을 하게 될 것입니다. 코딩은 텍스트로 하기보다는 공간에다 블럭으로 된 부품을 조립하는 식으로 코딩을 하게 될 것입니다.

Q. 혼자서 배우기 위해 혹은 취미로 게임을 만들기 위해 추천하는 과정은?

가볍게 취미로 배우고자 한다면 특별한 교육 과정을 찾지 않더라도 유튜브 동영상 강좌 등을 통해서 배울 수 있습니다. 먼저 아타리의 퐁 같은 가장 간단한 게임부터 만들어 보는 걸 추천합니다.

Q. 최고의 게임은 무엇이었으며 그 이유는?

밸브사의 하프라이프 시리즈를 가장 좋아합니다. 기본적으로 싱글 플레이로 즐기는 FPS 게임을 가장 좋아하기도 하지만 하프라이프는 게임 속에 스토리가 자연스럽게 잘 녹아 들어간 게임의 훌륭한 모범을 만들어 냈습니다. 그 이후로 액션과 모험과 스토리가 잘 버무려진 모든 게임들은 하프라이프의 아류작이라고 할 수 있습니다. 하프라이프의 스토리도 현대의 배경에 살짝 근미래적인 SF가 가미된 것이라 SF적인 판타지를 현실감 있게 즐길 수 있습니다. 하프라이프3가 나오기 전까지는 이보다 더 나은 게임은 없을 것입니다.

Q. 과거의 게임들의 역사를 배우는 것이 현재 게임 프로그래밍에 어떤 도움이 될까요?

게임 프로그래밍을 배우려는 이들에게 업계의 베테랑들이 하는 조언 중에는 게임의 역사를 되돌아 보며 가장 단순한 게임부터 역사적 발전을 따라 만들어 보라는 것도 있습니다. 과거의 게임들 속에서 오히려 요즘 게임들에서는 겉보기의 화려함에 가려져서 잘 보이지 않는 게임의 본질을 더 쉽게 볼 수 있습니다.

Q. 스타트-업을 해보려는 독자에게 조언이 있다면?

스타트-업을 창업하기보다는 대학 재학 중에 꼭 게임을 가능하면 여러 번 상업적으로 출시해보는 것이 좋습니다. 그런 경험을 해보면 졸업 후나 혹은 재학중 스타트업 창업을 할지 말지도 현실적으로 판단할 수 있고, 창업에 필요한 게 무엇인지도 제대로 알 수 있습니다. 그리고 산업의 안정기와 전환기를 구분할 수 있어야 합니다. 안정기라면 실무 경험을 충분히 한 다음 창업을 하는 게 좋고, 전환기라면 실무 경력 없이도 과감하게 창업에 도전해 볼 수도 있다. 다만 메이저급 회사에 입사할 수 있을 정도로 실력이 뛰어난 사람에게만 권하는 바입니다. 취업이 어려워서 그에 대한 대안으로 하는 창업은 반대입니다.

Q. 인디 게임 문화가 오픈소스처럼 어떤 비전을 제시할 수 있는 부분이 있는지요?

인디 게임은 주류 게임에 대한 반동입니다. 확고하게 자리잡은 틀에 도전하는 것으로부터 발전을 가져오는 혁신이 나옵니다. 주류 게임을 단순히 모방하는 소규모 게임을 인디 게임이라고 하지 않습니다. 그런 의미에서 인디 게임은 주류 게임들이 매너리즘에 빠지거나 상업적 이익에 매몰되어 본질을 잊어버리는 것을 일깨우는 역할도 있습니다. 그래서 인디 게임은 게임 산업의 빛과 소금이라고 할 수 있습니다. 모든 게임이 인디 게임일 필요는 없지만 소수라도 반드시 있어야 합니다.

Q. 게임 개발의 흥미를 읽지 않고 오래 지속할 수 있는 비결은 무엇일까요?

새로운 것을 두려워하지 않는 호기심과 나이에 상관없는 피터팬 정신입니다. 우리 직업은 꼰대가 되면 절대로 안 됩니다. 겉으로는 늙어도 속은 여전히 어린 아이 그대로 있을 수 있습니다.

Q. 소프트웨어 전공을 하지 않았는데, 게임 개발을 하고 싶다면 꼭 교육기관을 통하는 게 좋을까요?

과거에 비하면 편리하고 저렴한 범용 엔진들 덕분에 게임 개발에 뛰어들기는 그 어느 때보다 쉬워졌습니다. 그리고 모바일 게임이 활성화되면서 비교적 단순한 게임으로도 시장에서 성공을 거두기도 합니다. 그래서 교육기관이 필수라고 하기는 힘들어진 시절이 되었습니다. 하지만 큰 규모의 상업적인 개발에 참여하고 싶다면 전통있는 탄탄한 교육 기관을 통해서 배우는 게 단연코 유리합니다.

Q. 거의 20년이 넘는 게임 인생을 살고 계십니다. 남다른 소회가 있으실 것 같은데요?

단지 20년을 넘긴 게 아니라, 국내 게임 개발자로서는 최고령이다보니 내 삶은 그냥 나 혼자만의 삶이 아니라 많은 후배들에게 본보기가 될 수도 있습니다. 그래서 좀 힘들어도 좌절하거나 도망칠 수가 없는 것 같습니다. 후배들에게 전하고 싶은 기쁜 소식은 50대가 되어도 여전히 코딩을 할 수 있고 새로운 걸 공부하고 있다는 것입니다. 물론 젊은 시절만큼의 체력과 속도는 없지만 대신 그걸 메꾸고도 남을 만한 지혜가 생긴다는 것입니다. 그러니 늙는 것을 두려워하지 말고 매일 매일 신나게 살았으면 합니다. 나의 다음 목표는 60대에도 여전히 새로운 걸 공부하고 코딩을 하는 것입니다.

정재원의

산타모니카 게임 프로그래머의
좌충우돌 생존기

02

누군가와 나의 이야기를 공유한다는 것은 항상 어렵다. 그 공간이 책이라 더 많이 긴장된다. 아무리 본인에게 유용했던 경험이라도 그게 만고불변의 진실은 아니고, 각자가 처한 문맥에 따라서는 독이 될 수도 있기 때문이다. 이 글에서는 필자가 게임 프로그래머로 일하면서 고민했던 부분들과 해외 취업이라는 나름 독특한 경험에서 얻은 노하우들을 공유할 예정이다. 어디까지나 필자가 처한 고유한 문맥 안에서의 경험이라는 점을 감안해주길 바란다. 그럼에도 많은 독자가 각자의 상황에서 도움이 될 만한 정보를 얻어갈 수 있다면 필자로서 더 바랄 것이 없다.

해외 취업기

게임 개발 10년차, 게임도 한두 개 출시했고 대접도 나쁘지 않게 받고 있었다. 하지만 영어로 된 수많은 게임 개발 관련 자료를 접하고 해외 유명 업체에서 개발한 웰메이드 게임들을 플레이하면서 생긴 해외 개발사들에 대한 동경은 쉽게 사그라들지 않았다. 영어의 중요성을 알고 꾸준히 공부해왔고 프로그래머로서 실력도 자신이 있었지만 해외 취업은 여전히 쉽지 않은 길이었다. 우연찮은 기회로 한두 번 해외 게임 개발사와 전화 면접을 진행한 적은 있었지만, 영어의 벽을 넘지 못하고 떨어졌다.

그 후 7년 넘게 나와 가족 모두를 해외에 머물게 한 기회는 2008년도 GDCGame Developers Conference(매년 3월경 샌프란시스코에서 열리는 게임 개발자 컨퍼런스)에서 찾아왔다. 우연히 소지했던 USB 드라이브에 담겨있던 영문 이력서 파일을 출력하여 컨퍼런스 내 커리어 페어의 몇몇 관심있는 게임 개발사에 제출한 것이 계기였다. 그 후 독일에 위치한 C사(그 전까진 그 회사가 독일에 있는 줄도 몰랐다)에서 면접 요청이 와 운좋게 대면 면접까지 진행한 후 합격을 통보 받은 것이다. 2개월 남짓의 시간 동안 다니던 회사를 그만두고 아내와 한살배기 아이는 몇 개월 뒤 합류하기로 한 후, 독일행 비행기에 몸을 실었다.

▲ 2008년도 GDC 커리어페어의 모습

한국에서의 자취 생활 경험조차 없는 나에게 세탁기의 라벨도 읽을 수 없는 독일에서 홀로 생활한다는 것은 좌충우돌의 연속이었다. 어려움은 많았지만 6개월 뒤 가족이 합류하고 생활도 안정이 되자 새로운 환경을 조금씩 즐길 수 있게 되었다. 많은 것들을 배울 수 있었던 소중한 시간이었지만 3년차가 되자 다니던 회사의 여러 단점들을 보고 그 안에서 스스로의 성장에 한계를 느끼면서 이직을 생각하지 않을 수 없었다. 문제는 독일은 물론이고, 전 유럽을 살펴도 다니던 C사보다 크게 전망이 좋아보이는 회사가 없었다는 점이다. 그러던 차에 헤드헌터를 통해 미국 산타모니카에 위치한 R사와 면접을 진행하게 되었다. 한국에 정식 진출 전이었음에도 입소문을 통해 많은 지인들이 즐기고 있던 게임이라 C사보다 기술력은 많이 떨어져 보임에도 진행을 결정하였다. 운좋게 전화면접에 이어 대면 면접 단계까지 갈 수 있었고 하루 안에 대여섯 번의 면접을 해야 했던 대면 면접 결과도 호의적으로 나와 마침내 미국 진출의 길이 열렸다. 물론 나중에 자세히 이야기할 비자 문제로 실제 입사는 8개월 후에 이루어졌다. 이로써 파란만장했던(?) 근 4년 간의 독일 생활도 마감되었다.

운전을 싫어해 한국은 물론 독일에서도 차없이 대중교통만을 이용했던 나는 운전 연수를 받고 캘리포니아 면허부터 따야 했다. 한국 면허가 있어도 캘리포니아주에선 이쪽 면허를 따야 하고 쓸 만한 대중 교통이 없는 상황이기 때문이다. 나와 가족 모두에게 쉽지 않았던 적응 기간이 끝나고 항상 온화한 캘리포니아 기후 아래에서 일한 지 어느덧 3년이 넘었다.

면접 과정

해외 게임 업체들의 전체적인 면접 과정은 한국과 크게 다르지는 않다. 거리상의 이유로 대면 면접의 비용이 크기 때문에 전화 면접이나 화상 면접

등을 몇차례 거치고 모두 통과한 경우에만 대면 면접 단계로 넘어간다는 점 정도가 다를 뿐이다. 물론, 대면 면접 단계에선 그를 위한 항공편과 숙박은 회사에서 제공한다.

해외 취업의 첫단계는 영문 이력서 준비이다. 사진이나 나이, 가족 관계 등 국내 이력서 등에서 흔히 등장하는 항목들은 필요 없다. 대부분의 선진국에서는 그런 정보를 묻는 것 자체가 차별의 소지가 될 수 있기에 불법이다. 이전 직장에서 참여한 프로젝트들과 성취한 작업들 위주로 실제 면접 시에 관련 질문이 나오면 어떻게 대답할지를 고려하여 간결히 작성할 것을 추천한다. 커버 레터라고 일종의 자기 소개서 같은 양식을 원하는 회사도 가끔 있으나, 게임 회사나 여타 IT 업체의 경우 보통 이력서면 충분하다는 것이 필자의 경험이다. 원하는 회사의 구인 양식이나 이메일 주소로 직접 이력서를 보내거나 아니면 헤드헌터를 통해 이력서를 제출할 수 있다.

많은 해외 취업 희망자들에게 전화 면접이 첫 난관이다. 영어가 이미 유창한 경우가 아니라면 실제 얼굴을 보며 대화할 수 있는 대면 면접보다 상대방의 표정이나 입 모양도 확인할 수 없고 음질도 떨어지는 전화 면접이 더 어렵고 오해의 소지가 크기 때문이다. 스카이프 등을 이용한 화상 면접도 상황은 크게 다르지 않다. 전화 면접은 보통 인사 담당자나 매니저와 통화하게 되는 비기술 면접과 기술직군 출신이 기술적인 내용들을 묻는 면접이 있다. 후자의 경우 매체의 한계로 이력서 내용에 기반하여 프로그래밍 관련 지식을 묻는 정도가 대부분이다. 최근에는 온라인 협업 코드 편집기[01]

---

01 http://collabedit.com/

나 기타 온라인 기술 면접 서비스[02]를 통해 온라인 기술 면접을 진행하는 곳도 늘고 있다. 이 경우 실제로 서로 코드를 보며 대화할 수 있으니, 면접자 입장에선 말로만 설명하는 것보다 나을 수 있다. 회사에 따라선 온라인 면접 전후 단계로 필기 시험을 보는 경우도 있고 프로그래밍 숙제를 내주는 경우도 있다. 전자는 보통 주어진 요구사항에 맞는 간단한 코드를 작성하거나 주어진 코드를 수정해야 하는 문제들인데, 이메일로 문제를 보내주고 한두 시간 이내에 회신을 요구하는 경우도 있고, 그냥 넉넉하게 하루이틀 시간을 주는 경우도 있다. 프로그래밍 숙제의 경우, 이삼일 이상의 시간을 투자해야 작성할 수 있는 규모의 프로젝트가 주어진다. 고품질 게임 그래픽으로 유명한 독일 C사의 경우, 구$_{sphere}$들로 이루어진 삼차원 장면 데이터를 이미지로 렌더링할 수 있는 소프트웨어 렌더러 코드의 뼈대만 주고 세부 구현을 완성해야 하는 숙제를 내곤 했다.

영어가 모국어가 아닌 데서 오는 핸디캡을 프로그래밍 능력으로 커버해야 하기에, 해외 업체 면접 시에는 이러한 온라인 기술 면접 단계에서 평균을 뛰어넘는 결과를 꼭 얻어야만 한다.

전화 및 온라인 면접을 통과해 대면 면접 오퍼까지 받았다면 절반은 성공한 것이다. 앞서 언급했듯이, 해외 거주 지원자에 대한 대면 면접은 회사 입장에서도 상당한 비용이 발생하는 단계이기 때문에 어느 정도 검증이 된 후보에게만 주어지는 기회인 것이다. 설사 떨어지게 되더라도 대면 면접 경험은 추후 다른 회사 지원을 위한 귀중한 실습이 된다. 세부적인 절차는 회

---

02 https://www.hackerrank.com/

사마다 다르겠으나, 보통 대면 면접은 각기 다른 면접관들과의 서너 차례 이상의 만남으로 구성된다. 같이 일할 프로그래머가 들어와 기술적인 부문을 화이트보드 코딩 등을 통해 점검하는 면접도 있고, 기획이나 프로덕션 쪽 사람들이 후보가 회사 문화에 부합하는 인재인지 보는 시간도 있다. 보통 전 과정이 거의 하루 종일 걸리기 때문에, 점심 식사도 면접 과정의 일부로 이루어지는 경우가 많다. 면접자 입장에서도 회사의 분위기나 같이 일할 사람들의 면면들을 확인할 수 있는 시간이다.

필자가 경험했던 독일 C사의 면접은 한 차례 전화 면접 후 바로 대면 면접 기회가 주어졌고, 대면 면접은 하루에 대략 서너 번의 미팅이 있었던 것으로 기억한다. 2박3일의 일정이어서 면접 당일 말고는 독일 프랑크푸르트 관광의 시간도 가질 수 있었다. 결과는 귀국 후에 들을 수 있었다. 미국 R사의 경우 헤드헌터와 전화 통화 후 R사 관리자급 사람과의 전화 면접, 온사이트 면접 순으로 이어졌다. 온사이트 면접은 점심 식사를 포함해 너다섯 번의 미팅으로 이루어졌다. 프로그래머들이 들어와 기술적인 질문을 하는 미팅들도 있었고, 다른 직군이 들어와 브레인 티저brain teasers 성격의 문제를 묻는 면접도 있었다. 최종 시간에는 기술쪽 최고 직책의 사람이 들어와 이야기를 나누었다. 이 시기만 해도 아직 R사가 지금과 같은 규모가 되기 전이라 설립자들이 매 인터뷰에 참였하는 게 일반적이었으나 필자의 경우 어찌된 일인지 회사의 설립자들을 인터뷰 자리에서 볼 기회는 없었다. 역시 최종 오퍼는 (독일로의) 귀국 후에 받을 수 있었다. 역시 2박3일 일정으로 11월에도 온화한 날씨의 산타모니카를 맛볼 수 있었다.

▲ 면접 직전 찍은 C사 건물 모습. 현재는 이사해 더 이상 이곳에 있지 않다.

▲ R사 면접 때 방문한 산타모니카의 3번가 보행자 거리

필자도 면접은 평소 실력으로 보는 것이라 생각하던 때가 있었다. 하지만 이제는 면접이 평소 실력과는 별개로 따로 준비해야 좋은 결과를 얻을 수 있는 과정임을 안다. 시간 제약으로 인해 많은 회사들이 면접자의 능력을 평가하는 데 있어 일종의 지름길을 택할 수밖에 없는 게 현실이고, 이러한 지름길은 실제 여러 달에 걸친 실무를 통해 보여줄 수 있는 실력과는 다른 종류의 지식과 능력을 요구하기 때문이다. 실제 구글[03]이나 페이스북 같은 실리콘밸리의 회사들도 면접을 위해 따로 준비할 것을 요구하고 실제 준비에 도움이 될 자료들을 면접자에게 미리 보내주기도 한다. 커리어컵[04] 같은 기술 인터뷰에 특화된 사이트나 글래스도어[05] 같은 취업 정보 서비스, LeetCode Online Judge(https://leetcode.com)와 같은 프로그래밍 퀴즈 및 연습 사이트 등을 통해 준비를 하는 것은 성공적인 취업을 위한 필수 코스라 할 수 있다.

비자 및 영주권

독일의 경우 비자 없이 3개월 체류가 가능하고 취업 비자도 쉽게 나오는 편이다. 미국의 경우는 상황이 다르다. 필자가 R사와 면접을 봤던 2011년도의 경우 미국 경기 침체의 여파로 한국인을 위한 취업 비자 (H-1B) 한도가 여유가 있었다. 하지만 경기가 회복되면서 당해 접수가 시작되는 직후

---

03 http://goo.gl/4XrRf

04 http://www.careercup.com/

05 https://www.glassdoor.com/index.htm

하루이틀 안에 취업 비자 한도가 바로 차버리는 일이 최근 몇해 반복되고 있다. 그만큼 면접 통과 후에도 최소 수개월에서 일년까지 기다려야 하는 게 미국 취업이다. 회사 입장에서도 비자 스폰서십에 돈과 인력이 들기 때문에, 이는 해외 구직자를 고용하는 데 걸림돌로 작용한다. 같은 실력이라면 당연히 바로 활용할 수 있는 내국인을 선호하게 되는 것이다. 경력이 어느 정도 있는 사람은 특기자 비자라 부르는 O-1[06]을 시도해볼 수도 있고, 한국 지사가 있는 회사의 경우 주재원 비자인 L-1을 고려해볼 수 있다. 실제로 필자도 O-1으로 R사에 취직하였다.

취업 비자로는 스폰서를 해주는 회사에 묶이기 때문에 이직이 자유롭지 못하고 매번 번거로운 비자 절차를 이직하려는 회사와 협의해야 한다. 따라서 미국에서 한참 일할 생각이라면 영주권을 따는 것이 이점이 많다. 시민권은 영주권 취득 후 5년이 지나면 신청할 수 있는데 한국 국적의 소멸을 동반하므로 신중히 고려해 결정할 문제다. 영주권과 시민권의 차이 및 장단점에 대해선 링크[07]를 참고하자.

이사

많은 회사들이 지리상으로 멀리 떨어져 이사가 필요한 입사자들에게 리로케이션relocation 비용을 지급한다. 독일 C사와 미국 R사가 모두 이사 비용과 가족들의 비행기표를 지원해주었다. 또한 처음 두세 달 머물 수 있는

---

06 http://goo.gl/6BDb0z
07 http://goo.gl/auOt4m

임시 속소가 제공되었다. 그곳에 머무는 동안 낯선 환경에 적응해가면서 실제 월세로 살 집을 구해야 한다. 참고로 프랑크푸르트에서 800유로 정도의 월세였고 산타모니카에서는 현재 2,800불 정도의 월세를 내고 있다. 둘다 사실 세 가족이 지내기에 넓은 집은 아니고 미국의 경우 산타모니카를 살짝만 벗어나면 월세가 많이 싸지는 편이다. 운전을 즐기지 않는 우리 가족은 월세가 많이 비싸도 걸어서 대부분의 일을 해결할 수 있는 장소를 선호해 산타모니카에 머물고 있다. 그러니 위 수치는 그냥 참고만 하길 바란다.

해외에서 일한다는 것

독일 출국 전 필자가 C사 인사담당자에게 처음 물었던 사항 중 하나는 호칭을 어떻게 해야 하는가였다. 직책으로 많이 부르는 한국과는 달리 설립자가 되었든 사장이 되었든 그냥 이름으로 부르면 된다는 설명이었다. 흔히 알려진 것처럼 이러한 호칭부터 시작해서 해외 회사들이 전반적으로 훨씬 수평적인 문화를 가진 것은 사실이다. 또한 개인의 사생활을 존중하기 때문에, 팀 회식이 되었든 전사 야유회가 되었든 업무 외 이벤트에 강제란 있을 수 없다. 반면, 해고 같은 경우 문화상의 차이와 법률적인 문제로 인해 훨씬 냉정하게 이루어진다. 당사자는 당일까지 해고 사실을 모르고 출근 직후 매니저나 경비원 등의 에스코트 하에 자기 짐을 챙겨 회사 밖으로 나가게 된다. 동료들에게 작별 인사를 할 시간도 송별 회식을 할 기회도 없다. 또한 좀 더 수평적이라고 해서 사장의 말 한마디와 사원의 한마디에 무게감의 차이가 없는 것은 아니다.

각 지역마다 다른 생활 비용과 연봉 수준도 해외 취업 시 고려해야 할 부분이다. 미국이 독일보다는 게임 프로그래머를 포함한 엔지니어들의 연봉이 높은 편이다. 그러나 부양할 가족이 있는 경우는 연봉 이외에도 고려해야 할 사항들이 많다. 의료 복지나 교육비 등을 고려하면 미국이 독일보다 항상 더 좋은 선택이라고 말할 수는 없는 것이다. 미국은 의료 복지는 쓸데없이 복잡하고 드는 돈에 비해 부실하기로 유명하다. 우리나라의 기본 건강보험보다 신경쓸 건 훨씬 많지만 실제 혜택은 오히려 못하다고 보면 된다. 아이의 의료비가 사실상 공짜인 독일과 대조되는 부분이다.

교육 환경도 같은 수준을 고려하면 미국이 전반적으로 돈이 훨씬 많이 든다고 봐야 한다. 독일은 유학생들조차 거의 무료로 대학 교육을 받을 수 있다.[08] 독일과 미국 모두 한국에 비하면 세율이 상당히 높다. 특히나 퇴직 후에도 그곳에서 머물지 모르는 상황에서 내는 고액의 세금은 아깝게 느껴질 수밖에 없다. 그나마 독일은 세금 내는 만큼 외국인임에도 충분한 복지 혜택을 받는 느낌이라면, 미국은 세금은 많이 내면서도 혜택은 많이 부실한 느낌이라 하겠다.

---

08 https://goo.gl/qGv0AN

좋은 사람 구하기

　　면접 이야기나 나왔으니 효과적인 면접에 대해 이야기해보자. 인력이 핵심인 IT직종에서 구인의 중요성은 새삼 강조할 필요가 없으리라. 회사를 살리는 것도, 그리고 죽이는 것도 결국은 그 구성원이다. 필자는 면접 과정의 양쪽을 경험해보았다. 면접자가 느끼는 압박감과 부당한 느낌 그리고 면접관이 자신도 모르게 가질 수 있는 편향들, 준비가 안 된 면접관과 면접 프로세스들을 모두 당하거나 저질러보았다. 아쉽지만 여전히 이상적인 구인 프로세스를 위한 간편한 정답은 도출하지 못했다. 그래도 몇가지 필자가 공유하고 싶은 점들을 열거해보았다.

구조화된 인터뷰

　　데이터에 기반한 구글의 통찰에 따르면[09] 여러 면접 기법 중 실제 취직 후 성과와 유의미한 상관관계를 보여준 것 중의 하나가 구조화된 면접 기법이었다. 이 기법은 각 면접관들이 자신이 선호하는 질문으로 면접을 이끌고 개인적인 해석에 기반해 결론을 내는 것을 막고자 한다. 이를 위해 미리 질문 집합을 준비하고 가능한 답변을 어떻게 채점할지도 구체적으로 명시한다. 이를 통해 면접관 개인의 기분이나 선호가 면접 결과에 영향을 미치는 것을 최소화한다. 물론 이 방법도 단점은 있다. 한정된 질문 집합은 유출 시 쓸모가 없어지기 때문에, 주기적으로 갱신해주어야 한다. 적절한 난이도의

---

09 http://goo.gl/ZxZEs4

유의미한 질문들로 질문 집합을 갱신해나가는 것은 많은 노력이 드는 일일 것이다.

코딩 숙제

프로그래머의 기술적 능력을 평가하는 데 여러 방법들이 사용되어 왔다. 브레인 티저를 묻기도 하고, 관련 도메인 지식을 아는지 점검하는 경우도 있다. 화이트보드 코딩도 많이 쓰이고, 숙제를 내서 채점하기도 한다.

R사는 Teach Us Something이라는 세션에서 후보가 자신이 원하는 주제로 30분 정도 발표하게 하여 후보의 기술 역량과 의사소통 및 전달 능력을 평가하는 동시에 비면접관들도 관심있는 주제라면 참여하여 배울 수 있는 기회를 제공한다.

필자는 숙제, 그 중에서도 실제 하게 될 일과 유사한 성격의 (그러나 훨씬 작은 규모의) 코딩 숙제만큼 공평하고 확실한 방법은 없다고 생각한다. 이는 앞에서 언급한 구글의 통찰에서 유의미한 상관관계를 보여준 또다른 면접 기법이기도 하다. 과거 구글에서 많이 애용되었다 하여 유명해진 (그러나 구글이 그를 버린 지 좀 되었다.[10]) "맨홀 뚜껑이 왜 동그란가" 같은 식의 브레인 티저 혹은 트릭 질문은 지능 및 기술 능력을 평가하는 데 있어 효과적이지 못하다.

도메인 지식을 묻는 것도 면접관의 선호가 개입될 수밖에 없기에 객관적이기 힘들고 정작 중요한 학습 능력을 배제하기 때문에 평가로서 효과적

---

10 http://goo.gl/KNQxu

이지 못하다. 다른 대안이 없어 대면 면접에서는 화이트보드 코딩이 많이 쓰이나 면접이라는 압박 상황에서 익숙하지 않은 화이트보드 상에 코딩하는 능력이 실무에서의 코딩 능력과 과연 어느 정도 상관관계가 있을지도 미지수다.

그런 면에서 적절한 시간을 주고 코딩 프로젝트를 내주는 방법은 가장 공평하면서도 실제 실무에서 벌어질 상황을 가장 가깝게 시뮬레이션하는 방법일 수 있다. 물론 이는 면접자에게도 어느 정도 시간과 노력을 요구하는 방식이다. 그래서 어떤 회사는 숙제 결과물을 소유하는 대가로 소정의 비용을 지불하기도 한다. 또한 구조화된 인터뷰 기법의 경우와 마찬가지로 유출의 위험과 그에 따른 유지보수 비용이 큰 편이다.

피해야할 것들

이미 말한 것처럼 브레인 티저는 도움이 안 된다. 면접관만의 고유한 질문들도 객관성을 위해 피하는 것이 좋다. 한 연구 결과에 따르면[11] 판사가 가석방 결정에 우호적 판단을 내릴 확률이 식사 전과 후에 크게 달라졌다고 한다. 이렇듯 면접관들의 식후 포만감 같은 단순한 변수도 알게 모르게 면접 결과에 영향을 미칠 수 있다.

그 밖에도 면접자의 외관, 이전 회사들, 인종, 성, 나이 등등 온갖 종류의 정보에서 면접관은 무의식적으로 선입견을 가지기 쉽다. 이러한 무의식

---

11 http://goo.gl/D5UaEM

적 편향들이 어떻게 작용하는지는 구글 벤처의 유투브 비디오[12]를 참고하길 바란다.

또 하나 피해야 할 것은 여러 면접관들이 각자의 면접 결과를 공유할 때 서로 영향을 주는 일이다. 순차적으로 결론을 말하게 하면, 앞선 결과와 그 근거에 따라 뒷 순서의 사람들의 결론이 영향받기 쉽다. 대부분이 '엄지척'일 때 자기만 'No'라고 하기 힘들어 하는 것이 인간이다. 이러한 폐단을 막기 위해선 일단 모두가 동시에 결과를 말하게 해야 한다. 한번에 모두가 엄지척이나 엄지다운을 하게 할 수도 있고, 미리 서로 모르게 온라인으로 결과를 보내게 할 수도 있다. 이렇게 하고 난 뒤에 얼마든지 각자의 근거를 공유하는 시간을 가질 수 있다.

성과 평가와 진급, 연봉

취직을 한 후에는 연봉과 진급, 그리고 이에 직결되는 성과 평가가 중요한 화두가 된다. 상급자와 동료, 하급자 모두에게 평가 기회를 주는 다면 평가 혹은 360 평가가 최근 트렌드인 것 같다.

필자가 재직했던 당시 C사는 일종의 소셜 포인트제를 도입해 각 직원이 매년 부여받는 포인트를 다른 동료에게 Like 버튼 누르듯이 제공할 수 있었고, 그 결과가 보상으로 반영되었다(http://ppss.kr/archives/64241

---

12 https://goo.gl/TP2YA9

에 설명된 방식과 비슷한데 여전히 이 방식을 사용하고 있는지는 알 수 없다). R사는 온라인 상으로 체계적 360 평가를 받을 수 있는 시스템을 마련하여 매년 정해진 기간에 상호 피드백의 시간을 갖는다. 두 회사 모두 이러한 평가 및 피드백을 바탕으로 자기 계발 계획서(C사는 이를 Hero Development Plan이라 불렀고 R사는 Personal Development Plan이라고 불렀다)를 작성하거나 갱신하였다. 이러한 평가와 연봉과 같은 보상은 서로 무관하다고 말하는 회사도 있으나 실제적으로는 그러한 회사에서도 전자가 알게모르게 후자에 영향을 주는 경우가 많다.

타이틀과 연봉은 상당히 예민한 문제이다. 타이틀을 없애는 회사도 있고, 타이틀은 역시 보상과는 무관하다고 말하는 회사도 있다. 많은 회사가 서로간의 연봉 공유를 금하고 있다. 이에 반발하여 일부 회사는 극단적으로 투명한 방식[13]을 채택하기도 하고, 다른 회사는 CEO부터 말단까지 일관된 연봉[14]을 지급하기도 한다. 필자도 모두가 공평하다 느낄 수 있는 보상 체계를 여러모로 고민해 보았지만 아직 정답을 찾지 못했다. 확실한 것 하나는 더 이상 눈가리고 아웅 식의 비밀주의는 답이 아니란 것이다. 글래스도어 같은 사이트에 가보면 각 회사에 대한 자세한 리뷰와 함께 각 타이틀 별 연봉 수준을 어렵지 않게 확인할 수 있다.

금전적 보상과 함께 회사가 직원에게 인정받고 있다는 느낌을 줄 수 있는 흔한 방법 중 하나가 진급이다. 실제 타이틀을 없앴거나 중요하게 보지

---

13 https://goo.gl/tEz4AQ
14 http://goo.gl/tQTvA2

않은 회사라 하더라도 이직을 고려한다면 현 회사에서의 타이틀을 무시할 수 없다. 대부분 이전 회사에서의 타이틀을 기반으로 새 회사에서의 직책이 결정되기 때문이다.

기술 직군에 대해서는 프로그래머라는 타이틀을 쓰는 회사도 있고 소프트웨어 엔지니어를 쓰는 회사도 있다. 또한 경력 및 실력에 따라 주니어 혹은 어소시에이트associate 레벨부터 레귤러, 시니어 등급까지로 나누고 이를 더 세분화하는 경우도 있다. 보통 이보다 높은 직책부터는 엔지니어의 경력이 갈리는 경우가 많다. 사람 관리에 집중하는 매니지먼트 경력과 개인 공헌자individual contributor로서 기술쪽으로 더 깊게 파는 경력이 그것이다. 전자로는 보통 엔지니어링 매니저나 테크 리드 등과 같은 타이틀이 있고 이는 디렉터 레벨을 거쳐 임원급의 VPvice president of engineering/technology까지 가게 된다. 후자로는 아키텍트나 프린서펄principal 엔지니어 같은 직책이 있다. 보통 프로그래머들은 후자의 경로를 선호하는 경우가 많다. 전자는 프로그래머가 부족하기 쉬운 사람 다루는 능력과 효과적인 의사소통 기술이 필수이고, 코딩과 같은 실제 직접 개발에 참여할 수 있는 시간이 많이 줄 수밖에 없기 때문이다. 개인 공헌자로서의 길이 존재하고 대우도 나쁘지 않다는 점이 외국 회사들의 장점 중 하나이다. 하지만 여기서도 최종 상품과 회사의 방향에 더 큰 영향을 줄 수 있는 길이 매니지먼트 트랙임에는 차이가 없다. 해외 취업의 경우, 영어가 네이티브가 아닌 상황에서 소위 말빨이 서야 하는 매니지먼트 경로를 타는 것은 쉽지 않은 일이다. 투명하게 경력 사다리를 운영하는 좋은 예를 한 회사가 공개한 직책 사다리 정의 문서[15]에서 찾아 볼수 있다. 심지어는 회사의 전체 운영 방침을 오픈소스로 관리하는 회사[16]도 있다.

어떤 경력 경로가 되었던 테크 리더로서의 길을 생각하고 있는 독자라면 제럴드 M. 와인버그가 쓴 책, 〈테크니컬 리더〉[17]와 영국의 한 게임 개발자의 블로그(**http://managing-game-dev.com/**), 인솜니악 게임즈Insomniac Games, 마이크 액톤Mike Acton의 발표 자료들[18]을 추천한다.

연봉에 관한 짧은 이야기

앞에서 간단히 연봉에 대해 다뤘지만 워낙 관심이 클 수밖에 없고 궁금한 게 많을 주제라 좀 더 이야기하겠다. 실제 미국에서 각 IT업체들이 해외 취업자들에게 얼마만큼의 임금을 주고 있는지 간단히 체크할 수 있는데, 취업 비자 소지자의 비자 획득 시 연봉이 공개되어 있기 때문이다. 이 데이터를 검색이 용이한 형태로 제공하는 **http://h1bdata.info/**와 **https://orcahq.com/salaries** 같은 사이트를 이용하면 각 업체가 타이틀별로 어느 정도의 평균 연봉을 취업 비자 소지자에게 주고 있는지 쉽사리 확인할 수 있다. 국내 IT기업들의 평균 연봉에 대한 비교적 최근 기사[19]를 확인해보면 국내 상

---

15 http://goo.gl/yV0rD1

16 https://github.com/clef/handbook

17 http://goo.gl/cwwbdZ

18 http://goo.gl/7hHO0M

19 http://goo.gl/Nh2GMS

황도 나아지고 있는 것처럼 보인다. 하지만 일부 임원급들의 과도하게 많은 금액이 결과값을 왜곡시키는 평균치보다는 중간값이 유의미할 수 있다는 점을 감안하고, 일부 스톡옵션 등으로 운이 좋았던 경우를 제외한 실질 연봉을 따져보면, 아직도 미국 상황에 비해 국내 연봉이 많이 적음을 알 수 있다. 물론 물가라든가 의료비, 교육비 등의 제반 여건에 대한 고려 없이 단순 연봉 금액만 따지는 것은 큰 의미가 없다. 그럼에도 게임 프로그래머를 포함한 엔지니어들의 연봉 처우가 전세계적으로 가장 좋은 곳, 그리고 기회(즉, 좋은 회사들)가 가장 많은 곳이 미국이라는 점에는 큰 이견이 없을 것이다. 구글과 마이크로소프트에서 일해본 경험이 있는 한 블로거가 큰 회사와 스타트업에서 일하는 것의 장단점을 기술한 이 글[20]도 현 미국 IT업계의 취업 및 페이 현황을 살펴보는 데 도움이 된다.

외화벌이 개발자의 하루

아래 두 단락에서는 필자가 경험한 프랑크푸르트와 산타모니카에서의 게임 개발자로서의 하루를 간단히 재구성해보았다. 역시 개인차와 환경차가 크겠으나 그래도 외국 회사 생활의 한 단면을 간접적으로나마 느낄 수 있었으면 하는 바람이다.

---

20 http://danluu.com/startup-tradeoffs/

프랑크푸르트에서의 하루

▲ C사에서의 첫 내자리

　　겨울이 다가오면서 집안이 쌀쌀하다. 라디에이터 방식의 난방(한국과 같은 온돌 방식의 바닥 전체를 데우는 난방 방식이 여긴 흔치 않다)을 틀고서도 이불을 꼭 여며야 감기를 면할 수 있다. 세수와 양치를 하고 출근을 서두른다. 유치원을 다니고 있는 아들 녀석을 데려다 주고 출근하려면 시간이 빠듯하다. 이곳도 유치원 자리 얻기가 쉽지 않아 대기열에서 몇개월 기다린 뒤 얻은 자리다. 독일어를 하나도 모르는 아들 녀석이 잘 적응해줄까 걱정이었지만, 처음 일주일이 가기도 전에 적응 완료의 모습을 보여주어 한시름 놓을 수 있었다. 어느덧 독일어 수준은 우리 집안 최고가 된 녀석이다. 회사에서 지원해주어 독일어 학원을 몇달 다녔지만 영어에나 집중하자는 생각에 그만둔 지 오래다. 여러 나라에서 온 인재들을 갖춘 다국적 회사인 만큼 독일에 있는 회사지만 일할 땐 영어를 쓰기 때문이다.

집 근처의 유치원으로 아이를 데려다주고 회사로 가는 버스에 올라탄다. 운전은 즐기지 않는 나는 여기서도 대중교통만을 이용한다. 다행히 서울만큼은 아니지만 U-Bahn/S-Bahn이라 부르는 지하철과 메르세데스 벤츠 로고의 버스들로 대중교통 시스템이 잘 되어있는 편인 프랑크푸르트다. 회사에서는 시내 모든 대중교통을 공짜로 이용할 수 있는 패스를 주기 때문에 더욱 편리하다. 지하철 등에는 따로 개찰구가 없고 유모차에 대한 배려가 잘되어 있어 한참 유모차를 끌고 다녀야 했던 우리 가족에겐 큰 도움이 되었다. 개찰구가 없어 입구/출구에서의 불필요한 정체는 없는 대신, 가끔 공무원이 돌아다니며 불시에 표 검사를 한다. 아내도 한번은 구입했던 일년권을 놓고나와 40유로에 해당하는 벌금을 물어야 했다.

현재 일하고 있는 툴 팀에서는 회사의 주상품 중 하나인 게임 엔진에 포함된 메인 에디터를 개발하고 유지보수한다. 하이엔드 PC에서 PS3와 Xbox360을 포함한 멀티플랫폼으로 개발 영역을 넓히고 있던 터라 모두가 바쁘게 일하고 있었다. 아무래도 툴의 일차적 사용자는 내부의 아티스트나 여타 개발자이기에 그들과 자주 대화하고 피드백을 구하는 것이 중요하다. 오늘도 현재 개발 중인 기능의 주 고객이 될 개발자를 찾아가 개발 방향을 설명하고 의견을 구할 예정이다. 이전에 작업했던 코드 리뷰가 끝난 코드는 버전 관리 저장소로 커밋한다. 프리커밋 훅의 일부로 각 플랫폼/설정별 빌드가 자동 실행되고 어느 하나라도 실패 시 커밋이 자동으로 취소되기 때문에 안심하고 커밋할 수 있다. 점심은 회사에서 멀지 않은 식당에서 간단히 해결한다. 보통 혼자 갈 때도 있고 친한 동료랑 갈 때도 있다. 한국처럼 같은 팀끼리 몰려서 가는 경우도 있지만 흔하지 않다.

점심 식사를 하고 오니 내일 있을 애니메이션 서밋에 대한 이메일이 와 있다. 서밋은 보통 회사 밖의 특정 장소를 빌려 종일 이루어지는 회의 형식의 이벤트를 말한다. 애니메이션 기술의 향후 개발 방향을 논할 이번 경우처럼, 보통 여러 이해 당사자가 참여해 큰 주제에 대해 장시간 논의해야 할 경우, 외부 조력자facilitator를 부르고 집중력을 높일 수 있도록 회사 밖에서 진행하는 방식이다. 근처 호텔의 회의실들을 빌려 이루어지는 이번 서밋에 나는 툴 팀의 입장을 대변하기 위해 참석할 예정이다. 연말 회사 파티에 대한 공지도 있다. 보통 연말이나 여름, 게임 출시 같은 특별한 일이 있을 때, 파티가 열린다. 근처 괜찮은 레스토랑을 빌려 이루어지는 이러한 이벤트에는 보통 직원뿐 아니라 파트너나 친구도 같이 초대할 수 있다. 이러한 파티에는 드레스 코드가 있지만 게임 회사의 이벤트인 만큼 엄격하지는 않다. 이번에는 아내와 아들을 데리고 참석할 예정이다.

어느덧 퇴근 시간, 겨울에는 유난히 해가 긴 터라 밖은 아직 밝다. 한국과는 달리 밤과 주말이 되면 거의 모든 상점이 문을 닫는다. 일요일에 이용할 수 있는 곳은 맥도날드나 스타벅스 같은 미국 프랜차이즈뿐이다. 한국 식료품을 취급하는 독일 내 온라인쇼핑몰에서 산 재료들로 아내가 만든 저녁을 먹고는 잠든 아들 녀석을 확인하는 것으로 하루를 마무리한다.

산타모니카에서의 하루

▲ R사에서의 첫 내자리. 스탠딩 데스크를 지원해 이용중

6시 반이면 일어나 준비를 시작한다. 다소 떨어진 곳에 있는 초등학교
에 아들녀석을 떨구고 가려면 서둘러야 한다. 독일을 떠나오기 전 나름 유
창했던 아들의 독일어를 가능하면 오래 유지할 수 있도록, 다소 멀지만 이
근처에서 유일하게 초등 과정에서 독어를 가르치는 학교를 선택했던 것이
다. 장롱 면허 탈출 및 캘리포니아 면허 취득을 위해 운전 연수도 받고 운종

게 면허 시험도 한번에 통과하였다. 하지만 운전 시작 후 두세 달 안에 나의 첫차는 두세 번의 경미한 접촉사고라는 통과의례를 거쳐야 했다.

아들을 학교에 데려다 주고 회사에 오면 8시 사십분 경, 조금 이른 시간이라 회사 캠퍼스 내 커피숍에서 차 한잔을 시키고 하루를 준비한다. 몇번의 짧은 회의를 마치고 나니 어느덧 점심 시간. 사내 식당의 인파를 피하기 위해 보통 점심 시간 끝무렵(한시 이후)에 식사를 하는 나는 회의가 안잡히는 정오에서 한시까지가 집중해 코딩할 수 있는 또 한번의 기회이다. 늦은 점심을 마치면 후식으로 커피숍에서 카푸치노를 픽업한 후 오후 일정을 시작한다.

워낙 인기를 끌고 있는 게임의 개발 작업인지라 일하는 분야에 따라 정도의 차이는 있지만 간단한 기능도 많은 테스트를 거치고 여러 팀과 협업을 해 개발 및 디플로이를 해야 한다. 또한 전세계적으로 서비스 중이라 어떤 지역에서 언제라도 라이브 서비스에 문제가 생길 수 있기 때문에 일정에 없던 긴급한 용무가 자주 생기는 편이다. 맵 그래픽스를 개선하기 위해 최근에 작업했던 기능은 구현 자체는 완료된 상황이지만 현재 컴팻 랩Compatibility Lab(로우엔드에서 하이엔드까지 다양한 스펙의 컴퓨터들을 갖추고 새로운 기능이 성능이나 호환성 면에서 아무 문제가 없는지 점검하는 사내 랩)에서 테스트가 진행 중이다. 결과가 양호하게 나오면 그 다음 패치에 플레이어들에게 선보일 수 있을 것이다. 대략 2주를 주기로 패치가 이루어지기 때문에 각 기능들이 언제 개발 완료되어 릴리즈될 수 있을지 패치 사이즈나 안정성 등 다양한 측면을 고려하여 각 패치를 미리 계획해야 한다. 플랫폼, 게임,

스토어, 채팅 등 각 분야별로 온콜on-call(우리말로 하면 '당직'쯤 되겠다) 엔지니어가 있어 해당 분야의 라이브 서비스에 문제 발생 시 일차적인 대응을 하게 된다. 보통은 해당 분야의 모든 엔지니어들이 돌아가면서 온콜 엔지니어 역할을 맡는다.

오늘은 대략 한두 달에 한 번꼴로 이루어지는 설립자들의 AMAAsk Me Anything(무엇이든지 물어보세요) 세션이 있는 날이다. 별도의 AMA 사이트에서 미리 질문들을 받고 그 중에서 사원들의 표를 가장 많이 받은 문항들에 대해 답변을 해주고 시간이 되는 대로 현장에서 나오는 질문도 답해주는 방식으로 이루어진다. 마무리하고 싶은 일이 좀 있어서 전사 회의가 이루어지는 대강당으로 가기보다는 그냥 비디오 스트리밍으로 AMA를 흘려듣는다.

매니저와 협의를 통해 하루 10시간 주4일 근무 스케줄을 따르고 있는 나는 보통 저녁을 먹지 않고 저녁 7~8시까지 일을 한다. 대신 수요일은 쉬는데 이 때 보통 아이의 치과 방문이나 관공서 같은 잔일 등을 처리하거나 밀렸던 공부와 휴식을 취한다. 상당수가 퇴근하고 회의가 잡히지 않는 저녁 시간은 코딩을 위한 최적의 시간이 된다. 이처럼 R사는 출퇴근 시간을 비롯한 업무 스케줄에 대해 매우 유연한 편이다. 또한 리모트로 일하는 것(소위 재택근무)에 대한 지원도 잘 되어 있다. 실제 통근 거리가 먼 많은 동료들이 완전 리모트는 아닐지라도 일주일에 한두 요일은 집에서 근무하는 방식을 취하고 있다. 사내 블로그/위키나 세미나를 통한 지식 공유를 장려하고 있는 R사는 실제 엔지니어들을 지원하기 위한 전담 부서가 있고 일년에 한번 정기적으로 테크 서밋 행사를 열어 본사 및 각 지사들의 모든 엔지니어가 교류하고 서로 배울 수 있는 기회를 마련하고 있다. 얼마 전 작업한 애니메이션 압축에 대한 내용을 외부 공개 엔지니어링 블로그 글로 가다듬는 작업을 하는 것으로 하루를 마무리하고는 집으로 향한다.

프로그래밍이라는 기술, 게임이라는 상품

C사와 R사의 게임들이 단적으로 보여주듯이 기술력이 곧 게임의 재미 혹은 상품의 성공으로 이어지진 않는다. 문제는 보통 프로그래머를 움직이는 것은 최종 상품인 게임보다도 기술에 대한 열정인 경우가 많다는 것이다(적어도 필자의 경우엔 그랬다). 상품에만 집중하는 경우, 기술 빚tech debt을 갚는 등의 기술 기반을 다지는 작업을 등한시하고 당장 직접적인 결과물을 플레이어게 보여줄 수 있는 작업만 하게 된다. 반대로, 기술에만 집중하는 경우, 기술만을 위한 기술을 추구하고 중요한 상품화 타이밍을 놓쳐 경쟁력을 잃을 수 있다.

따라서 경쟁력 있는 상품을 위한 단기적 우선 순위와 당장 결과가 나오진 않지만 장기적 생산성을 위해 필수적인 작업들의 사이에 적절한 균형을 유지하는 일이 매우 중요하다.

또한 기술적인 배경과 그 비용 및 효과에 대한 근거를 제시할 수 있는 프로그래머의 역할이 중요해진다. 타 직군에게 당면 문제의 기술적 함의를 설득력있게 의사소통할 수 있는 프로그래머는 희귀한 만큼 소중할 수밖에 없는 것이다.

이에 대한 논쟁과 기타 프로그래머의 경력에 대한 서로 다른 의견들을 이 두 블로그 글(**http://goo.gl/ZGRsc**와 **http://goo.gl/5xuNra**)에서 살펴볼 수 있다. 후자는 전자에 대한 응답 및 반박 형식으로 쓴 글이다. 역시 간단한 정답은 없고 상황과 문맥에 따라 개개인의 경험은 달라질 것이다. 자신의 상황과 시점에 맞는 교훈을 각 글에서 찾아 적용할 수 있기를 바란다.

회의는 필요악?

프로그래머를 좌절케 하는 또다른 요소는 회의이다. 코딩 작업의 흐름을 끊고 비효율적으로 이루어지는 경우가 많기 때문이다. 혼자서 작업하는 경우가 아니라면, 서로간의 조율과 효율적인 협업을 위해 정기적인 회의는 피할 수 없다. 하지만 직접 제작에 참여하지 않고 조율이 주업무인 직군의 인력이 많아질수록 회의가 많아지고 길어지는 경향이 있다. 관리자와 같은 그러한 직군의 사람들에겐 회의가 핵심 업무이고 실제 돌아가는 상황을 파악할 수 있는 주정보의 원천인 까닭이다. 그러나 〈해커와 화가〉를 쓴 폴 그레이엄이 한 블로그 글[21]에서 묘사한 것처럼 프로그래머와 같은 메이커 직군과 그렇지 않은 매니저 직군은 서로 다른 스케줄을 지니고 후자는 전자의

---

21 http://goo.gl/qzR7

업무에 회의가 끼치는 영향과 그 비용을 이해해야 한다. 애초에 브레인스토밍이 목표인 경우가 아니라면 회의는 구체적인 안건을 가져야 한다. 안건에 필수적인 인원들만 출석이 의무여야 하고, 본인에게 필수적인 내용이 아니라 판단될 경우 중간에라도 떠날 수 있는 분위기여야 한다. 또한 결론이 나오면 확실한 후속 조치를 통해 유용하게 쓰이고 있는지 적용 결과는 어떠했는지 등을 추적해야 한다. 실제 적용이 이루어지지 않으면 유익한 회의였다 하더라도 시간 낭비였던 셈이 되고, 한두 번 그런 경우가 반복되면 그 뒤로는 대부분 회의를 시간 낭비로 생각하게 된다. 기타 효율적인 회의 운영에 대한 더 자세한 팁을 알고 싶다면 책 〈Read This Before Our Next Meeting〉[22]의 일독을 권한다.

아직도 야근을 하시나요?

야근은 스팀팩

필자는 야근을 싫어한다. 실제로 철야나 주말근무와 같은 초과근무를 한 일수도 꼽아보면 같은 경력의 일반적인 프로그래머들보다 훨씬 적을 것이다. 실제 8시간 근무를 열심히 하고 나면 필자는 체력이 달렸고 무리를 하면 다음날 생산성에 영향이 없다고 할 수 없었다. 물론 프로젝트를 하다 보면 중요한 납기일과 같은 사정으로 약간의 무리를 해야 할 때도 있다. 그

---

22 http://goo.gl/gTu0zr

러나 잊지 말아야 할 것은 야근과 같은 초과 근무는 스팀팩일 수밖에 없다는 점이다. 단기적인 생산성 향상을 위해 HP를 깎는 것이다. 게임에서야 메딕의 치료로 금세 복구가 가능하지만 현실은 다르다. 따라서 초과 근무가 장기적으로 이루어지거나 적절한 회복 및 재충전의 시간 없이 행해지면 결국은 득보다 실이 크게 된다. 그 실은 체력 저하로 능력치가 떨어진 프로그래머가 만들어내는 버그로 나타날 수도 있고 (이러한 버그를 잡느라 야근으로 번 시간보다 더 많은 시간을 까먹게 되는 일이 비일비재하다), 번아웃 해버린 프로그래머가 직장이나 업계를 아예 떠나버리는 형태로 나타날 수도 있다.

강요된 야근은 조직을 이끄는 이들의 일정 설계 및 현실 직시 능력의 결핍을 드러낼 뿐이고, 잠시 그들의 불안을 달래줄지 모르나 결국에는 더 큰 눈덩이가 되어 돌아오기 쉽다.

야근이라는 변명

관리자 및 사의 입장에서만 야근이 문제인 것은 아니다. 필자는 야근을 변명 및 핑계로 (의식적이든 무의식적이든) 사용하는 프로그래머들을 많이 봐왔다. 지난밤의 야근은 훈장이 되어 오늘의 느슨한 근무와 점심 시간을 한참 넘어선 게임 플레이에 대한 면죄부가 된다. 장기적으로 봐도 야근만큼 편한 변명거리는 없다. 결과가 어찌되었든 밤늦게까지 혹은 철야로 자리에 앉아 있었다면 누구도 쉽게 비난을 하거나 책임을 묻지 못한다. 설사 그 시간의 상당부분을 저하된 체력을 회복하가 위해 소위 말하는 인터넷질이나 게임을 하며 보냈다 하더라도 말이다. 결과만큼이나 과정을 중시하는 우리나라와 같은 조직 문화에서는 더더욱 그렇다. 야근을 많이 안했던 필자지만 철야를 했던 몇번의 경우 그 다음날 정상적인 근무를 한 적은 없었던 것 같다. 이러한 점을 고려하면 조직은 야근을 장려하기보다는 최소화 내지 금지해야 한다는 것을 쉽게 알 수 있다. 필자는 자신이 최선으로 일할 수 있는 시간이 한정되어 있음을 알 때, 각 개인이 필수적이지 않은 회의를 포함한 쓸데없는 시간 낭비를 줄여 보다 생산적으로 일할 수 있다고 믿는다.

결국은 국영수

프로그래밍의 근본은 수학

필자는 프로그래밍의 근본이 수학이라고 믿는다. 3차원 그래픽스와 같은 특별히 수학이 필요한 도메인이 아니라면 프로그래밍이 수학이랑 무슨 큰 관련이 있는가 라고 묻는 사람도 있으리라. 프로그래밍이 과학science인가 공학engineering인가 공예craft인가에 대한 논쟁도 있다. 자바스크립트나 C++로 하는 매일매일의 코딩 작업이 명쾌하고 우아한 수학적 논리와 괴리가 커 보이는 것도 사실이다. 하지만 프로그래밍이란 분야가 존 폰 노이만[23]이나 알란 튜링[24]과 같은 수학자들로부터 시작되었고, 컴퓨팅 소프트웨어와 하

23 https://goo.gl/ORD7D
24 https://goo.gl/bbbi1

드웨어의 근본에 수학이 있음을 부인할 사람은 없을 것이다. 일정의 압박과 스파게티 코드에서 오는 버그들로 바쁜 프로그래머들이지만 그래도 수학에 관심을 가지고 시간을 투자해 공부해야 하는 이유가 거기에 있다. C++ STL_{Standard Template Library}의 창시자로 알려진 알렌산더 스테파노프_{Alexander A. Stepanov}의 책, 〈From Mathematics to Generic Programming〉[25]이 프로그래밍과 관련하여 수학을 배우고자 하는 여러분의 여정에 도움이 될 수 있다. 아마존에 일하고 있는 그가 거기서 동료 직원들을 대상으로 했던 강의들[26]도 유투브에서 공짜로 볼 수 있다(영어 리스닝이 된다는 전제하에). Four Algorithmic Journeys와 같은 강의가 특히 유용하다. 수학에 어느 정도 자신있는 사람들에게 Math ∩ Programming(http://jeremykun.com/)과 같은 블로그도 흥미롭다. 3차원 그래픽스와 관련하여 선형 대수 및 연관 수학을 깊이 파고 싶은 독자에겐 게임 및 엔진 개발자 Eric Lengyel의 책과 글들(http://www.terathon.com/lengyel/)과 〈Understanding Geometric Algebra〉[27]와 같은 책을 추천한다.

프로그래밍 언어는 영어

C와 같은 절차적 언어에서 자바, C# 등과 같은 객체지향적 언어, 하스켈이나 얼랭 같은 함수형 언어, C++, 파이썬, 자바스크립트 등과 같은 멀

---

25 http://goo.gl/FlMrrf
26 https://goo.gl/8kEAqT
27 http://goo.gl/5XyjlZ

티 패러다임 언어에 이르기까지 정말 다양한 프로그래밍 언어가 존재한다. 하지만 진정 범세계적인 프로그래밍 언어는 영어라고 필자는 생각한다. 대다수 프로그래밍 언어의 키워드가 영어로 되어 있고 수많은 기술 문서와 설명서, 코드 주석이 영어로만 되어 있다. 최신 자료일수록 그러한데, 변화의 주기가 무척이나 빠른 IT 분야에서 영어로 된 최신 정보를 흡수하지 못하는 것은 큰 핸디캡일 수밖에 없다. 해외 취업을 딱히 고려하지 않더라도 개발자로서는 영어는 필수다. 본인의 영어가 약하다고 생각하면 따로 시간을 내어 공부해야 한다. 어느 정도 자신이 붙으면 모든 주석은 영어로 작성할 것을 추천하다. 유창한 스피킹까지는 아니더라도 능숙한 독해와 작문, 어느 정도의 리스닝까지는 가능해야 한다.

글쓰기는 의사소통의 첨병

말 잘듣는 컴퓨터와의 대화가 즐거워 프로그래밍에 입문한 사람들에겐 안타까운 소식이 있다. 프로그래머라도 사람들과의 의사소통이 중요다는 것이다.

어떤 면에선 주업무인 기계와의 대화보다도 더 말이다. 개발은 동료 프로그래머와의 협업이 되었든 기획자나 아티스트와의 회의가 되었든 결국은 팀작업이다. 아무리 좋은 프로그래밍 아이디어도 그걸 동료들에게 설득할 수 없다면 무용지물이다. 탭 대 스페이스의 논쟁이 되었든, 코딩 스타일을 정하는 작업이 되었든, 개발중인 제품의 아키텍처를 정하는 회의가 되었든,

타이틀이나 권위에 기대지 않고 자신의 의견을 효과적으로 피력할 수 있어야 한다. 많은 사람들이 한 방향을 바라볼 수 있게 해야 하는 리더의 자리일수록 의사소통 능력의 중요성은 높아진다.

여기서는 특히 글쓰기의 중요성을 설파하고자 한다. 문서화는 많은 개발자들을 고개 젓게 하는 화제지만 미래의 자신을 위해서도 (자신이 짠 코드를 몇개월 뒤에 보는 경우와 같이) 그 중요성을 부인할 수 있는 사람은 없다. 코딩에서도 변수나 함수, 클래스의 이름짓기는 항상 어려운 문제이다. 그런 점에서 코딩도 글쓰기와 크게 다르지 않다. 이해하기 쉬운 문서는 작성자의 주제에 대한 높은 이해도와 전문성을 대변해 준다. 글쓰기 실력을 늘리는 가장 효율적인 방법은 많은 글을 써보는 것이다. 블로그 글도 좋고, 세미나 발표 자료도 좋고, 회사에서 요구하는 문서도 좋다. 독자의 입장을 고려하여 열심히 써보고, 피드백을 구하고, 다음 번 글은 더 나아지도록 노력하면 된다.

코드는 부채

필자도 한때는 복잡하지만 매우 영리한 코드를 좋아했었다(지금도 이병에선 완전히 벗어나진 못한 듯하다). 하지만 이제는 읽기 쉽고 간결한 코드가 동료 프로그래머들을 위해서도, 프로젝트를 위해서도, 그리고 몇개월 뒤에 같은 코드를 뒤적일 나 자신을 위해서도 최선이라는 것을 안다.

간결한 코드보다 더 나은 코드가 있다면 그것은 없는 코드이다. 코드는 부채이기 때문이다.

프로그래밍을 공학도 과학도 아닌 정원 가꾸기에 비교한 경우(http://www.artima.com/intv/garden.html)가 있는데, 같은 아름다움과 기쁨을 준다면 정원은 작고 간소할수록 좋을 것이다. 손이 덜 가기 때문이다. 코드도 마찬가지이다. 같은 기능을 구현하는 데 1000라인 구현이 있을 수 있고 100라인 구현이 있을 수 있다. 자명히, 후자가 버그의 소지도 적고 유지 보수 노력도 덜고 확장도 용이하다. 필자는 이에 관해 '코드, 적을수록 좋다'라는 제목의 블로그 글[28]을 쓴 적이 있다. 객체지향, 함수형 등 여러 프로그래밍 스타일이 유행하지만 결국에 필자의 코딩 스타일을 결정하는 방향키는 바로 이 조건이다. 코드를 만들어내는 직업으로서 많은 코드 생산을 임무라 생각하는 함정에 빠지기 쉽지만, 코드는 툴일 뿐이며 결국 부채가 된다는 진실을 잊지 말고, 최소의 코드로 기능을 구현하는 데 초점을 맞춰야 한다. 컴퓨터 과학의 선구자 다익스트라[29]가 한 다음의 말을 인용하면서 이 단락을 끝맺고 싶다.

> "간단함은 굉장한 미덕이지만 그를 얻기 위해선 노력을 많이 해야 하고 그 진가를 알아볼 수 있는 안목도 필요하다. 설상가상으로 복잡한 것이 더 그럴싸해보인다.
> – Edsger Dijkstra"

> "Simplicity is a great virtue but it requires hard work to achieve it and education to appreciate it. And to make matters worse: complexity sells better. – Edsger Dijkstra"

---

28 https://goo.gl/cZZw5F
29 https://goo.gl/LxUFP

영웅주의에 대한 경계

눈에 띄진 않지만 현명한 외교로 전쟁을 미연에 방지하는 리더와 일어난 전쟁을 엄청난 헌신과 희생으로 승리로 이끄는 리더 둘 중 어떤 이를 리더로 삼고 싶은가? 필자는 망설임없이 전자를 택할 것이다.

문제는 더 많은 라인을 짠 프로그래머가 일을 더 열심히 한 것처럼 보이듯이, 생각을 깊게 하고 철저한 테스트를 통해 문제를 미연에 방지한 프로그래머보다 빨리 기능을 구현한 뒤 발생한 버그들을 영웅적인 희생으로 해결하는 프로그래머가 더 칭송받기 쉽다는 것이다.

필자가 야근을 경계하는 또다른 이유이다. 어설픈 영웅주의에 대한 핑계로 사용될 여지가 많기 때문이다. 이보다는 귀찮더라로 지름길을 택하지 않고 올바른 프랙티스를 따라 묵묵히 일하는 사람들이 더 높게 평가받아야 마땅하다. 여기서 리더와 경영진의 역할이 매우 중요하다. 영웅주의보다 약간 느리더라도 절차를 지키며 일하는 것을 더 높게 평가한다는 것을 리더가 크고 작은 개별 사례들을 통해 보여줄 때, 직원들도 영웅주의 유혹에서 벗어나 회사 전체에 올바른 개발 문화를 정착시킬 수 있다.

20대의 나에게 해주고 싶은 이야기

사람과의 인터페이스

첫 직장에서 공부하며 실력을 쌓던 시절, 그리고 그 후 몇 회사를 거치기까지, 나는 기술적 이상론에 빠져 있었다. 모든 기술적 문제에는 정답이 있고 그것은 기술적으로 더 진보하거나 우아한 해법일 수밖에 없다는 순진한 생각이 그것이다. 내가 봤을 땐 자명한 결정인데 여러 가지 이유를 달며 수용하길 거부하는 사람들을 보면 이해할 수 없었다. 하지만 경험이 쌓이면서 그러한 순진한 가정들은 컴퓨터와 같은 기계에게나 적용될 이야기라는 것을 깨닫기 시작했다. 사람은 감정적 동물이고, 그러한 사람들이 관련한 문제에서 순전히 기술적인 (논리적인 혹은 이성적인) 결정은 없다는 것이다. 정신이 번쩍 든 것은 이 규칙에 나도 예외가 아니었음을 깨달았을 때이다. 논리적이고 순수히 기술적인 관점에서 접근했다고 생각했던 많은 나의 견해들이 사실은 나도 모르게 나의 감정과 기분에 크게 달려 있었던 것이다.

따라서 사람들과 소통할 때에는 자신을 포함한 사람들의 감정적 반응을 고려해야 한다. 자신이 봤을 때 기술적으로 더 우수한 해법이니 당연히 받아들이겠지 하는 생각은 금물이다. 사람들은 변화를 싫어한다. 더 나은 방향으로의 변화라 할지라도 말이다. 변화는 익숙하고 예측 가능한 것과의 결별을 의미하기 때문이다. 따라서 게임의 렌더링 기법에 관한 논쟁이 되었든, 새로운 라이브러리 혹은 개발 도구의 도입에 대한 논의가 되었든, 개발 언어 선정의 문제가 되었든, 이해당사자들의 감정적 측면을 고려하지 않고 하는 설득은 실패하기 쉽다.

이러한 문제는 프로그래머와 아티스트나 기획자 같은 다른 직군들과의 대화 시에 특히 두드러질 수 있다. 보통 문제에 대한 접근 방식이 완전히 다른 아티스트들과의 의사소통은 더 까다롭지만, 게임 개발의 특성상 아티스트와의 협업은 매우 중요하다. 필자는 한때 사용은 더 직관적일 수 있지만 기술적으로 일을 훨씬 복잡하게 만들 수 있는 기능들을 요구하는 아티스트들을 이해하지 못했다. 순전히 프로그래머의 입장으로만 생각한 것이다.

잊지 말아야 할 것은 프로그래밍도 결국 도구의 하나일 뿐이며 최종 목적은 개발자들, 사람들의 생산성을 높여 좋은 게임을 만드는 것이라는 사실이다.

경력 관리는 이렇게

일에 치이다 보면 공부를 소홀히 하기 쉽다. 일 자체가 공부지 별도 공부가 필요하느냐 하는 생각도 든다. 하지만 실력 향상에는 의도적 공부가 필수다. 의도적 공부라 함은 일을 하면서 부수적으로 알게 되는 지식이 아니라 따로 목적을 세워 자기계발을 위한 공부를 하는 것을 말한다. 그것은 책이나 인터넷을 통해 새로운 언어(외국어든 프로그래밍 언어이든)를 배우는 것이 될 수도 있고 업무 외의 개인 프로젝트를 통해 프로그래밍을 연마하는 것일 수도 있다. 주어진 업무의 달성에만 급급해하지 말고, 장기적인 관점에서 자기 계발에 도움이 될 공부를 해야 한다. 그리고 그를 지원해주는 회사에서 일해야 한다. 구성원의 자기계발에 투자하지 않는 회사는 망해가고 있거나 구성원을 소모품으로 보거나 둘 중 하나이다.

필자는 주어진 임무를 기한 내에 가능하면 더 빨리 완수하는 것을 궁극적 목표로 삼곤 했다. 그에 방해가 되는 모든 것들은 우선순위가 뒤로 밀렸다. 동료들과의 사소한 잡담, 당장 내 파트의 담당업무와는 상관 없는 다른 파트의 문제를 해결해주는 것, 회사의 거시적 문제에 대해 고민하고 의견을 제시하는 것 등이 주 희생양들이었다. 하지만 뒤돌아보면 이 전략은 득보다 실이 컸었던 듯하다. 이제는 직접 주어진 임무의 달성을 약간 늦추게 되더라도, 막혀있는 파트나 팀원을 도와주는 것이 프로젝트의 성공을 위해서도, 그리고 무엇보다도 나 자신을 위해서도 낫다는 것을 안다. 내 파트를 완전히 구현한다 해도 완성품으로서의 게임이 늦어지거나 제대로 동작하지 않으면 아무 소용이 없다. 또한 회사의 대소사에 관심을 가지고 팀 동료들 그리고 팀 밖의 동료들과도 자주 의사소통을 해야 나무만 보다 숲을 놓치는 우를 범하지 않는다. 일개 팀원이라 할지라도 자신이 하는 일이 어떻게 조직 전체의 성공에 기여하고 있는지 큰 그림을 볼 수 있어야 한다.

의도적 학습과 기여의 두 마리 토끼를 한번에 잡는 길 중 하나가 지식 공유이다. 이는 사내 세미나나 컨퍼런스 발표가 될 수도 있고, 블로그 작성이나 오픈소스 라이브러리 제작이 될 수도 있다. 배운 내용을 체화하고 공고히 하는 데 이만큼 확실한 길이 없다. 비슷한 주제로 고민할 사람들을 돕고, 구체적이고 도움이 되는 피드백을 얻는 것은 덤이다. 물론 바쁜 일정의 와중에 이러한 일들을 하는 것이 결코 쉬운 일은 아니다. 블로그 글 작성도 필자의 경우 보통 최소 너댓 시간은 투자해야 남에게 보일 만한 글이 나온다. 발표 준비는 당연히 그보다 더 오래 걸릴 것이다.

오픈소스 제작도 시간과 노력에 비해 생색 안 나는 작업 중 하나이다. 하지만 이것들이 쌓이면 프로그래머에겐 최고의 포트폴리오가 될 수 있다. 이러한 지식 공유의 과정에서 스스로 얻는 배움이 무엇보다 큰 결실이다.

프로: 자신의 결과물에 책임을 지는 사람

일은 끝날 때까지 끝난 게 아니다. 필자도 신입 시절 새로 짠 코드가 빌드되고 게임이 돌면 임무 완료라고 느끼곤 했다. 하지만 몇시간 뒤 혹은 다음날 QA 등의 동료로부터 새로운 기능이 특정 상황에서 잘 동작하지 않거나, 관련 없는 다른 기능이 갑자기 동작을 멈췄다는 연락을 받는다. 새로 짠 코드에 버그가 있었던 것이다. 쌓인 경력만큼 이제 더이상 내가 짠 코드는 컴파일되면 온전히 동작하리라는 순진한 환상은 없다. 심지어 그 코드가 10줄 이하라 해도 말이다. 한 개발자의 트윗에서 신입 게임 개발자는 "차세대 와우를 만들겠어!"라고 하지만 베테랑 개발자는 "운 좋으면 지뢰찾기 정도는 만들 수 있을지도…"라고 말한다는 글[30]에 공감해 리트윗을 한 적이 있다. 배우면 배울수록 내가 아는 것이 얼마나 적은지 깨닫게 된다. 여전히 시간의 압박으로 내가 짠 코드가 의도된 기능들을 모두 완수하는지 다른 부작

---

30 https://goo.gl/OW5T1B

용을 일으키진 않는지 체크하는 일을 소홀히하는 경우가 있다. 하지만 진정한 프로가 되고자 한다면 항상 자신의 결과물을 촘촘히 테스트하고, 완료 후에 결함이 발견되는 드문 경우에는 어쩌다 그를 놓치게 되었는지 분석하여 똑같은 실수가 되풀이 되지 않도록 만전을 기해야 한다.

우뇌를 살릴 수 있는 취미를 갖자

프로그래머들은 업무의 성격상 논리적 사고와 추론 능력 등 소위 좌뇌를 과도하게 활용하게 된다. 컴퓨터도 CPU나 메모리 사용량이 백퍼센트에 가까워지면 그 성능이 확연히 떨어지듯이, 프로그래머들도 좌뇌에 걸린 과부하를 적절히 풀어줄 수 있는 방법이 있어야, 버그도 줄이고 최적의 생산성을 낼 수 있으며 번아웃도 방지할 수 있다. 이에는 여러 방법이 있겠으나 그림을 그리거나 악기 연주를 하는 것처럼 우뇌를 활용하는 활동을 하는 것이 필자의 체험상 효과가 좋았다. 일기 쓰기와 같은 글쓰기도 여러모로 도움이 될 수 있다. 게임은 결국 엔터테인먼트인데 그를 만드는 과정에서 재미가 상실된다면 그만한 아이러니도 없다. 일인 이상 항상 즐거울 수만은 없겠으나 업무와 여타 활동과의 균형을 통해 최적의 컨디션으로 일할 수 있도록 하는 관리도 각 개발자 개인의 중요한 권리이자 의무라고 생각한다.

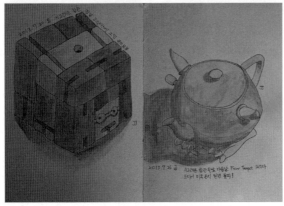

▲ 필지가 시간 날 때 그린 수채화들

그림을 잘 그리려 할 필요도 없다. 그리기를 시작하는 데는 〈창작 면허 프로젝트〉[31]나 〈철들고 그림 그리다〉[32]와 같은 책들이 도움이 된다.

---

31 http://goo.gl/nwYXlJ

32 http://goo.gl/t0wMho

가면 뒤의 사람

　필자는 스스로를 진보적이고 평등주의적인 사람이라고 생각해 왔다. 하지만 해외 취업을 통해 운좋게 좋은 회사에서 좋은 사람들을 만나면서, 한국의 주입식 교육과 위계 문화에 스스로가 얼마나 길들여졌는지 깨닫게 되었다. 경력이 얼만데 혹은 내 직급이 XX인데 하는 못난 생각이 불쑥불쑥 고개를 들곤 했다. 나보다 어린 나이에 여러 면에서 훨씬 성공했음에도 거들먹거리거나 권위를 내세우는 일 없이 겸손한 태도를 유지하는 친구들을 보면서 반성도 많이 하게 되었다. 내가 성공을 거둬 저런 자리에 있었다면 저렇게 행동할 수 있었을까?... 자기 반성을 통해 발견한 것은 누구를 만날 때 몇마디 나누기도 전에 나이, 직위, 성, 용모와 그에 따른 나한테의 득과 실에 따라 상대방을 재단하고 있는 나였다. 무의식적으로 순식간에 이뤄지는 이 재단의 결과에 따라 내가 상대방을 대하는 태도가 조금씩 달라졌다. 역할이라는 가면만 보고 그 뒤의 사람이라는 공통분모를 보지 못하는 것이다. 뒤돌아보면 이는 내가 사람들과 관계를 맺는 데 큰 걸림돌로 작용했던 것 같다.

　또다는 문제는 이 평가의 잣대를 스스로에게도 적용하고 있다는 점이다. 자존감을 낮추는 이 재단 습관은 인생 전체의 걸림돌이 될 수 있다. 이 오랜 습관을 필자는 여전히 떨쳐내지 못하고 있다. 최소한 내가 이러한 문제를 갖고 있다는 것을 이제는 인식하고 있다는 것이 그나마 위안이다. 그럼에도 이 이야기를 꺼낸 것은 여전히 과거의 나에게 해주고 싶은 충고이고, 해외 취업의 경험이 어떻게 한국이라는 우물안의 개구리식 사고 방식에 갇혀 있던 나의 껍질을 깨는 계기가 되었는지 언급하고 싶었기 때문이다.

Why not?

이상으로 프로그래밍과 게임 개발에 관련한 여러 주제에 대해 두서없이 이야기해보았다. 필자가 인생에서 가장 잘한 결정 중 하나라 생각하는 것이 너무 늦지 않게 한 해외 취업이다. 해외 취업을 노리게 된 데에는 여러 동기와 상황이 있었지만, 돌이켜보면 사고의 지평선을 넓히고 새로운 친구들을 만날 수 있는 최고의 기회였다. 가족과 함께한 외국 생활에 어려움도 많았고 영어는 아직도 숙제로 남아있지만 필자는 과감하게 도전해보라고 이야기해보고 싶다.

헬렌 켈러가 말한 것처럼 인생은 과감한 모험이거나, 아니면 아무것도 아니기 때문이다.

이것이 알고 싶다

Q. 저자에게 게임이란 어떤 의미인가요?

게임은 역시 만드는 것보다 플레이하는게 더 재미있다고 생각합니다. 아이가 생기고 나이가 들고 소위 말하는 피지컬도 떨어지면서 예전처럼 게임을 잘 하지도 많이 즐기지도 못하는 게 현실입니다.

Q. 게임 프로그래머로서 가장 후회해본 적은 언제인가요?

프로그래머서의 직업병이랄까... 쓸데없이 매사를 세밀하게 분석하고 모든 경우의 수를 상정하여 최악의 시나리오를 대비하려고 하는 경향이 있습니다. 가끔은 다른 직업을 택했다면 이런 사고 방식의 폐해를 줄일 수 있지 않았을까 생각도 합니다만, 다른 직업도 제가 모르는 나름의 어려움이 있겠죠.

Q. 보통 게임 프로젝트에 어느 정도 규모와 어떤 인원이 투입이 되나요? (예: 개발자, 디자이너 등등)

프로젝트마다 천차만별입니다. 저는 10명 정도에서부터 수백명 규모의 프로젝트까지 겪어 보았습니다. 최근에는 소위 AAA 게임 개발사의 프로젝트 규모는 더 커지고, 한편으론 인디 개발이 붐을 이루면서 양극화되고 있는 느낌입니다.

Q. 게임 프로젝트와 일반 프로젝트의 차이는 무엇인가요?

큰 차이는 없다고 생각합니다. 성향이나 사고관이 다른 프로그래머와 아티스트, 기획자 같은 다양한 직군이 모여 완성해야 하는 종합 예술이라는 점이 게임 프로젝트의 특징입니다.

Q. 대형 게임 프로젝트에서 개발자 1인으로서의 역할은 무엇인가요? (어떤 기능 개발?)

대형 프로젝트에서는 일개 개발자로서 자신의 최종 프로젝트에 대한 기여가 작게 느껴지기 마련입니다. 전체 프로젝트의 방향성에 큰 영향을 주기도 상대적으로 어렵고, 기술에만 국한해도 전체 프로젝트에 걸친 테크스택 모두를 한 개인이 이해하기는 불가능해졌습니다. 그만큼 프로젝트에 대한 주인의식을 가지기가 어려운 현실입니다. 많은 이들이 인디 개발을 동경하는 이유가 거기 있다고 봅니다.

Q. 다른 프로젝트의 경우 프레임워크 등으로 효율적인 개발을 하는데, 게임의 경우엔 어떤가요?

게임 개발에도 많은 프레임워크가 쓰입니다. 스크럼이나 칸반 같은 개발방법론에서부터 언리얼, 유니티 등의 게임 엔진 등이 모두 효율적인 개발을 위한 프레임워크라 생각합니다. 프레임워크도 결국은 도구일 뿐이므로 맹신은 금물입니다.

Q. 프로그래밍을 전혀 할줄 모르는데, 게임 프로그래머가 되고 싶다. 무엇을 가장 먼저 해야 할까요?

당연히 프로그래밍 공부를 해야겠죠. 일단 게임 플레이와 게임 프로그래밍은 전혀 다른 것이라는 자명한 사실부터 주지할 필요가 있습니다. 여전히 C/C++ 언어가 게임 개발에서는 대세입니다. 최근에는 플랫폼이 다양화되면서 개발 언어도 다변화하는 추세이긴 합니다. 인터넷 덕분에 온라인에 좋은 가이드와 튜토리얼 등이 많습니다. 이들을 보고 공부하면서 작은 게임이라도 처음부터 끝까지 만들어보는 경험을 해보길 추천합니다.

Q. 게임 프로그래머의 연봉은 얼마 정도인가요(주변인 기준으로 최소~최대)?

역시 천차만별입니다. 외국에서 일한 지가 한참 되다 보니 최근 국내 상황은 본문에 링크한 기사 등을 통해 알고 있는 게 전부입니다. 해외쪽 상황은 역시 본문에 링크한 사이트들이나 http://goo.gl/mswXYa와 같은 데이터를 참고하시기 바랍니다.

Q. 개인적으로 최고라고 생각하는 게임은?

히어로즈오브마이트앤매직2/3, 퀘이크3, 스타크래프트, 디아블로2, 카오스(워크래프트3 모드), 월드오브워크래프트 등이 저에게 많은 추억을 안겨준 게임들입니다.

Q. 좋은 게임이란 무엇이라고 생각하나요?

재미있는 게임입니다. 그래픽이 뛰어나고, 기술적으로 우수하고, 버그가 적고 등등 여러 평가 영역이 있겠습니다만, 결국 게임은 재미로 귀결된다고 생각합니다.

Q. 외국에서 취업하려면 영어는 어느 정도 수준이어야 하나요?

직군마다 다릅니다. 엔지니어나 프로그래머에 대해서는 영어에 대한 눈높이가 상대적으로 낮습니다. 기술적인 대화가 주로 쉬운 영어로 이루어지는 데다 많은 기술 용어들이 원래 영어에서 온 것이니까요. 그러니 유창할 필요까진 없습니다. 하지만 면접 시의 대화 등에서 질문을 이해하고 상대가 이해할 수 있는 답변을 줄 수 있는 수준은 되어야 합니다. 높은 자리에 갈수록 유창함의 중요성은 더 커집니다.

Q. 국내에서 영어 공부를 어떻게 하셨는지요?

특별한 방법은 없었습니다. 쏟아져나오는 영어 교육 서적 중에 관심 가는 것들을 많이 읽었고요. 리스닝은 인터넷의 많은 좋은 자료들을 참고했습니다. 스피킹은 사실 국내에서 따로 연습하기가 쉽지 않은데, 중요 영어 면접 전에는 원어민 일대일 과외도 해봤습니다. 그 당시에는 한 시간에 4~5만원선이었던 것으로 기억합니다.

Q. 외국에서 게임 개발자의 정년(?)은 어느 정도인가요?

정해진 것은 없습니다. 얼마 전 55세의 아키텍트 동료가 은퇴하는 것을 봤습니다. 국내보단 낮지만 미국도 나이에 따른 차별이나 제약이 존재합니다.

Q. 이직을 해야 할 때는 언제인가요?

평생 직장의 개념이 사라진 요즘, 이직은 많은 경우 현명한 선택일 수 있습니다. 저도 이직을 통해 꾸준히 연봉을 높여왔습니다. 한 회사에서 오래 일하는 것은 드문 만큼 분명 칭송할 만한 업적이지만, 더 하고 싶은 일을 더 나은 조건에서 할 수 있는 기회가 있다면 마다하지 않는 것이 좋다고 봅니다. 항상 이직을 염두에 두면서 안주하지 말고 자신을 갈고닦아야 합니다.

이국현의

게임 서버 프로그래머로 산다는 것

03

> Q. 클라이언트 게임 프로그래머에서 서버 프로그래머로
> 전직하기 위해 필요한 것은?
>
> 이미 클라이언트 프로그래머이므로 회사 내에서
> 전직을 요청하시면 팀에서 알아서 해줄 것입니다.
> 필요한 것은 용기뿐입니다.

게임을 만드는 즐거움

1950년대 후반 컴퓨터 산업의 초창기, 개인용 컴퓨터라는 것이 없던 시절 DEC[01]는 새로운 컴퓨터 개발에 뛰어들었고 그렇게 탄생한 것이 PDP 시리즈다. 1959년 생산된 PDP-1은 지금 보면 어지간한 장롱보다 더 큰 사이즈의 크기지만 그 당시로서는 획기적인 제품이었다. DEC는 PDP-1 한 대를 MIT에 기증한다.

냉전시대의 컴퓨터를 포함한 과학기술은 대부분 군사적인 목적으로 활용하기 위한 것이었다. 컴퓨터를 기증한 DEC에서도 분명 그런 방향으로 연구를 진행하길 기대했을 것이다. 하지만 실제로 MIT의 연구원들이 만들어 낸 것은 인류 최초의 디지털 게임인 "스페이스워Spacewar"였다. PDP-1 한대의 가격은 지금 시세로 따지면 11억원이었는데, 그렇게 비싸고 귀한 그 당시의 최첨단 장비를 가지고, MIT의 뛰어난 두뇌를 가진 사람들이 만들어 낸 것은 고작 게임이었던 것이다.

나는 이것을 컴퓨터의 특성이 드러난 당연한 결과라고 생각한다. 컴퓨터는 인간의 창의성을 자극하는 새로운 도구이다. 지구에 인류가 등장한 이래로 사람들은 끊임없이 여러 가지 도구를 이용한 게임을 만들어왔다. 단순한 공 하나만으로도 다양하게 즐길 수 있는 재미있는 게임을 만들어온 인류에게 컴퓨터라는 도구는 획기적인 창작 도구 그 이상인 것이다. 물리적인

---

01 Digital Equipment Corporation. 1957년 창업하여 초창기 컴퓨터 산업의 한 축을 이끌던 회사. 1998년 Compaq에 인수되면서 사라졌다.

제한 없이 상상하는 것을 그대로 구현할 수 있는 이 도구는 단지 키보드와 마우스만으로 조작이 가능하며, 모니터를 통해 시각적으로 보여진다. 따라서 컴퓨터를 접하고 프로그래밍을 배운 사람은 자연스럽게 창작의 욕구에 휩싸이게 된다. 그리고 자신만의 게임을 만들고 싶은 욕구가 생긴다. 나 역시 학창 시절에 친구들과 같이 지금 생각하면 형편없는 게임을 진지하게 만들었던 추억이 있다.

게임이 소설이나 영화와 같은 문화 콘텐츠와 다른 점은 게임이 놀이의 한 종류라는 데에 있다. 소설가나 영화감독이 자기가 만든 작품을 오랫동안 계속해서 즐긴다는 이야기는 들어보지 못했다. 하지만 게임쪽에서는 자신이 만든 게임을 계속 즐기는 개발자 이야기는 흔하다. 게임은 수동적으로 콘텐츠를 감상하는 것이 아니라 놀이처럼 직접 체험해야 하는 것이기 때문이다. 놀이는 자기 자신뿐만 아니라 주변 사람까지 참여하게 만들어서 재미가 더욱 상승하게 된다.

PDP-1으로 스페이스워를 만든 스티브 러셀Steve Russell도 자신이 만든 게임에 푹 빠져들었고, 공개한 게임 코드는 주변 사람들을 통해 계속 버전 업 되어 여러 가지 파생 버전의 게임을 탄생시킨다. 다른 사람이 만든 게임에 자신의 아이디어를 덧붙여서 더 재미있는 게임으로 만들어낸다. 마치 놀이가 세대를 거듭할수록 더 재미있게 발전하듯이 말이다. 만들어낸 게임은 다른 사람들에게 퍼지고 소스코드는 더욱 발전한다. 어디서 많이 보던 이야기 아닌가? 오픈소스 그리고 해커 문화는 바로 게임과 함께였다.

예전에는 게임 프로그래머라는 구분이 딱히 없었다. 프로그래머는 전부 다 게임 프로그래머이기도 하였다. C언어의 창시자 데니스 리치Dennis Ritchie가 Space Travel이라는 게임을 구동하기 위해 PDP-7에서 삽질하는 하는 것이 상상이 되는가? 빌 게이츠Bill Gates가 처음으로 짠 프로그램도 게임이었다.

군사 목적으로 탄생한 또 하나의 도구인 ARPANET[02]은 일명 머드게임MUD:Multi-User Dungeon을 하는 네트워크로도 활용된다. ARPANET은 나중에 인터넷으로 발전하게 되니, 군사 목적의 기술을 대중화하는 데 게임이 기여한 바가 어느 정도 있는 것 같다.

게임이라는 것은 세상을 움직이고 영향을 미치는 매력적인 콘텐츠이고 게임을 만드는 것은 프로그래머에게 있어서 뿌리치기 힘든 유혹이다. 프로그래밍이라는 기술적인 관점에서 보아도 다른 소프트웨어 개발과는 다른 맛이 있기도 하다. 게임 프로그래밍이 다른 프로그래밍보다 어렵다거나 쉽다거나 하는 이야기가 아니라 제품의 요구사항 자체가 현실 세계와 다르다 보니 독특하다는 이야기이다.

대부분의 소프트웨어는 어떤 문제를 해결하려는 목적을 가지고 있다. 소프트웨어 패키지를 솔루션solution이라고 표현하는 것을 많이 들어보았을 것이다. 보안 솔루션, 멀티미디어 솔루션, 비즈니스 솔루션, 웹 솔루션 등 어플리케이션이라고 하면 어떤 문제를 해결해주는 소프트웨어를 말한다.

---

02 Advanced Research Projects Agency Network. 1969년 TCP/IP가 구현된 최초의 패킷 스위치 네트워크.

반면 게임 소프트웨어는 어떤 문제도 해결하지 않는다. 게임 소프트웨어를 사용하는 유저는 그 소프트웨어 자체를 경험하기 위해 실행하는 것이지, 어떤 업무의 생산성을 높이거나 하는 데 이용하기 위한 것이 아니다. 그냥 플레이함으로써 즐거움을 느낄 뿐이다.

게임 프로그래머로서 게임을 만드는 즐거움은 다양하다. 창의적인 도구인 컴퓨터를 가지고 다양한 사람들이 즐겁게 플레이할 수 있는 게임 소프트웨어를 개발하는 것은 다른 분야의 프로그래머들은 느끼지 못할 색다른 즐거움일 것이다.

게임을 만드는 사람들

혼자서 게임을 만드는 것은 물론 어렵겠지만 불가능한 일은 아니다. 게임은 소프트웨어이기 때문에 프로그래밍이 가능한 사람이라면 누구나 게임을 만들 수 있다. 만약 동료가 1명 더 생긴다면 프로그래머 다음으로 중요한 사람은 그래픽 디자이너일 것이다. 요즘 만들어지는 대부분의 게임은 상업성을 가장 우선적으로 생각할 수밖에 없고 게임의 유저들이 가장 먼저 보게 되는 부분이 그래픽이기 때문이다.

프로그래머 1명, 그래픽 디자이너 1명, 그 다음으로 필요한 사람은 기획자이다. 전반적인 게임의 흐름을 설계하고 디자인하는 사람으로 게임 디자이너라고도 한다. 기획자는 게임을 재미있게 만드는 데에 큰 역할을 한다.

이렇게 3명이 모이면 게임 개발팀으로는 모양새가 갖추어졌다고 볼 수 있다. 그 다음에는 일이 많이 몰리는 부분이 있다면 세분화해서 사람을 추가하면 될 것이다.

만드는 게임이 온라인 게임이라면 프로그래밍 파트를 클라이언트와 서버로 나눌 수 있다. 클라이언트 파트는 그래픽 엔진을 만드는 부분과, 게임 콘텐츠, 플랫폼, 각종 개발 툴 작업 등으로 분류된다. 서버 파트는 서버 아키텍처, 게임 콘텐츠, 데이터베이스, 운영 툴, 통계, 플랫폼 등으로 분류할 수 있을 것이다.

모바일 게임 스타트업이라고 가정했을 때 가장 이상적인 팀은 게임 프로젝트 진행에 경험이 많은 프로젝트 매니저 1명과 프로그래머 3명, 디자이너 2명, 기획자 1명으로 이루어진 팀이다. 사람이 더 많다면 상관없지만 이보다 사람이 적은 팀은 좋지 않다. 프로토타입을 만들고 벤처캐피털로부터 투자 유치를 이끌어 내기 위해서는 서로의 전문영역이 잘 나누어져 있고, 한 명이 빠지더라도 회사 전체가 흔들리지 않는 안정된 밸런스의 팀이 이상적이다. 비즈니스와 마케팅, 회계까지 담당할 1명을 더 포함한 8명이면 가장 좋을 것 같다.

프로그래머 혼자 게임을 만드는 것은 취미로는 아무런 문제가 없겠지만, 이것을 먹고 살기 위한 사업이라고 생각한다면 스마트폰 시대의 초창기라면 모를까 요즘 한국의 시장 상황에서는 어렵게 되었다. 온라인 게임 시장이 그렇게 변했듯이 모바일 게임 시장도 막대한 마케팅 비용을 쏟아붓는 큰 회사가 아니면 살아남기 힘들게 변해버렸기 때문이다.

게임 시장에 대한 적대적인 한국의 환경도 게임 개발자들을 힘들게 하는 요소 중의 하나이다. 한국콘텐츠진흥원에서 발간한 "2015 대한민국 게임백서"에 의하면 2010년 2만 658개였던 국내 게임업체 수가 2014년 1만 4,440개로 줄어들었다고 한다. 게임 산업에 대한 정부의 과도한 규제는 한국 게임 산업 전체를 망치고 있다. 게임 시장뿐만이 아니라 프로그래머들이 인생을 바쳐서 일하는 한국의 IT 환경 자체가 세계의 흐름을 따라가지 못하고 도태되어 가고 있다. 시간이 한참 지나서 잘못을 깨달은 후에야 뒷북 대응정책들이 나오겠지만 기대는 하지 않는 것이 좋을 것 같다.

게임 회사 사람들을 보면 대부분 영화와 만화, 애니메이션을 좋아한다. 게임은 말할 것도 없다. 그렇다고 게임에 중독되었다고 생각되는 사람은 만나보지 못했다. 아마 그런 사람이 있다면 정상적으로 회사에 다니는 사회인이 되지 못했을 것이다. 한때 한국 사회에서는 게임을 마약, 도박, 알콜과 함께 4대 중독으로 규정하려는 특정 정치세력의 움직임이 있었다. 사회적 논란 속에서 다행히도 법안은 상임위를 통과하지 못했지만, 그렇게 생각했다는 것 자체만으로도 많은 이들에게는 충격이었다. 2013년 그 당시 법안을 발의했던 국회의원은 2015년에 열린 모 게임컨퍼런스에서 게임 산업의 중요성을 강조하는 아이러니한 상황도 연출되었다.

그럼에도 불구하고 우리는 이렇게 척박한 나라에서 프로그래밍을 하며 밥 벌이를 하고 있다. 참으로 대견한 일이 아닐 수 없다. 우울한 이야기를 했는데, 한 가지 좋은 소식이 있다.

한국의 게임 산업 정책이 거꾸로 가더라도 전세계 게임 산업은 발전하고 있다. 앞으로도 소설, 영화보다 양적 질적으로 더욱 크게 발전할 것이다. 아직 희망을 버리기는 이르다.

서버 프로그래머가 되는 방법

게임 프로그래머 중에서도 클라이언트가 아닌 서버 프로그래머가 되고자 하는 사람은 드물다. 이력서 통계를 내보면 클라이언트 지원자가 100명일 때 서버 프로그래머 지원자는 20명이다. 그 이유를 한번 생각해보았다.

먼저 생각나는 이유는 게임 개발 영역에서 서버 프로그래밍이 가장 눈에 띄지 않는 영역이기 때문에 그런 것 같다. 특히나 서버 프로그래머가 일을 잘하면 잘할수록 게임을 즐기는 유저는 서버가 있는지 없는지조차 모를 수 있다. 기껏 눈에 띌 때는 서버를 점검해서 게임이 잠시 동안 정지되어 있을 때, 혹은 서버에 문제가 터졌을 경우이다. 반면 클라이언트는 유저의 PC나 스마트폰에 설치되는 게임 소프트웨어 그 자체이므로 눈에 띄지 않을 수가 없다. 서버 소프트웨어는 유저의 영역에 설치되는 것이 아니라 제3의 독립된 공간의 장비에 설치되어 운영중이므로 유저는 알 수가 없다.

그리고 서버 프로그래머가 되는 것보다 클라이언트 프로그래머 되기가 쉽다. 클라이언트 프로그래머가 되기 위한 진입 장벽은 서버 프로그래머에 비하여 낮다. 유니티Unity나 언리얼 엔진Unreal Engine등의 게임 엔진에 대한 사용법만 공부하면 바로 클라이언트 개발에 뛰어 들 수 있다. 서버 프로그래밍 영역은 어떤 하나의 툴을 잘 다룰 줄 안다고 해서 작업에 뛰어 들 수는 없다. 큰 회사가 아니라면 특히나 서버 프로그래머가 해야 할 영역은 더 커진다. 스타트업의 서버 프로그래머는 게임의 운영과 관련된 작업까지 해야 한다. 서버 장비의 구성, **OS** 설치, 운용, 관리, 보안까지 신경 쓰다 보면 프로그래밍 작업할 시간도 부족하게 될 것이다.

또한 클라이언트 프로그래밍은 그래픽 팀에서 만들어진 이미지를 직접 게임에서 보여주는 부분을 담당하다 보니 실제로 게임을 만드는 느낌이 드는 반면, 서버 프로그래밍은 오로지 데이터를 다룰 뿐이어서 게임이 구동되는 것보다는 데이터를 처리하는 느낌밖에는 들지 않는다. 예를 들어 MMORPG에서 마법사가 파이어볼을 만들어서 몬스터를 공격하는 것을 구현한다고 했을 때, 클라이언트에서는 실제 마법사 캐릭터의 화려한 동작과 이펙트로 파이어볼 이미지를 만들어서 몬스터에게 날라가는 장면을 만든다면, 서버에서는 캐릭터 데이터의 마법 항목에 파이어볼이 있는지 확인하고, 있다면 공격력이 얼마이고 몬스터에게 데미지를 얼마나 입힐지 계산하는 부분을 만들 것이다.

마치 연극의 화려한 무대는 클라이언트이고 무대 뒤의 분주한 스탭들의 모습은 서버의 모습 같이 느껴진다.

드물다고는 해도 서버 프로그래머가 되고자 하는 사람들은 있을 것이다. 나 역시 회사에서 게임 개발을 서버 프로그래머로 시작하였다. 특별히 서버 프로그래밍을 해야지 라는 이유는 없었다. 프로그래머로서 일해오면서 직접 만들고 싶은 것들이 많았는데, 그 중 하나가 게임이었다. 직접 게임 사업을 시작하려는 와중에 창업을 하기 전 현업에서 게임 개발을 경험해보라는 충고에 따라 한 게임 회사의 서버 개발자 구인을 보고 지원하여 들어가게 된 것이 지금까지 서버 프로그래머로 일하게 된 계기가 되었다.

처음부터 게임 분야에 몸 담고 있지 않은 사람도 과거의 경험들이 도움이 된다면 경력의 단절 없이 게임 업계로 전환이 가능하다. 내 경우 네트워크 보안 분야에서 일한 경험은 모의 해킹 과정에서 습득한 네트워크와 각종 프로토콜, 유닉스, 리눅스, 윈도우즈 등 OS의 구조와 시스템에 대한 이해를 높이는 데 도움이 되었고, 임베디드 분야는 커널에 대한 이해와 프로그래밍 스킬을 향상시키는 데 도움이 된 것 같다. 소프트웨어 개발에 관련해서는 기업용 어플리케이션부터 하드웨어 드라이버, RDBMS와 연동하는 웹 서비스, 펌웨어 등등 다양한 경험을 쌓았었다. 이렇게 경험을 쌓았지만 실제로 게임 서버 프로그래밍을 하면서 많은 시행착오를 경험했던 것도 사실이니 직접 그 분야를 경험해봐야 제대로 안다고도 할 수 있는 것 같다.

만약 신입 서버 프로그래머로 경력을 쌓고 싶다면 약간은 힘이 들 수 있다. 신입 서버 프로그래머 면접을 보면, C 혹은 C++ 아니면 Java와 같은 프로그래밍 언어를 공부하고 소켓 프로그래밍을 조금 해본 후 나도 이 정도면 서버 프로그래머라고 할 수 있지 않을까 하고 지원을 하는 것이 보통이다. 게임 서버 프로그래밍에서 소켓 프로그래밍이 차지하는 영역은 5%가 넘지 않을 것이다. 물론 처음에는 소켓 프로그래밍이 신기하게 느껴질 수 있다. 소켓을 사용하는 것은 독립된 프로그램 사이에서 데이터를 교환하는 방법 중에서는 제일 괜찮은 방법이다. 하지만 데이터를 교환하는 것은 지금은 어느 정도 방법이 정형화되어 있어서 누가 어떻게 만들든 크게 문제가 없는 것이 사실이다. 문제는 어떤 데이터를 받아서 어떻게 처리하느냐에 달려 있다. 이 부분은 만드는 게임의 종류와 기능에 따라서 크게 달라질 수 있기 때문이다.

서버 프로그래머가 되고 싶다면 우선 다양한 기술에 대해 열린 마음을 가지고 기초부터 꼼꼼히 공부를 해보라고 권하고 싶다. 우선순위를 정하자면 먼저 네트워크에 대한 기초를 쌓으면 좋겠다. TCP/IP의 구조에 대해서 꼼꼼히 공부를 해야 한다. 추천하는 서적은 Kevin R. Fall과 W. Richard Stevens의 〈TCP/IP Illustrated, Volume 1〉이다. Volume 2와 Volume 3도 있는데 Volume 1만 읽어도 무방하다. Richard Stevens는 유닉스와 관련된 다른 책도 유명하니 관심 있는 사람은 찾아볼 것을 추천한다.

대부분의 사람들이 프로그래밍을 시작할 때 C언어를 처음으로 공부하는 것 같다. 나쁘지 않은 선택이다. 대신 C언어를 가지고 시스템 프로그래밍 영역에 깊게 들어가는 것이 필요하다. 자료구조와 알고리즘을 공부한 다음에는 할 수 있는 한 로우 레벨 영역으로 내려가 보는 것이다. 컴파일러와 OS까지 만들어 볼 수 있으면 가장 좋다. C언어를 배운 김에 Java 같은 언어로는 할 수 없는 시스템 프로그래밍을 해보는 것이 핵심이다. 물론 해보지 않았다고 해서 크게 문제가 되진 않지만 안해본 사람보다 어떤 면에서 이해가 떨어지는 부분이 있을 것이다. 물론 그때 가서 공부해도 상관은 없다.

C++나 Java로 시작했다면, 객체지향에 대한 공부를 하는 것이 좋을 것이다. 객체지향에 대한 이해는 디자인 패턴으로 시작하면 된다. 디자인 패턴 공부를 할 때는 꼭 그 패턴을 어떻게 써먹어야 한다 라는 생각을 할 필요는 없다. 전통적인 디자인 패턴은 코드의 재사용을 강조하고 있는데, 그러다 보니 불필요하게 복잡한 패턴도 있고 사용하기 힘든 패턴도 있다. 그래서 이런 것이 있다 정도로 이해하고 넘어가도 괜찮다.

그 다음에는 C/C++/Java를 제외한 다른 하이 레벨 프로그래밍 언어로 간단한 머드게임을 만들어 보는 것을 추천한다. 어떤 프로그래밍 언어를 선택해도 좋다. 몇 개를 검토해보고 마음에 드는 언어를 선택하면 될 것 같다. 선택에 힘이 든다면 선택지를 줄여주겠다. 가장 대중적인 Python, Ruby, PHP 중에 하나를 고르면 된다. 셋 다 마음에 안든다면 Erlang이나 Elixir도 고민해보기 바란다. OS는 리눅스에서 작업하는 것을 추천한다. 윈도우나 맥, 혹은 BSD계열도 괜찮지만 가장 대중적인 서버 플랫폼이 된 리눅스를 모르면 안 되지 않을까? 리눅스 배포판도 종류가 많은데 선택하기 힘들다면 Ubuntu나 CentOS 중에 고르자.

머드게임 만드는 것을 간단하게 생각하면 오산이다. 전통적인 머드게임에는 서버 프로그래머가 해야 할 모든 작업들이 들어있다. 만들다 보면 쉬운 일이 아니라는 것을 깨닫게 될 것이다. 이 머드 게임에는 MAP이 있어서 플레이어가 돌아다니다가 NPC를 만나서 전투를 할 수 있어야 한다. 물론 멀티 유저 게임이므로 여러 명의 플레이어가 서로 만나서 같은 NPC와 싸울 수 있으면 더 좋다. 다 만들었다고 생각하면 친구를 불러서 같이 플레이해보자. 만들고 싶은 기능을 추가하고 버그를 하나씩 잡으면서 게임을 완성시키는 재미를 느낄 수 있다.

이때 프로젝트의 코드 관리를 위해서 깃Git을 공부하도록 한다. Git은 현재 전세계적으로 가장 대중적으로 사용하고 있는 분산형 버전 관리 시스템Distributed Version Control System이다. 예전에는 CVSConcurrent Version Control를 가장 많이 썼고, 그 다음으로 유명해진 것이 Subversion(SVN)이었는데 현재는 Git으로 완전히 대체되는 상황이다. Git은 GUI를 사용하면 개념을 잡기 힘들어진다. 무조건 커맨드 라인으로 사용하는 것을 추천한다.

다 완성되었다면 여기서 끝이 아니다. 이제 이 게임의 플랫폼을 웹으로 옮겨보자. 이렇게 하면 클라이언트와 서버가 분리되는 것을 경험할 수 있다. 클라이언트는 브라우저가 된다. HTML과 JavaScript 공부도 할 겸 클라이언트 부분도 만들어 볼 수 있다. 이 웹 게임에는 유저의 데이터를 저장하는 기능을 추가해야 한다. PostgreSQL나 MySQL 같은 RDBMS를 붙이거나 Erlang이라면 간단하게 Mnesia를 쓰면 된다.

어렵고 막히는 부분은 인터넷 검색을 통해서 쉽게 해결할 수 있다. 완성된 머드게임은 신입 서버 프로그래머로 입사하기 위한 포트폴리오로 사용될 수 있을 것이다. 무료로 제공되거나 아주 저렴한 클라우드 서버에 설치해서 공개하거나, 소스코드를 github 등에 올려도 좋다. 다른 프로그래밍 영역도 그렇지만 실무에서는 토익 점수나 높은 학교 성적을 원하는 것이 아니라, 스스로 뭔가 해보는 호기심을 가지고 있어 새로운 기술을 배우는 데 거리낌이 없고 빠르게 변화하는 IT 세상의 프로그래머로서 잘 적응하여 꾸준히 커리어를 쌓아 갈 수 있는 사람을 원한다.

게임 프로그래머치고 게임을 싫어하는 사람은 보지 못했다. 면접관에게 게임을 좋아한다는 어필은 당연한 것이나 다름 없다. 하지만 아무리 게임 프로그래머라고 해도 게임을 플레이하는 것을 프로그래밍 하는 것보다 좋아한다면 프로그래머라는 직업은 자신에게 맞지 않는 것이다.

게임이라는 콘텐츠를 소비하는 사람이 되기보다는 콘텐츠를 만드는 사람으로서의 역할에 더 충실해야 한다.

게임 기획자가 되고 싶다면 유행하는 게임을 플레이해보는 것이 중요할 수 있겠지만 게임 프로그래머가 되고자 하는 사람은 게임보다는 유행하는 프로그래밍 기술을 살펴보는 데 시간을 내는 것이 필요하다. 프로그래머는 참으로 골치 아픈 직업이지만 한편으로 생각하면 아주 유망한 직업이다. 특히 서버 프로그래머는 게임 프로그래밍이 아니더라도 서버가 필요한 모든 분야에서 일할 수 있다. 나름 괜찮은 분야라고 생각한다.

신입사원 매뉴얼

미생이라는 만화와 드라마가 인기를 끈 적이 있다. 사회 생활을 처음 시작한 직장인의 애환을 실감나게 다룬 이야기가 많은 이들에게 와 닿았던 것 같다. 서버 프로그래머로 이제 막 취업한 신입사원의 삶도 크게 다르지 않을 것이다. 하지만 게임 회사라는 측면에서 보면 다른 딱딱한 기업들에 비해 게임 회사 신입사원의 삶은 그나마 낫다.

대부분의 게임 회사는 복장 규정 없이 자유 복장이라 여름에는 반바지를 입고 일하는 사람이 많다. 오히려 정장을 입고 출근하면 이상하게 쳐다볼 것이다. 게임 회사 중에서도 큰 기업은 일반 대기업 못지 않게 좋은 복지 제도를 가지고 있다.

그리고 게임을 좋아하는 사람들이 모여서 그런지 게임을 하는 데에 관대하다. 회사에서 게임을 할 수 있다니 다른 회사에서는 꿈도 못 꿀 일이다. 주로 점심 시간 같은 쉬는 시간을 이용해서 여럿이 팀으로 나누어 즐길 수 있는 게임을 같이 하거나 패키지 게임을 혼자 즐긴다. 신입사원은 이 때에 같이 어울리면서 친목을 도모하게 된다. 다른 기업이었다면 술자리에서밖에 하지 못할 일이다. 그렇다고 업무시간에까지 게임을 하면 상사에게 혼이 날 수 있다. 게임을 찾아서 하는 것이 업무인 사람도 있긴 한데, 프로그래머에게는 해당되지 않는다. 물론 개발중인 자사의 게임은 지겹도록 플레이하게 될 것이다.

소프트웨어를 개발하는 IT기업들은 그나마 한국의 군대식 기업문화에서 약간은 자유로운 편이다. 게임 회사도 마찬가지이다. 게임 회사들은 IT기업 중에서도 경영진이 젊은 편이라 자율적이고 수평적인 기업 문화를 가지고 있는 경우가 많다. 하지만 외국계 기업이 아닌 이상 그런 문화가 아예 없을 것이라고 기대하는 것도 곤란하다. 한국 기업의 신입사원은 어쩔 수 없이 군대로 따지면 자대배치를 막 받은 이등병이다. 눈치껏 잘 하는 수밖에 없다.

신입 프로그래머로서 가장 중요한 것은 상사를 잘 만나야 하는 것인데, 이것은 운에 맡겨야 하므로 어쩔 수가 없지만 어떤 상사를 만나든 겸손하게 배우려는 자세를 유지한다면, 최악의 상사를 만나더라도 큰 문제는 겪지 않을 것이다. 자신이 최고의 상사를 만났는지, 아니면 최악의 상사를 만났는지는 신입사원인 현재 상태로는 제대로 판단하기 힘들다. 시간이 흘러 자신의 경험과 실력이 쌓여야 다른 사람의 능력도 제대로 파악할 수 있기 때문이다. 더닝-크루거 효과Dunning-Kruger effect는 이런 현상에 대해 참고할 만한 개념이다. 1999년 코넬 대학Cornell University의 데이비드 더닝David Dunning과 저스틴 크루거Justin Kruger가 한 실험의 결과에 따르면 능력이 부족한 사람일수록 자신의 능력을 과대평가 했으며 능력이 뛰어난 사람일수록 자신을 과소평가했다. 즉 신입사원은 자신의 능력을 부풀려서 높게 생각하는 경향이 있고, 직장상사는 자신의 능력을 축소해서 생각하는 경향이 있다는 뜻이다. 이렇게 되면 갈등은 필연적으로 발생할 수밖에 없다. 작고 쉬운 업무에서는 문제 없지만, 어려운 업무가 주어졌을 경우에 문제가 생길 것이다.

어떤 어려운 업무가 있다고 생각해보자. 이 업무는 실력이 있는 직장 상사 자신이 느끼기에는 쉽게 할 수 있는 일이다. 하지만 자신의 능력이 뛰어나서 쉽게 할 수 있는 것인데, 자신의 능력을 과소평가 해서 생각하다 보니 다른 사람들도 다 할 수 있을 것이라고 착각하게 되어 신입 사원에게 일을 맡기게 된다. 신입사원 입장에서는 자신의 능력을 실제보다 더 뛰어나다고 생각하다 보니 감당하기 어려운 일인데도 불구하고 어려운 일을 맡게 되면서 문제는 시작된다. 업무의 결과가 좋게 나온다면 다행이겠지만, 안좋게 나올 가능성이 크다.

아직 경험과 실력이 부족한 신입사원은 어떤 업무가 감당이 가능한지 아닌지 판단하지 못한다. 무조건 가능하다고 생각하는 것이 일반적이다. 이때 좋은 상사는 신입사원의 능력을 제대로 판단해서 업무를 내려 줄 것이다. 이 일을 제대로 못하는 상사는 안좋은 상사이다. 상사의 성격이 좋고 나쁘고는 프로의 세계에서는 중요하지 않다. 성격이 더럽더라도 신입사원이 성장하도록 제대로 이끌어 준다면 좋은 상사라고 생각해도 될 것이다. 성격이 좋더라도 업무에서 문제를 불러 일으키는 사람은 좋지 못한 상사이다.

신입 사원이 성장하려면 공부해야 한다. 회사에서도 최소한의 교육이 있긴 하지만 학교처럼 친절하게 가르쳐 주지 않는다. 학창시절 입시 사교육에 길들여 있는 사람은 힘들 수 있다. 그래서 그런지 요즘 직장인 대상 사교육 시장이 계속 성장하고 있다고 한다. 프로그래머들은 대부분 독학을 한다. 프로그래머만큼 혼자서 공부하기 쉬운 직업이 있을까 모르겠다. 예를 들어 독학으로 제과제빵사가 되려면 빵을 굽는 기구인 오븐이 필요한데, 가정용 오븐으로는 제대로 된 빵을 만들 수 없다. 그렇다고 실제로 빵가게에서 사용하는 데크오븐을 사려면 수천만원이 들고, 일반 가정집에서는 설치해 주지도 않아 공방이 필요하다. 결국 독학으로 빵 만드는 공부를 하기가 거의 불가능한 것이다.

반면 프로그래머는 몇 십 만 원짜리 컴퓨터 한대만 있으면 전세계의 모든 기술을 습득할 수 있다.

나는 주로 인터넷과 책으로 공부를 했다. 한국어로 된 서적이 없으면 원서를 구입했다. 2000년대초반에는 TLDP The Linux Document Project의 HOWTO 시리즈가 큰 도움이 되었던 것 같다. 요즘은 블로그만 찾아보아도 양질의 정보가 많다. 공부하기가 더 쉬워졌다. 프로그래밍은 책을 열 번 읽는 것보다 한번 해보는 것이 도움이 된다. 글을 많이 읽고 써야 글쓰기가 늘 듯이 프로그래밍 기술도 코드를 많이 읽고 직접 작성해 보아야 한다.

신입 시절에 저지른 실수들은 다 피가 되고 살이 된다. 아주 바쁜 어느 날이었다. 나는 서비스를 시작한 지 얼마 안 된 게임과 관련된 작업을 하면서 퍼블리셔의 요청 사항과 개발 중인 게임 모듈의 테스트를 하고 있었다. 모니터에는 10개 이상의 터미널이 열려 있었다. 실제 운영중인 서버 작업 터미널과 테스트 서버에 작업하던 것, 개발 중인 서버와 관련된 터미널이 있었는데 정신없이 작업하는 와중에 개발 서버를 내린다는 것이 실제 운영 중인 서버의 터미널에 작업을 해서 게임 서버를 꺼버린 적이 있었다. 엔터를 치자마자 깨달았다. 그런 바보같은 실수를 하다니! 나는 그 날 이후로는 두 번 다시 그런 실수를 한 적이 없다.

얼마 전 신입으로 들어온 서버 프로그래머가 아직 정상 서비스 중인 것은 아니었지만 테스트 중인 서버를 모르고 껐을 때 허둥대는 모습을 보며 그 때의 기억이 떠올랐다. 아마 이 친구도 두 번 다시는 실수로 서버를 끄는 일은 없을 것이다.

신입으로 회사에 들어와서 정신없이 하루하루 일하다 보면, 어느새 시간이 흘러 경력이 쌓여 이직을 하거나 회사에 새로운 신입이 들어오는 모습을 목격하게 된다. 그 즈음이 신입사원에서 벗어나는 시기가 되는 것 같다. 실수와 삽질이 조금씩 줄어들어 조금은 세련되어지고 혹은 처음에 알게 모르게 충만했던 자신감이 줄어들어 바닥을 치고, 이제 내가 모르는 게 뭔지 알 때쯤 신입에서 벗어나 진정한 프로그래머가 되어 가는 것이 아닐까 싶다.

경력 관리

자본주의 사회에서 회사원은 경력을 어떻게 관리하느냐에 따라서 실력에 비해 연봉을 높게 받을 수도 있고 적게 받을 수도 있다. 직업 시장에서 상품은 사람인데, 그 사람이 어떻게 포장되어 있느냐가 이력서를 읽는 사람의 첫인상을 좌우하게 되고 그 회사에서 받는 첫번째 연봉에 영향을 미치게 되기 때문이다. 회사원의 경력을 관리하는 것은 상품을 예쁘게 포장하는 것과 같다. 게임 프로그래머도 마찬가지이다.

처음으로 회사에 입사하여 특정 팀에 들어가서 일을 하다가 어떤 이유에서든지 다른 팀으로 옮기거나 이직을 해야 하는 경우 경력 관리가 시작된다.

게임 프로그래머의 경력에서 가장 중요한 것은 성공한 게임 프로젝트이다. 그 사람의 실제 실력과는 상관 없이 유명하고 매출을 많이 올린 게임을 만든 팀에 소속되어 일한 경력이 있다면 그 사람의 연봉 협상 결과는 높을 가능성이 많다. 실제로 그 사람이 그 유명한 게임을 만드는 데 얼마만큼 기여했는지를 정확하게 판단하는 사람은 많지 않기 때문이다.

스포츠 경기라면 골이나 어시스트 개수 같은 여러 가지 스탯을 통해 비전문가도 쉽게 평가할 수가 있지만 게임 개발자는 그렇게 판단할 수 있는 수치가 없기 때문이다. 물론 실력이 있는지 없는지 유무는 전문가와 같이 한달 정도 일해보면 바로 들통날 것이다. 백그라운드 체크를 해보아도 금방 들통난다. 하지만 게임이 성공하는 데에는 실력 말고도 운이라는 요소도 크게 작용하는데 그 사람 때문에 그 게임이 성공한 것인지 시대가 잘 맞아서 운이 좋았을 뿐인지는 바로 판단하기는 힘들 것이다.

또, 어떤 프로젝트를 크게 성공시켰다고 다음 프로젝트까지 성공시킨다는 보장은 없다. 그냥 그렇게 기대할 수 있다는 것인데, 그래서 게임 업계에는 뛰어난 경력으로 엄청난 기대감을 주고는 망한 뒤 사라져 버려서 먹튀라는 별명을 얻은 유명한 개발자들이 있다. 빌 로퍼Bill Roper는 우리에게 너무도 유명한 워크래프트와 디아블로 시리즈, 스타크래프트를 히트시킨 최고의 스타 게임 개발자이지만 블리자드를 떠난 후 한빛소프트 등에서 투자하여 만든 게임[03]에서 실패하고 아직도 재기하지 못하고 있다. 울티마 온라인으로 유명한 리처드 게리엇Richard Garriott은 NC소프트에서 영입하며 큰 성공을 거둘 것으로 기대를 모았으나 정작 만든 게임[04]은 흥행에 실패한다. 이후 그는 NC소프트에서 퇴직하여 스톡옵션 등으로 받은 수백억으로 우주여행

---

03 헬게이트: 런던 (2007년 10월 31일 출시)
04 타뷸라 라사 (2007년 8월 9일 출시)

을 떠나서 많은 이슈가 되었다.

모두 경력만 놓고 보았을 때는 엄청난 인물로 보여서 많은 투자를 받았지만 결과적으로는 실패한 대표적인 케이스이다. 여기서 얻을 수 있는 결론은 우선 경력이 좋아서 나쁠 것은 없다는 것이다. 투자를 받든 회사에 입사를 하든 매우 유리한 조건을 받을 수 있다. 좋은 경력을 만들려면 사람들에게 기대를 줄 수 있도록 흥행에 성공한 프로젝트에 참여한 경험이 필요하다.

만약 자신이 성공한 게임 프로젝트에 참여하지 못했다면, 최소한 출시를 하여 길게 운영한 게임 프로젝트에 참여해야 한다. 처음 게임 기획부터 개발, 서비스 출시와 운영까지 전체의 한 싸이클을 많이 경험할수록 경력에 좋다. 성공하여 이미 유명해진 게임 프로젝트 팀에 출시 이후 나중에 참여한 것보다는 비록 매출 면에서는 덜 성공했더라도 게임의 초기 개발부터 완성, 출시까지 전부 경험한 사람이 우대 받는다.

대부분의 게임 프로젝트가 출시를 해보지도 못하고 개발 단계에서 사라진다. 서비스도 하지 못하고 중간에 접힌 프로젝트만 경험한 사람의 경력은 좋게 보일 리 없다. 완성하지 못하고 극장에서 개봉도 하지 못한 영화에만 계속 참여한 감독을 영화계에서 높게 쳐주지 않는 것과 비슷하다. 이미 완성된 게임에 나중에 합류하여 일을 한 것도 크게 쳐주지는 않는다. 개발 단계에서 얻을 수 있는 값진 경험을 해보지 못한 것이기 때문이다.

게임 프로젝트가 제대로 진행되느냐 못하느냐는 개인도 중요하지만 게임 그 자체와 프로젝트 팀이 더 중요하고, 그 프로젝트를 진행시키는 회사가 더 중요한 것도 사실이다. 아무리 괜찮은 게임을 만들었어도 경영진에서 변덕을 부려 프로젝트를 중단시키거나 프로젝트 팀의 사람들 사이의 문제로 갈등을 겪다가 접힐 수도 있고 자금 때문에 중단될 수도 있다. 프로젝트가 성공하기까지는 다양한 변수가 있어 한 명의 개인으로서는 제어하기 힘들다. 그렇다면 최소한 좋은 프로젝트인지 아닌지 괜찮은 회사인지 아닌지는 구분하는 것이 필요하다.

좋은 게임 회사는 경영진이 단순한 돈 벌이로 게임을 만드는 것이 아니라 게임의 재미에 대한 이해가 높고 회사의 구성원들이 구현하려는 게임에 대한 기술적인 능력이 뒷받침 되어 있어야 한다. 여기에 개발을 진행하는 데 필요한 자금이 충분하여 프로젝트가 진행되는 동안은 문제없이 운영될 수 있는 회사라면 좋은 게임 회사라고 생각해도 될 것이다.

게임 시장에 대한 이해 없이 그냥 게임이 좋아서 창업자가 용감하게 만든 작은 회사의 경우 특히 창업자가 개발자가 아닌 경우 그 회사로 모인 사람들의 능력은 낮을 가능성이 높다. 이런 회사는 될 수 있으면 피해야 한다. 모바일 게임 열풍으로 우후죽순 만들어진 작은 회사들이 있는데 안타깝지만 이런 회사들은 대부분 금방 망한다.

정치 싸움에 휘말려 있는 프로젝트 팀의 경우 중단될 가능성이 높다. 주로 큰 회사의 경우에 이런 경향이 심한데, 팀장이 정치 싸움에서 밀릴 경우 프로젝트 팀이 통째로 분해되는 경우가 많다. 혹은 팀 내부에 화합이 되지 않아 기획팀과 그래픽팀이 싸우는 경우도 드물지 않다. 이상하게 프로그램팀은 싸움에 참가하지 않는 경향이 있다. 기획과 그래픽은 보는 사람의 성향에 따라서 좋게 판단할 수도 있고 나쁘게 판단할 수도 있어 분쟁의 소지가 있는 반면에 프로그램은 객관적으로 잘 만들었는지 못 만들었는지 바로 알 수 있어 논란의 대상에서 벗어나기 때문인 것 같다.

게임 개발 회사가 매일 게임만 한다거나 혹은 게임을 전혀 하지 않는 경우에도 문제가 있는 회사이다. 전자는 경영진이 태만한 경우이고 후자는 경영진이 게임 사업을 모르는 경우이다.

괜찮은 회사와 프로젝트를 선택하는 것은 이직을 할 때에 자신의 연봉 협상보다도 가장 크게 검토해야 할 부분이다. 만약 그냥 눈 앞의 커다란 연봉만을 보고 좋지 못한 회사나 프로젝트에 참여하게 될 경우 그 사람의 경력은 꼬일 가능성이 높다. 연봉이 낮더라도 괜찮은 프로젝트에 참여하여 게임을 출시한다면 보다 먼 미래의 연봉은 훨씬 높아질 것이다. 경력 관리가 잘 된 실력자라면 연봉은 자연스럽게 따라올 것이다.

국내에서의 경력 관리에 한계에 부딪혔다면 해외로 눈을 돌리는 것도 시도해 볼 만하다. 프로그래머의 경우 실력이 뒷받침 된다면 언어의 장벽은 크게 문제가 되지 않는다. 프로그래머로서 일할 수 있을 정도의 언어는 노력만 있으면 익힐 수 있을 것이다. 더 큰 문제는 문화이다. 한국에서 오랫동안 생활한 경우 그 문화적 이질감을 극복하기가 쉽지 않을 수 있다. 농담도 이해하기 힘들고 해당 국가 특유의 문화들은 그 나라에서 오래 살지 않고서는 쉽게 터득하기가 힘들다. 그리고 가족이 있는 경우에는 해외 취업 시 고려해야 할 것들이 많을 것이다. 그렇다고는 해도 세계화 시대에 사는 만큼 언젠가는 해외에서도 경험을 해보면 좋지 않을까 생각한다.

프로그래머라는 직업은 공통적으로 끝없는 자기계발이 필수이다. 어느 시점에서 그런 공부가 재미가 없어지거나 힘에 부칠 수 있다. 그런 사람은 자연스럽게 관리직으로의 전환을 고려해 볼 만하다. 프로그래밍 작업을 이해하지 못한 사람은 소프트웨어 개발팀의 관리자 역할을 제대로 수행할 수 없다. 그런 점에서 볼 때 관리직은 프로그래머로 일한 경험이 풍부한 이가 하는 것이 좋다.

가장 좋은 것은 다른 직업과 마찬가지로 은퇴할 때까지 계속 그 일을 하는 것일 것이다. 어느 정도 경력이 쌓인 후에는 자신이 만들고 싶은 게임을 만들어 보는 것도 좋겠다. 많은 돈을 버는 게임보다도 다른 사람들에게 영감을 줄 수 있는 게임이 긴 시야로 봤을 때 자신에게 더 큰 도움이 될 것이라 생각한다. 그렇게 따지면 경력 관리도 무의미할 수 있다. 지금 생각하면 당장의 연봉보다도 자신의 마음속에서 하고 싶은 것을 해보는 것이 삶에 더 큰 즐거움을 줄 것이다.

그렇다고 너무 낭만을 찾으라고도 하긴 그렇다. 현실과 낭만을 적절히 조화시키는 경력 관리를 하는 것이 좋겠지만, 상황에 따른 최선의 선택은 저마다의 사정에 따라 다를 것이다. 어떤 선택을 하든 우리 모두의 앞날에 행운이 있길 바란다.

서버 아키텍처

어떤 게임을 만들겠다 라는 구상이 끝나고 팀이 만들어지면 본격적인 게임 개발 프로젝트가 시작된 것이다. 기획팀은 첫 번째 기획 문서를 만들어 팀원들에게 공유하고 우리가 만들 게임이 어떤 게임이다 라고 명확하게 제시를 할 것이다. 그리고 이를 어떻게 구현할지 모두 모여 이런 저런 의논을 할 텐데, 이 때즈음 서버 프로그래머들은 서버 아키텍처 구상을 시작한다. 향후 게임이 완성되었을 때 서비스를 지속할 수 있느냐 없느냐의 첫 단계가 결정되는 순간이다.

다른 팀 사람들은 모를 수 있다. 서버 아키텍처를 설계하는 것이 얼마나 중요한 단계인지. 서버 프로그래머도 모를 수 있다. 지금 하는 선택이 나중에 어떻게 부메랑이 되어 돌아올지.

서버 아키텍처 설계는 OS와 프로그래밍 언어의 선택부터 시작해서 게임 서버 소프트웨어를 개발하는 데 어떤 라이브러리나 툴을 사용할 것인지, 데이터베이스는 무엇을 쓰고 프로토콜은 어떻게 정의하며 각각의 서버 구조는 어떻게 구성할 것인지 등 게임 서버의 기본 구조를 계획하는 것을 의미한다.

건축의 설계처럼 처음 잡은 서버 구조는 나중에 바꾸기가 힘들다. 구조를 결정하는 것은 어떤 게임을 만들 것인지를 의미하는 게임의 장르와 밀접하게 연관되어 있다. 요즘 인기가 있는 리그오브레전드 같은 AOS 게임인지, 월드오브워크래프트 같은 MMORPG인지, FPS인지 RTS인지 PC온라인 게임인지 모바일 게임인지 시뮬레이션, 아케이드, 어드벤처 게임 등등 각양각색인 게임의 종류에 따라서 적합한 서버 구조를 선택하는 것은 쉽지 않은 작업이다.

가장 쉬운 선택은 하던 대로 하는 것이다. 가장 보수적이지만 안정적인 선택이다. 그 전에 비슷한 프로젝트를 수행했는데 A라는 아키텍처로 했었고 문제가 많이 터졌지만 그래도 게임 서비스를 해서 돈도 벌었다. 그럴 경우 A라는 선택에 이의를 제기하는 사람은 많지 않을 것이다. 여기에 A를 개선해서 A2정도로 만들어 사용한다면 더욱 괜찮은 선택이다.

아예 새로운 B라는 아키텍처를 도입하는 것은 진보적인 선택이다. 지금까지 해보지 않았던 장르의 게임을 만들거나 새로운 기술을 적용했을 때의 장점이 많다면 기꺼이 도전할 가치가 있다. A든 B든 문제는 그 기술에 대해 잘 이해하고 있어서 진행하는 게임과 적합한지 여부이다. 그 기술에 대해 잘 모르면서 나온 지 얼마 되지도 않은 솔루션을 섣불리 도입하는 것은 적절하지 못한 것 같다.

나는 새로운 기술에 대해 항상 흥미가 많다. 실제로 상용 프로젝트에 도입하기도 한다. 그런데 원칙이 있다. 특별한 경우가 아니면 최소한 1.0 버전 이상으로 성숙되고 검증된 기술만을 사용한다는 것이다. 요즘은 하나부터 열까지 100% 스스로 코딩한 소프트웨어는 만들지 않는다. "바퀴를 다시 발명하지 말라(Don't re-invent the wheel)"는 말이 있다. 누군가 잘 만들어 놓은 코드가 있다면 가져다 쓰지 않을 이유가 없다. 즉 오픈소스를 활용하는 것이 중요하다. 오픈소스들을 살펴보면 아직 버그가 많거나 망한 프로젝트도 많다. 괜찮은 프로젝트를 고르려면 GitHub에서 살펴 보았을 때 Committer가 한 명 이상인 프로젝트를 선택하는 것이 좋다. Author나 Committer가 한 명일 경우는 그 사람이 실증이 났을 경우에 프로젝트는 중단되게 되지만 여러 명일 경우는 어느 정도 안전하다.

서버 아키텍처를 구상하는 데 있어서 가장 먼저 선택해야 할 것은 OS 이다. 여러분은 어떤 OS를 선호하는가? 서버의 OS는 게임의 장르와 크게 상관없이 고를 수 있다. 대신 개발 환경과 밀접한 관련이 있다. 선택하는 OS에 따라서 개발 환경도 달라지게 된다.

예전에는 온라인 게임에서 서버 개발이라고 하면 간단한 웹 서버 개발을 제외하고는 대부분 윈도우즈를 사용했었다. 윈도우즈에서 마이크로소프트 비주얼 스튜디오Microsoft Visual Studio로 C++ 개발을 하는 것이 일반적이었다. 요즘은 좀 바뀌었다. 클라이언트 개발은 아직도 대부분 윈도우즈에서 진행하지만, 서버의 OS는 저렴하면서도 성능도 괜찮은 리눅스를 사용하는 경우가 많다. 리눅스는 다양한 배포판이 존재해서 처음 사용할 경우에는 어떤 배포판을 골라야 할지 헷갈릴 것이다. 리눅스 배포판 중에 서버 운영체제로 가장 많이 사용되는 것은 Red Hat 계열의 CentOS 혹은 Debian 계열의 우분투Ubuntu이다. 둘 다 무료이면서도 괜찮은 안정성을 가지고 있다.

나는 리눅스를 제일 선호하지만 윈도우즈도 좋아한다. 리눅스를 가장 좋아하는 이유는 MS-DOS 이후로 내가 사용한 두번째 운영체제이기 때문이다. 중학생 때 처음 접한 슬랙웨어Slackware라는 리눅스 배포판이 기억이 난다. 요즘 리눅스 배포판들과는 다르게 설치 자체도 굉장히 힘들었다.

어린 시절에는 카피레프트_{Copyleft}의 영향으로 윈도우즈를 싫어했는데 나중에 윈도우즈에서 디바이스 드라이버 개발을 하면서 기술적인 내용에 감탄하여 좋아졌다. Solaris, AIX, HP-UX 같은 유닉스 계열의 운영체제는 회사에서 업무로 사용해보았는데, 잘 적응은 되지 않았다. BSD 계열의 OS 중에서는 FreeBSD에 가장 호감이 간다. FreeBSD의 네트워크 스택 등의 구조는 애플에서 OS X와 iOS를 만드는 데 차용되었고, Sony의 플레이스테이션 4에 탑재된 운영체제도 FreeBSD를 수정한 버전이다. WhatsApp처럼 대용량 서버로 구축한 사례[05]도 있다. 그래서 언젠가는 FreeBSD를 상용 프로젝트에 도입해 볼 생각을 가지고 있다.

프로그래밍 언어는 무엇을 선택할까? 온라인 게임 클라이언트는 C++을 사용하고, 모바일 게임은 C#을 사용하여 개발하는 것이 요즘 한국의 유행이다. 좋아서 선택한다기보다는 클라이언트는 특정 엔진을 이용해서 개발하다 보니 언리얼 같은 제품을 쓰면 C++, 유니티 같은 제품을 쓰면 C#을 쓸 수밖에 없다.

서버의 경우는 선택의 폭이 넓다. 어떤 프로그래밍 언어를 사용해도 개발하는 데 문제는 없다. "작업에 적합한 도구를 사용하라(Use the right tool for the job)"는 격언이 있다. 프로그래밍 언어의 선택은 프로그래머가 선호하는 것보다는 요구사항에 맞는 언어를 사용해서 개발하는 것이 가장 중요하다.

내가 요즘 가장 많이 사용하는 프로그래밍 언어는 얼랭이다. 그 다음이

---

05 http://goo.gl/4x1gCJ

자바스크립트, 파이썬일 것이다. 얼랭을 2008년에 접한 이후로 다른 언어로는 서버 프로그래밍을 못할 정도가 되었다. 얼랭은 서버 프로그래밍에 완벽하게 적합한 프로그래밍 언어이자 시스템이다. 앞으로도 어떤 서버를 만들든 기본 시스템은 얼랭을 사용할 것이다.

얼랭을 사용하기 전에는 C와 C++을 가지고 서버 프로그래밍을 했다. 자바와 C#으로도 작업한 적이 있지만 두달 이내의 작은 프로젝트였었다. 루비는 루비온레일즈 때문에 살펴봤는데 지금은 거의 쓰지 않는다. 파이썬은 작은 툴을 만드는 데 유용하여 요즘도 간간히 작성한다. 최근에 나오는 Go나 Rust도 살펴봤는데 얼랭만큼 간결하면서 서버 프로그래밍에 유용한 프로그래밍 언어는 보지 못했다. 나의 주된 개발 환경은 리눅스에서 이맥스Emacs를 이용해 얼랭 코드를 작성하는 것이다. 윈도우에서도 인텔리제이IntelliJ를 사용해서 개발을 하기도 한다. 물론 인텔리제이의 keymap 설정은 이맥스로 한다. 이맥스는 vi와 더불어서 전통적인 텍스트 에디터계의 양대 산맥으로 둘다 1976년에 처음 만들어져 아직도 널리 사용되고 있다.

서버에서 프로그래밍 언어만큼이나 중요한 부분은 데이터를 어떻게 저장하느냐, 즉 데이터베이스 설계와 구축이다. 가장 많이 사용하는 것은 전통적인 관계형 데이터베이스이다. 데이터의 설계도 정해진 패턴 대로 정규화 작업을 통해 데이터를 구조화하면 되고, 관련된 제품도 다양하게 나와 있기 때문에 정해진 예산에 따라 유료/무료 RDBMS들 중에 골라서 사용하면 된다. 대부분의 제품들이 만들어진 지 오래되어 안정성과 성능이 검증되었기 때문에 문제없다.

그게 아니면 요즘 새롭게 등장한 NoSQL도 고려해 봄직하다. NoSQL은 관계형 데이터베이스와 반대되는 개념이 아니다. RDBMS의 단점인 데이터베이스와 실제 데이터 간의 괴리를 해결하고 원활한 분산형 데이터베이스를 구축하기 위해서 나온 것이 NoSQL이라고 생각하면 쉬울 것이다. 그런데 NoSQL은 RDBMS처럼 제품마다 동일한 개념을 가지고 있는 것이 아니라서 제품마다 사용 영역이 다르다. RDBMS 영역에서는 MySQL 쓰다가 PostgreSQL로 전환하는 것이 사용법만 익힌다면 크게 문제될 일이 아니지만, NoSQL에서는 Cassandra를 Riak으로 변환하는 것은 불가능할 수 있다.

정확하게 분석하지 않고 NoSQL 제품을 사용하는 것은 RDBMS를 아무거나 사용하는 것보다 훨씬 안좋은 결과를 초래할 수 있다. 누가 써봤는데 좋다더라 하는 것만으로 도입하는 것은 추천하지 않는다. 하지만 제품의 특성을 잘 알고 서버에 적용한다면 훨씬 나은 성능을 보여줄 수 있을 것이다.

운영체제와 프로그래밍 언어와 컴파일러, 데이터베이스 등이 정해진 상태에서 본격적인 프로그래밍이 시작된다. 서버 프로그래머가 제일 먼저 만드는 것은 네트워크 부분이다. 서버의 역할은 클라이언트와 데이터를 주고 받으면서 특정 작업을 처리하는 데 있으니까 그 데이터를 주고 받는 부분인 네트워크 부분을 먼저 만들어야 할 것이다.

가장 기본적인 패킷을 주고 받는 네트워크 부분은 이미 만들어진 오픈 소스 라이브러리를 사용하는 것이 대부분이다. 라이브러리는 프로토콜에 따라 선택할 수 있는데, 프로토콜은 또 게임의 장르에 따라 맞는 것을 선택해야 한다. 일반적인 메인 프로토콜은 TCP를 기반으로 된 것을 많이 쓰며, PVP 등의 P2P를 위해서는 UDP를 사용한다.

게임에서 1초당 패킷을 주고 받는 개수가 많은 경우에는 최대한 비트 단위로 쪼개는 방법으로 프로토콜 사이즈를 최대한 작게 설계한 후 여러 개의 패킷을 하나로 뭉치도록 노력해야 한다. 초당 패킷의 개수가 적을 때는 개발의 속도를 높이기 위해 HTTP 같이 사용하기 편리하고 개발 속도도 빠른 프로토콜을 사용하면 된다.

여기서 잠깐 퀴즈를 내보겠다. 큰 크기의 패킷을 100번 날리는 것과 작은 사이즈의 패킷을 1000번 전송하는 것 중 어느 것이 성능에 더 나쁜 영향을 미칠까?

패킷이 서버의 성능에 얼마나 영향을 미치는지 계산할 때는 초당 패킷의 양보다는 패킷의 개수에 주목해야 한다. 이론적으로 설명해보겠다. 데이터가 NIC_{Network Interface Controller}에 도착하면 하드웨어 레벨의 Ethernet driver에서 IRQ_{Interrupt Request}를 발생시킨다. 그럼 IRQ 번호에 따라서 설정된 특정 CPU에서 해당 IRQ를 처리한다. 로컬 타이머나 키보드의 입력을 제외하고 운영체제에서 가장 많은 수의 IRQ를 발생시키는 것은 NIC이다. 기본적으로 패킷이 한번 도착하고 보낼 때마다 IRQ가 발생한다고 하였을 때 패킷 수가 많으면 많을수록 CPU가 커널 모드에서 처리해야 할 일이 많아진다. 패킷을 받아서 데이터를 파싱하고 처리하는 코드는 유저 모드에서 실행되는데, IRQ 처리하느라 CPU 점유율은 100까지 올라가지만 유저 모드의 프로세스들은 실행도 못하고 전부 커널 모드로만 쏠린 상태로 있게 된다. 이렇게 되면 해당 게임 서버는 응답하지 못하는 상태로 빠지게 될 것이다.

아주 비싼 NIC은 이런 문제를 최소화하려고 IRQ를 줄이는 구조로 되어있긴 하지만 그것도 한계가 있다. 한계가 어느 정도인지는 각각 테스트해 보아야 알 수 있다. 초당 패킷 처리 숫자의 한계는 하드웨어와 Ethernet driver에 달려있는 문제인 것을 알아 두고 프로토콜을 설계해야 한다.

모바일 게임의 경우는 HTTP 기반의 프로토콜을 많이 사용한다. 초당 패킷의 개수가 많지 않아 성능에 영향이 없고, JSON 같은 형식을 사용하면 쉽게 빠르게 개발할 수 있어 좋다. 물론 패킷 개수가 많을 경우에는 TCP 혹은 UDP 기반의 고유한 프로토콜을 설계해야 할 것이다.

프로토콜 설계까지 완료되면, 기획서에 따라서 게임 구현을 시작하게 된다. 이 부분을 게임 로직이라고 하는데, 게임 로직의 구현은 해당 게임이 어떤 기능을 요구하는가에 따라서 변동폭이 크다. 아무리 단순한 게임도 보안까지 생각하다 보면 서버에서 구현해야 할 내용이 많아진다.

게임의 핵심 기능은 아니면서 모든 게임에 공통으로 들어가는 기능들도 있다. 요즘은 온라인, 모바일 게임 가리지 않고 채팅 기능이 들어가는데 채팅 서버를 독립하여 구성할 것인지, 게임 내부에 넣을 것인지 고민할 필요가 있다. 더 나아가서는 유저들의 순위가 필요하면 랭킹 서버도 필요할 것이고, PVP 요소가 있다면 매칭 서버도 필요할 것이다. 간단하게 랭킹 서버라고 해도 순위를 산정하는 방식과 보상 방법에 따라서 구현 방식은 천차만별이다. 만약 MMORPG 개발이라면 지역과 NPC의 관리 등이 서버 아키텍처에 중요한 영향을 미칠 것이다.

게임 구현도 중요하지만 서버 아키텍처를 구상할 때에는 실제로 서비스할 때에 어떻게 구축할지도 생각해야 한다. 게임 서버를 실제 하드웨어 장비를 가지고 어떻게 구성할지 생각하는 것도 필요하다.

개발한 게임 서버, 즉 서버 소프트웨어를 설치할 하드웨어는 일반적으로 사용하는 컴퓨터보다 안정성과 성능이 뛰어나도록 특별히 제작된 부품을 사용한다. 그리고 하드웨어가 설치되는 장소도 안정적인 전력과 적당한 습도와 온도의 환경, 빠른 네트워크망이 갖추어진 IDC_{Internet Data Center} 같은 곳이 필요하다. IDC의 장점은 물리적인 하드웨어와 네트워크망을 실제로 소유하고 있다는 점인데, 대규모 서비스를 하는 대기업들은 실제로 자체 IDC를 보유하고 있거나 일부를 계약하여 사용하고 있는 경우가 많다. 아예 하드웨어 장비 자체를 직접 설계하여 IDC를 구축한 페이스북이나 구글 같은 회사도 있다.

게임 회사들은 얼마 전 까지만 하더라도 몇몇 IDC업체와 계약하여 서버 호스팅으로 게임 서버를 구축하는 경우가 많았지만, 요즘은 클라우드 서버를 사용하는 것이 대세이다.

IDC에 서버를 입점시키는 일은 서버의 견적을 내고 계약을 진행해서 설치하기까지 정말 오랜 시간이 걸린다. 설치도 직접 IDC에 방문하지 않으면 IDC 회사의 자체 서비스를 이용해야 하는데 귀찮고 번거로운 일이다. 클라우드 서버를 이용하면 원하는 사양의 서버와 OS를 골라서 몇 번 클릭하면 2~3분 안에 서버의 설정이 완료된다.

서버가 한 대일 때는 무리가 없겠지만 많아지면 많아질수록 관리하는 데 정말 스트레스를 받게 된다. 하지만 클라우드 서버는 관리하기도 훨씬 편리하다. 아직도 IDC를 이용하는 사람이 있다면 한 번쯤 클라우드 서버로의 이전을 검토해 보기 바란다. 요즘은 가격이나 성능 면에서도 매우 저렴한 서비스가 많이 나와있다.

게임 서비스를 시작하기 위해서는 최소한의 서버들이 필요하다. 주로 실제 서비스와 관련된 서버들과 테스트용 서버 그리고 개발용 서버로 나뉜다. 테스트와 개발용은 서버 대수가 그리 많지 않겠지만 실제 서비스와 관련된 서버는 10대 이상 혹은 게임의 인기와 사양에 따라서 100대 이상 필요한 경우도 있다.

서버가 몇대 안 되면 서버 소프트웨어를 배포하는 데 일반적인 경우처럼 접속해서 패키지를 업데이트 하는 식으로 배포하면 되는데, 서버가 수십 수백 대가 넘어가게 되면 그렇게 수작업으로 하다가는 전체 서버들을 업데이트 하는 데 걸리는 시간만 해도 몇 시간이 걸릴 것이다.

그래서 패키지 배포를 위해서 서버 프로그래머들은 자체적으로 스크립트를 만들어서 사용하곤 하였는데, 최근에는 Chef나 Puppet 같은 편리한 배포툴이 있으니 수많은 서버 관리도 편하게 할 수가 있다.

모든 것이 정해졌다면 서버 구조가 머리 속에 그려질 것이다. 이 때 서버 구조도를 실제 그림으로 그려보는 것도 도움이 된다. 잘 그려 놓으면 나중에 필요할 때에 유용하게 써먹을 수 있다.

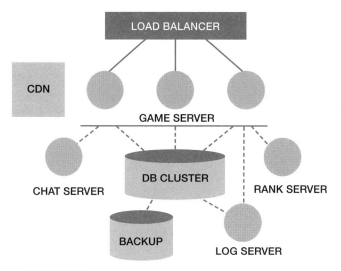

▲ 서버 구조도의 예

너무 많은 종류의 이야기를 한꺼번에 한 것이 아닌가 모르겠다. 서버 아키텍처는 서버 개발에 있어서 큰 그림을 그리는 것이라 하나하나 중요하지 않은 것이 없다. 서버 아키텍처 설계에는 충분한 시간을 두고 여러 가지 후보들을 선정하여 신중하게 검토하는 것이 좋다. 그렇게 한다면 나중에 예기치 못한 버그를 줄이는 데에도 큰 도움이 될 것이다.

게임 로직 프로그래밍

간단한 모바일 퍼즐 게임을 구현한다고 해보자. 플레이어는 30초 내에 퍼즐을 풀어야 하고 빨리 풀수록 높은 점수를 받는다. 퍼즐 풀기에 도전하기 위해서는 사탕이 필요한데 사탕은 한 시간에 1개씩 주어지며 최대로 받을 수 있는 개수는 5개이다.

경험 있는 서버 프로그래머라면 어떤 데이터를 저장하고 무슨 API를 만들면 될지 바로 감이 왔을 것이다. 우선 초보라고 가정하고 단순한 형태의 API부터 생각해보자.

실제로 퍼즐이 어떻게 생겨 먹었는지는 클라이언트 프로그래머가 알아서 구현할 테니 서버 프로그래머는 우선 알 필요가 없다. 저장해야 될 데이터가 무엇인지 살펴 봐야 한다. 우선 게임을 시작하는 데 필요한 사탕, 그리고 점수이다. 서버는 유저A에 대해서 사탕의 개수와 점수를 저장하고 있으면 된다. 사탕과 점수 중에서 사탕은 서버에서 생성해야 하는 데이터이고 점수는 클라이언트에서 생성하는 데이터이다. 서버는 한 시간 간격으로 시간을 체크해서 사탕 개수를 증가시켜야 한다. 증가는 최대 5개까지만 허용되며 모두 자동으로 수행되어야 한다.

클라이언트와 서버가 통신하기 위한 API는 두개가 필요하다. 퍼즐 풀기 시작, 그리고 퍼즐 풀기 종료이다. 클라이언트에서 퍼즐 풀기 시작 요청을 서버로 보내면 서버는 사탕 개수를 체크해서 1개 이상이면 사탕을 하나 줄이고 클라이언트에게 퍼즐 풀기를 시작해도 좋다는 메시지를 보낸다. 사탕 개수가 0개라면 퍼즐을 시작할 수 없다는 메시지를 전송해야 한다. 클라이언트는 시작 메시지를 받으면 퍼즐을 구동한다. 유저가 퍼즐을 다 풀면 클라이언트는 서버로 퍼즐 풀기 종료 메시지를 보내는데, 이때 이 유저의 점수를 같이 보낸다. 서버는 유저의 점수를 받아서 저장한다.

이런 게임과 관련된 일련의 작업들이 게임 로직 프로그래밍이다. 게임 서버 프로그래밍에서 서버 아키텍처 구현과 관련된 작업은 기술적인 성향이 강하다면, 게임 로직 프로그래밍은 게임 그 자체를 구현하는 부분으로 기획팀과 클라이언트팀과의 커뮤니케이션이 중요한 작업이다.

게임 로직을 만들 때 중요한 점 하나는 이 로직을 클라이언트에 두느냐 서버 파트에 두느냐 아니면 양쪽 다에서 할 것이냐를 정하는 것이다. 방금 예제에서 사탕 개수 체크를 클라이언트에서 할 수도 있지만 서버에서 한 이유는 유저가 클라이언트를 조작해서 사탕 개수를 무한대로 만들 수 있기 때문이다. 이렇게 생각하면 당연히 점수와 시간도 위험하다. 개발 편의성을 생각해 점수 생성 코드를 클라이언트에 넣는다고 해도 서버에서의 검증 작업이 필요하다.

퍼즐을 시작할 때의 시간도 서버에 저장했다가 클라이언트가 퍼즐이 끝났다는 메시지를 보냈을 때 30초가 넘었는지 대조하는 것도 필요할 것이다. 그리고 퍼즐을 푼 순서와 점수를 가지고 이를 검증하여 유저가 제대로 퍼즐을 풀고 보낸 것인지 아니면 점수 메모리만 조작해서 전송한 것인지 패킷 자체를 조작한 것인지 서버에서 확인할 필요가 있다.

같은 구현이지만 가장 처음 생각한 구현은 문제 소지가 많았고, 지금 생각한 버전은 문제 요소가 줄어들었다. 처음 구현 대로 한다면 개발 시간은 단축되지만 문제가 많을 것이고, 두 번째 버전으로 개발하면 개발 시간은 길어지지만 문제가 줄어들 것이다.

그냥 보면 똑같은 퍼즐 풀기 개발이지만 완성도 면에서는 차이가 난다.

기획팀이나 관리자가 보기에는 두 버전 모두 게임 기능이 동작하는 데에는 아무 무리가 없기 때문에 상관이 없을 수 있다. 그래서 빠르게 완성하는 것을 최고라고 생각할 수 있다. 과연 그럴까? 지금 보이는 문제요소들을 개발 시간이 많이 지난 다음에 바로 잡기에는 손이 더 많이 가는 경우가 많다. 혹은 코드가 복잡해져서 손을 대기 힘들어진 이후일 수도 있다.

당장에 개발 기간을 3일 단축했다고 해도 나중에 고치느라 3주가 필요하고 그 사이에 생긴 여러 가지 문제 때문에 더 큰 피해를 볼 수 있다. 게임 콘텐츠를 개발하는 과정은 나중에 운영까지 생각했을 때를 생각해서 꼼꼼하게 문제 요소를 체크하는 것이 중요하다고 말하고 싶다.

아무 생각 없는 프로그래머라면 어차피 문제 요소를 생각하지도 못했을 테니까 시키는 대로 조용히 넘어갈 것이고 생각이 있다고 해도 빨리 빨리만 외치는 관리자의 말에 꾹 참고 넘어가는 경우도 있을 것이다. 시니어 프로그래머들은 같은 기능에 대해서 신입 프로그래머에 비해 개발 시간이 오래 걸리는 경우가 있는데, 여러 가지 사이드 이펙트를 고려하여 심사숙고해서 프로그래밍을 하기 때문이다. 대충 짠 코드는 다 나중에 부메랑이 되어 돌아온다. 호미로 막을 것을 가래로 막아야 하는 일이 생긴다.

물론 빠른 개발이 필요할 때가 있다. 이런 저런 나중을 생각하지 않고 빠르게 구현에 집중할 때는 오직 프로토타입을 만들 때뿐이다. 프로토타입은 팀의 구성원 모두가 게임의 개념을 확실하게 잡는 게 큰 도움이 될 뿐만 아니라 영업 등의 비즈니스에서 사용하기 위해 필수로 만들어야 할 필요가 있다.

앞서 예제에서 서버 프로그래밍 부분만을 다루었는데, 사실 게임을 플레이 하는 유저의 입장에서 더 중요한 부분은 클라이언트 프로그래밍 부분이다. 퍼즐이 어떻게 생기고 어떻게 움직이는지 게임의 UI는 어떻게 구성되어 조작할 수 있는지 등 실제 게임이라고 부를 수 있는 부분은 게임 클라이언트에 구현된다. 클라이언트 팀은 그래픽팀에서 작업한 각종 이미지를 적절하게 배치하고 연출하여 게임을 직접 수행할 수 있도록 만든다. 프로토타입 개발에서는 게임 로직을 굳이 서버에 둘 이유가 없다. 프로토타입을 가지고 서비스할 것이 아니므로 아예 서버와의 연동을 빼고 게임의 핵심 재미 요소만 빠르게 클라이언트에서 구현하는 편이 낫다.

게임 로직 프로그래밍은 프로그래머가 게임 개발에서 가장 재미를 느낄 수 있는 부분이다. 실제로 게임이 동작하는 모습을 확인할 수 있고 게임이 조금씩 완성되는 것을 지켜보는 기쁨이 있다. 다른 소프트웨어 개발과 다른 게임 개발 특유의 경험은 직접 느껴보지 않고서는 모를 것이다.

게임의 완성과 운영

길고 긴 개발 끝에 게임이 출시되면 개발자들 누구나 뿌듯한 기분이 들고 마치 자식을 출산한 것 같은 희열에 사로잡히게 된다. 드디어 완성했구나, 부디 좋은 평가를 받아야 할 텐데, 라는 마음으로 출시를 시켜 볼 것이다. 하지만 그런 느낌도 잠시, 길고 긴 개발 과정과 맞먹을 정도의 고통스러운 일정을 곧바로 마주하게 된다.

게임의 완성은 끝이 정해져 있지 않다. 예전의 게임은 TV 드라마 같이 1화에서 시작하여 마지막 편까지 쭉 플레이하면 끝나는 그런 콘텐츠였다. 하지만 요즘의 게임은 업데이트를 통해서 끝없이 서비스 되고 있다. TV로 따지면 예능 프로와 같다. 예능 프로는 인기가 없어져서 시청률이 하락하고 광고가 줄어들어 프로그램 편성 자체가 사라져야 끝이 나는 것처럼, 게임도 인기가 없어져서 접속자 수가 하락하고 매출이 바닥을 치면서 몰락해야 게임이 끝이 난다.

게임을 서비스하는 회사 입장에서는 인기를 계속 유지하기 위해 사활을 건다. 방법은 꾸준한 업데이트밖에 없고 그건 곧 또다른 개발 과정을 의미한다. 그래서 게임의 출시는 게임의 완성이 아닌 또 다른 시작인 것이다. 영화처럼 개봉했다고 관객들의 반응을 편하게 지켜볼 수가 없다. 게임 출시와 동시에 유저의 반응에 따라서 콘텐츠를 업데이트 해야 하는 더 힘든 일정이 시작된다.

게임을 출시한 이후에 게임을 서비스하는 것을 게임 운영이라고 하는데, 이 때에 등장하는 새로운 사람들이 있다. 바로 운영자, 일명 GM_{Game Master}이다. 대부분의 회사에서 운영자들은 게임을 출시하기 전에 CBT_{Closed Beta Testing} 즈음에 등장하여 고객과의 최전선에서 게임의 불편사항들을 처리하며 때로는 이벤트 등으로 게임을 같이 즐기기도 하면서 게임의 서비스를 책임지는 사람들이다. 운영자들과 게임 개발자들의 사이가 좋으면 좋을수록 게임 업데이트에 고객들의 불편사항이 많이 반영되면서 게임이 발전하는 데 도움을 주게 된다.

　개발사에서 직접 게임을 서비스하는 경우는 회사 내에 운영팀과 개발팀이 따로 있거나 한 팀으로 존재하기도 한다. 퍼블리셔가 게임을 서비스하는 경우는 퍼블리셔에서 게임의 운영을 책임지는 것이 일반적이다. 운영이 엉망이면 아무리 좋은 게임을 가져다 놓아도 실패할 수 있고 운영이 괜찮으면 죽어가는 게임도 되살릴 수 있다.

　운영을 잘 한다는 것은 고객 대응은 기본이고 업데이트를 잘한다는 의미이다. 업데이트는 게임의 변동 사항인 패치를 실제 게임에 적용하는 것을 의미하는데, 해당 패치에 어떤 내용이 담겨 있느냐가 관건이다. 패치를 통해 제일 많이 손보는 것이 밸런싱이다. 게임의 레벨 디자인을 변경해서 게임 플레이의 흐름을 좋게 하는 것이다. 이걸 엉망으로 하면 발패치, 노답, 막장 운영 등등의 엄청난 질타를 유저들로부터 듣게 된다.

　그 때 가장 많이 욕을 먹는 사람은 게임의 운영진, 회사의 대표 그리고 서버 프로그래머이다. 게임이 인기가 없을 경우에는 유저들의 관심도 없기 때문에 욕 대신에 격려를 받게 된다. 게임이 인기가 많으면 많을수록 다양한 성향의 유저들이 있을 테고 모든 유저의 각자 다른 요구사항을 충족시켜주는 패치를 하는 것은 거의 불가능한 일이다.

　전체 유저에게 사랑받는 패치를 하는 것은 열 번에 한 번 정도일까? 누군가에게 괜찮은 패치가 어떤 사람에게는 최악의 패치가 될 수 있다. 그렇기 때문에 운영은 참 어려운 일이다.

게임을 출시하면 프로그래머들의 긴장감은 빠르게 상승한다. 출시 초반에 게임의 문제점이 가장 많이 발견되기 때문이다. 출시 준비를 얼마나 착실히 했느냐에 따라서 지옥이 될 수도 있고 천국이 될 수도 있다.

게임 그 자체만 겨우 시간에 쫓겨서 빠듯하게 만든 팀은 카오스에 빠질 수 있다. 유저가 늘어나면서 생각지도 못했던 버그가 터질 수 있다. 그 버그는 개발자 몇명이 테스트할 때는 나타나지 않았던 새로운 차원의 버그이다. 수백 수천 그 이상의 유저들이 수행하는 게임은 제대로 준비가 되어 있지 않다면 디버깅하기도 힘들다. 로그를 분석하는 것도 힘들 것이다. 그런 와중에 운영에 대한 준비가 미흡하면 운영팀에서 보고되는 해킹이나 결제 오류 등의 문제에 대응하는 데에 시간을 허비하게 된다. 온라인 게임은 지속적으로 콘텐츠를 만들어 업데이트를 하는 것이 게임의 수명에 영향을 미치는데 콘텐츠를 만들 시간이 부족한 것이다. 부족한 시간은 어쩔 수 없이 허접한 콘텐츠를 양산하게 되고 게임의 수명은 더더욱 줄어든다. 게임의 버그를 다 잡았을 때쯤은 유저수가 줄어들어 게임은 망하는 단계로 접어든다.

반면에 게임뿐만 아니라 운영, 통계 등 모든 부분에서 확실히 준비를 해온 팀은 행복하다. 다양한 툴을 통해 모니터링 하면서 문제가 될 부분을 미리 준비할 수 있고 운영팀의 고객 대응과 관련된 준비도 미리 해두었다면 프로그래머는 콘텐츠 업데이트에 시간을 쏟을 수 있다. 그럼 양질의 콘텐츠를 만들 수 있고 게임의 수명을 지속적으로 연장하는 데 큰 도움이 될 것이다.

자신이 다니는 게임 회사에서 게임의 완성도뿐만 아니라 운영과 관련된 측면에서 준비가 안 된 상태에서 서비스를 하려고 한다면 최대한 막아야 한다. 힘들게 만든 게임이 제대로 빛을 보지도 못하고 사라져 버린다면 안타깝지 않은가? 하지만 대부분의 작은 게임 회사들은 자금상의 이유로든 혹은 빨리 출시하는 것이 경쟁사 대비 유리하다는 생각으로 그렇게 할 것이다. 그리고 아주 운이 좋은 1%의 회사를 제외하고 망할 것이다. 경영진에서 시키는 대로 하는 것만이 충성심이 있는 것이 아니다. 바른 말을 해야 하고 서비스와 관련된 이슈에 대한 말은 프로그래머가 아니면 할 수 없는 일이다.

딜레마에 빠질 수도 있다. 이대로 준비 안하고 서비스하면 망하고 그렇다고 미뤄도 망할 것 같다면 어떻게 해야 할까? 대부분은 출시라도 해보자고 할 것이다. 하지만 나는 반대한다. 이게 게임이 아니라 솔루션이라면 약간 준비가 덜 된 상태로 베타 마크 붙이고 출시해도 어느 정도 수용될 여지가 있다. 게임은 문화 콘텐츠다. 마무리가 덜 된 엉성한 영화나 소설을 그냥 출시하는 것은 그동안 해온 모든 것을 망치는 행위다. 차라리 회사가 망할 것 같으면 그냥 접는 게 낫다. 접고 좀 더 준비해서 완성도를 높일 수 있는 날까지 참는 것이다. 몇 년이 더 필요할 수도 있지만 나는 그것을 추천한다.

게임을 플레이하는 유저들은 게임의 어떤 개발자보다도 게임에 대한 이해가 뛰어나다. 게임 개발자들이 예상한 수치를 뛰어넘는 유저들이 존재한다. 유저들의 레벨 업 속도를 한달에 30렙 정도로 예상한 게임에 대해서 실제로 서비스해보니 몇몇 유저들이 한달에 60렙을 찍는다든가 하는 일은 흔하다. 예상을 뛰어넘는 일부 유저들은 게임의 밸런스에도 영향을 미칠 수 있다.

특히 국내 유저들에게서 그런 경향이 심한 것 같다. 게임 속에서도 현실 사회처럼 과도한 경쟁을 벌이는 것이다. 이것을 좋다 나쁘다고 바로 말하기는 힘든 것 같다. 하지만 게임은 스트레스를 풀기 위해 하는 것인데, 스트레스를 푸는 방법이 경쟁이라면 또 다른 스트레스를 불러들이지 않을까 하는 노파심이 든다.

과도한 경쟁으로 인해서 게임의 콘텐츠를 실제 돈을 주고 거래 하기도 한다. 게임 속에서 얻은 아이템이나 재화를 실제 현금을 주고 다른 사람과 사고 파는 것이다. 그것으로 인해 해당 아이템 거래를 중개하고 돈을 버는 회사들도 있다. 수요가 많으니까 그런 회사들이 생기는 것이겠지만 게임의 바람직한 모습 같아 보이지는 않는다.

개인적으로 게임은 천천히 여유롭게 즐기는 것을 선호한다. 게임으로 누군가에게 이기려고 생각한 적은 없었다. 내가 프로게이머가 아닌 이상 게임을 하는 데에 필요 이상의 노력을 할 필요는 없다고 생각한다. 플레이하는 그 자체를 즐기는 데에 게임의 목적이 있다. 즐기지 못한다면 그건 게임을 하는 것이 아니라 하기 싫은 일을 억지로 하는 것과 같지 않을까?

게임을 즐기는 방법은 사람마다 다양한 방법이 있으므로 내가 뭐라 할 수 있는 사항은 아니다. 그런데 요즘 게임들을 보면 다들 과도한 경쟁을 부추기는 쪽으로 되어 있어서 내가 즐길 만한 게임이 몇개 없다. 처음에는 괜찮은 게임처럼 보였지만 나중에 운영하면서 업데이트를 통해 변해가는 게임들도 많다.

운영 이야기를 하다가 여기까지 왔는데, 게임 기획팀에서 한달에 30렙을 예상했지만 나처럼 반대로 10렙을 찍는 사람도 있다는 것을 이야기하고 싶었다. 하지만 업데이트는 60렙을 찍는 사람을 위주로 가게 된다. 헤비 유저들이 과금률이 높을 테고 회사로서는 돈이 되는 헤비 유저를 대상으로 한 업데이트를 하기 마련이다. 나처럼 라이트 유저들은 게임 내에서 헤비 유저들의 먹이감이 되도록 설정된다. 이렇게 해서 문제가 되었다면 진작에 바뀌었을 텐데, 요즘 한국의 게임들은 계속 이런 식인 것을 보니 별 문제가 아닌 것 같다.

헤비 유저들로 인한 밸런스 붕괴를 막기 위한 간단한 방법은 게임에 피로도 시스템을 도입하는 것이다. 일정 시간 이상 플레이를 많이 하면 유저에게 패널티를 받도록 설정하는 것인데, 헤비 유저들의 반발이 심할 수 있다. 이 때는 월드 오브 워크래프트에서 했던 방법이 해결책이 될 수 있다. 피로도가 쌓이면 경험치를 50%로 줄이는 대신에 피로도가 없을 때는 200% 보너스를 주고 피로도가 쌓이면 100%로 돌아가는 형식으로 바꿨더니 유저의 반발이 사라졌다. 설명 방법만 바뀌었을 뿐 50%로 줄어드는 것은 똑같은데 유저들은 만족해 하였다니 괜찮은 방법인 것 같다.

언젠가는 라이트 유저든 헤비 유저든 둘다 조화롭게 즐길 수 있는 게임을 만들고 싶다. 게임에서 경쟁하더라도 서로에게 못한다고 욕을 할 필요가 없고 지더라도 편하게 웃을 수 있는 게임, 그러면서도 서비스를 유지하고도 남을 정도로 매출이 나오는 게임 말이다. 실제로 구현하기 위해서는 많은 고민을 해야 할 것이다.

게임의 버그

게임도 소프트웨어의 한 종류다. 소프트웨어에 버그가 존재하듯이 게임도 버그가 존재한다. 언론을 통해서 게임의 버그가 보도될 때마다 나는 고통받는 프로그래머들을 상상한다. 물론 버그로 피해를 보는 것은 유저들도 마찬가지일 것이다.

게임의 버그는 오타와 같은 사소한 것에서부터 게임의 서비스에 영향을 줄 만큼 심각한 버그에 이르기까지 다양하다. 심각한 버그라고 하면 게임 전체가 꺼지거나 먹통이 되는 현상일 것이다. 심각한 버그라도 해도 1인 테스트를 통해서 드러나는 문제들은 쉽게 디버깅 할 수 있다. 시간만 주어지면 해결이 가능하다. 더 문제가 되는 버그는 개발팀 자체 테스트에서는 드러나지 않다가 실제 서비스에서 수 만명이 게임을 이용하는 와중에 생기는 것들이다. 이런 버그들은 해결이 매우 까다롭다.

게임 버그와 관련된 뉴스기사를 읽어보면 접속이 끊어지는 서버 불안정 혹은 복사 버그처럼 유저가 게임 내 재화를 게임의 정당한 방법이 아닌 부당한 방법으로 취할 수 있는 버그들이 주로 이슈가 된다.

복사 버그는 쉽게 말해서 게임에서 사용되는 아이템이나 골드 같은 재화가 복사한 것처럼 두개로 늘어나는 것을 말한다. 서버 프로그래머가 구현하면서 가장 조심해야 할 것들이 바로 이런 버그들이다.

유명한 게임부터 인디 게임까지 복사 버그가 발생한 사례는 굉장히 많다. 아니 어떻게 프로그래밍 했길래 터무니 없이 그런 버그가 발생한단 말인가, 내가 짜면 절대 발생하지 않을 텐데 하고 자신만만하게 말하는 프로그래머가 있을 수도 있다. 나라면 그런 장담은 하지 않을 것이다.

특히 게임에 경매장 같이 아이템이나 골드가 특정 공간으로 이동했다가 다시 처리될 때에 위험할 수 있다. 아니면 성능을 위해서 바로 DB에 쓰지 않는 구조도 버그가 발생한다면 위험하다. 아니면 특정 기능에 유저가 많이 몰리는 상황에서 해당 기능과 관련된 데이터는 DB에 써지지 않았는데, 다른 쪽은 이미 써버려서 순서 상 어긋나면서 복사 버그가 발생할 수도 있다.

이해를 돕기 위해 아주 간단한 예를 들어보겠다. 예를 들어 친구에게 100골드를 우편으로 전달한다고 가정하자. 내 골드에서 100을 빼서 저장하고, 편지에 100을 더해서 저장하고, 이렇게 두 번의 저장이 필요하다. 친구가 편지를 받으면 친구는 100골드를 받게 될 것이다. 이 순간에 내가 보낸 편지를 취소하면 나는 100골드를 다시 돌려받게 된다. 내가 편지를 취소하는 것과 친구가 편지를 받는 것이 둘다 동시에 처리된다면 100골드가 200골드로 복사되는 셈이 된다. 우편함 시스템이 트랜잭션으로 잘 구축되어 있지 않다면 우편함 골드 복사 버그가 발견되는 것은 시간 문제일 것이다.

버그가 생기는 것을 막을 방법이 존재할까? 소프트웨어에 버그가 생기는 것을 100% 막을 수는 없지만 최대한 줄일 수 있는 방법은 존재한다. 가장 쉽게 도입할 수 있는 소프트웨어 공학적인 방법은 테스트 주도 개발Test Driven Development이다. 테스트 케이스를 최대한 다양하게 만들어서 적용하면 할수록 버그를 줄이는 데 도움이 될 것이다. QuickCheck 같은 솔루션을 도입하면 랜덤한 테스트 케이스를 만들 수 있으니 훨씬 좋다.

그리고 무엇보다도 가장 중요한 것은 프로그래머에게 일을 시키는 관리자와 경영자이다. 나는 지금까지 야근과 주말근무라는 명목 하에 버그를 양산하는 일들을 수도 없이 지켜보았다.

정상적인 근무라면 한 명의 프로그래머가 3~4일 정도 소요되는 작업을, 관리자가 빨리 끝내야 한다는 욕심으로 주말 근무로 빨리 완성하라고 하였다. 그러자 그 책임감이 투철한 프로그래머는 평소 야근을 함에도 주말에 출근하여 그 일을 하루 이틀 사이에 끝내 놓았다. 관리자는 기뻐하며 또 다른 일을 시켰다.

여기까지는 괜찮다. 하지만 다음주 월요일, 그 작업으로 인해서 게임 전체에 알 수 없는 치명적인 버그가 여러 개 생겨났다. 분명 주말 동안에 했던 그 작업 이후로 생겨난 버그인데 그렇다고 주말 작업을 전부 드러낼 수 없으니 버그를 잡는 데 다시 시간을 투자한다. 결국 작업하는 데 투입한 시간과 버그를 잡는 데 투자한 시간을 합치면 열흘이 넘는다.

그냥 처음부터 3~4일 투자하면 되는 일을 더 빨리 해야 한다고 해서 결국 그 일 자체는 빨리 끝났을지 모르지만 그 때문에 양산된 버그를 잡는 데 시간이 더 걸려서 3배 이상의 시간이 걸리게 되는 것이다. 이런 일이 한국의 소프트웨어 회사에서는 비일비재하다.

왜 야근을 시키는가? 일을 빨리 끝내기 위해서라고 대답할 것이다. 일을 빨리 끝내기 위해서 야근을 하면 빨리 끝나는 것처럼 보이지만 제3자의 입장에서 상황을 잘 살펴보면 결국에는 훨씬 더 늦게 끝난다. 그래도 야근을 시키고 싶은가?

　과자 만드는 기계를 1시간 돌렸을 때 10개 나온다면, 2시간 돌리면 20개 나오듯이 게임 개발도 사람과 시간을 최대한 투자하면 빨리 끝날 것이다라는 마인드. 한국의 프로그래밍을 모르는 관리자와 경영자는 대부분 이런 마인드를 가지고 있다. 이 말은 기계와 비슷한 단순 반복 작업을 무조건 되풀이하는 경우라면 약간은 통용될 수 있다. 인간의 피로가 누적되지 않는 한 말이다. 하지만 이는 프로그래밍과 같이 과학과 공학을 이용한 창조 작업에서는 적용되지 않는다. 또 중요한 사실 하나, 사람들은 프로그래머가 키보드를 두드릴 때 아 저 사람 프로그래밍을 하고 있네 라고 생각하겠지만 이것은 사실이 아니다.

　프로그래머가 키보드를 타이핑해서 코드를 작성하는 것은 이미 프로그래밍을 머릿속에서 끝내고 이를 실제로 구현하는 작업을 하는 것이다. 내가 프로그래밍을 가장 많이 하는 시간은 길을 걸을 때, 출퇴근길에 지하철이나 버스 안에서, 혹은 샤워할 때, 책을 읽을 때, 쉬면서 딴짓을 할 때이다. 근무시간에 회사 책상 앞에 앉아서도 고민하지만 문제를 해결하는 좋은 아이디어는 책상 앞에서 떠오른 적이 거의 없다.

　머릿속에서 프로그래밍 작업이 끝나면 키보드를 신나게 두드리며 코딩을 한다. 코딩을 마치면 퇴근하고 집에 들어와 푹 쉬고 아침에 일어났을 때 어제 짠 코드의 문제점이 생각나면서 기가막힌 해결책이 떠오른다. 이때 쉬지 못하고 일을 했다면 어제 코드의 문제점이 생각날 일도 없다. 바로 다른 일로 넘어가 버렸기 때문이다.[06]

버그를 줄이고 싶고 일을 빨리 끝내고 싶다면 프로그래머에게 시간과 자유를 주어라. 일을 빨리 진행되는지 체크하려면 해당 작업 자체가 아니라 그 작업으로 생긴 버그를 잡는 시간까지 체크해야 진짜로 일이 끝난 시간을 잴 수 있다.

인간의 직관은 과학적인 연구 결과와 상반되는 경우가 많다. 밤새워 일하고 있는 직원을 보면 뭔가 회사가 잘 돌아가는 것 같고 흐뭇한 느낌이 들겠지만 오히려 프로젝트와 회사를 망치고 있다는 것은 이미 오래 전에 증명된 일이다.[07]

개발 기간을 1년이 아니라 3년으로 늘리고 싶고, 온갖 버그를 양산하면서 뉴스에서 이슈가 되고, 유저들에게 조롱거리가 되면서 게임의 수명을 깎아 먹는 게임을 만들고 싶다면 지금처럼 개발자에게 야근과 주말근무를 강요하면서 노예처럼 빡세게 굴리면 된다. 그렇지 않고 만들고 있는 게임 프로젝트를 성공시키고 싶다면 막무가내 열정을 강요하는 식의 프로젝트 관리는 하지 말아야 한다. 그렇게 된다면 게임 프로젝트도 살고, 회사도 좋고, 경영진, 직원 모두 행복할 것이다.

---

06 당시에는 바빠서 책상에서 고민한 형편없는 방법으로 구현했는데, 6개월이 지난 어느 날 갑자기 그 문제의 좋은 해결책이 떠오른 적이 있다. 물론 이미 시간이 지나서 도움이 안 되었다.

07 소프트웨어 개발 업계에서는 죽음의 행진(Death march)이라고 한다.

이것저것 고민거리

요즈음 고민하고 있는 몇 가지 이야기를 해볼까 한다. 해결책을 제시하기보다는 찾는 과정에서의 토론을 위한 화두 정도로 읽어 주었으면 좋겠다.

첫번째 고민은 보안이다. 내가 처음 회사에 들어 갔을 때 내 역할은 소프트웨어의 취약점vulnerability과 익스플로잇exploit을 연구하는 일이었다. 익스플로잇은 소프트웨어나 하드웨어의 취약점을 이용하여 개발자가 의도하지 않은 동작을 수행하도록 만든 코드를 말한다. 인터넷 보안회사에서 일을 한 지는 꽤 오래 전 일이지만 지금도 계속 보안에 흥미를 가지고 있다.

게임은 하나의 가상 사회라 해도 좋을 만큼의 경제가 존재한다. 게임 내 화폐라든지 아이템들은 유저가 게임에서의 활동을 통해 습득하고 사용할 수 있도록 되어 있다. 현실 세계의 경제와 견주어도 될 만큼의 게임의 경제는 게임 개발자의 예측을 벗어날 정도로 복잡하다. 하지만 현실 세계와 다르게 이런 재화들이 게임에서는 엄격하게 관리되지 않는다.

이런 재화들에 대한 보안이 필요하다. 단어는 재화이지만 게임 서버에서 보면 그냥 디지털 데이터이다. 침입자는 다양한 취약점을 사용할 수 있다. 운영체제 자체의 취약점은 아주 큰 문제가 되므로 가장 빠르게 대처해야 한다. 서버 혹은 데이터베이스가 설치된 시스템 자체가 털리면 문제는 아주 심각해진다. PC나 스마트폰에 설치되는 게임 클라이언트는 보안에 매우 취약하다. 마음만 먹으면 누구나 변조가 가능하기 때문이다. 몇 가지 보안 툴이 있긴 한데 리버스 엔지니어링으로 보안 툴을 실행하는 부분만 제거하면 무용지물이 된다. 따라서 게임 클라이언트에 완벽한 보안 대책은 불가능하다. 최대한 서버를 통해서 오용을 막는 수준일 것이다.

게임 소프트웨어에 대한 보안은 프로그래머들이 잘 인지하고 있는 부분이라 생각한다. 그렇다면 게임 소프트웨어의 취약점이 아닌 운영상의 취약점은 없을까? 게임 개발자가 범죄를 저지를 확률은 거의 없지만 만약 있다면 그 사람은 서버 프로그래머일 확률이 높다. 그 다음으로 높은 확률은 운영자가 차지한다.

게임 데이터베이스에 직접 접근할 수 있는 권한을 가지고 있는 서버 프로그래머는 단순한 조작으로 게임 내 재화를 마음대로 변경할 수 있다. 운영자도 운영 툴의 권한에 따라서 다르겠지만 마음만 먹으면 나쁜 짓이 가능하다. 범죄는 외부의 침입자에 의해서 발생할 수도 있지만 내부 직원에 의해서 발생할 수도 있다.

요즘 게임 개발 회사들을 보면 망 분리를 해서 외부에 접속할 수 있는 PC와 내부 개발용 PC를 따로 두는 경우도 있다. PC에 USB와 같은 저장장치를 사용하지 못하게 하기도 한다. 개발중인 게임의 보안을 위해서인데, 실제로 개발하는 직원의 입장에서는 굉장히 불편하다. 어떤 회사는 랜 선을 두 PC끼리 바꿔 끼고 라우팅 테이블을 변경하는 것만으로도 보안이 뚫리는 경우도 보았다.

보안은 강화하면 할수록 불편함이 가중되는 경향이 있다. 불편함을 최소화하면서 보안을 강화할 수 있는 방법은 없을까? 게임 전체의 보안을 강화하기 위한 탁월한 방법을 찾고 싶다.

두 번째는 병렬 프로그래밍이다. 게임 프로그래밍은 하드웨어의 발전에 따라서 변해왔다. 8비트 게임기나 컴퓨터에서 동작하는 게임을 만들기 위해서는 고작 1~4MHz CPU와 수십 Kbyte 메모리를 가지고 씨름해야 했다. 그 뒤 16비트, 32비트로 발전해 나가면서 나아지긴 했어도 결국 부족한 메모리 공간을 가지고 어떻게 활용하느냐의 싸움이었다. 사용한 메모리는 바로바로 반환(free)하여 다시 활용하는 것이 중요했다.

현재는 64비트 CPU가 대중화된 시대이다. 메모리는 풍족한 시대가되었다. 예전처럼 타이트한 메모리 관리보다는 가비지컬렉션Garbage Collection을 통해 메모리 관리를 자동화하는 것이 대세이다. 하지만 풍족한 자원만큼이나 게임의 퀄리티 또한 높아져서 더 나은 성능에 대한 욕구는 예전과 달라지지 않았다.

그런데 안좋은 소식은 무어의 법칙에 따라서 한 없이 빨라질 것만 같았던 CPU의 속도가 정체되었고 대신 CPU 코어Core의 개수가 늘어나게 되었다는 점이다. CPU 코어가 늘어났으니 성능도 자연스럽게 좋아지는데 왜 문제냐고 반문할 수 있다. 그러나 현실은 다르다. 늘어난 CPU 코어의 개수만큼 성능이 비례해서 늘어나야 하는데 기존의 프로그래밍 방법대로 구현한다면 그렇게 되기가 힘들다. 여러 개의 CPU 코어가 동시에 하나의 메모리 영역을 잡고 서로 쓰려고 할 때에 이들을 서로간에 문제가 생기지 않도록 수동으로 관리하는 것은 복잡하고 까다로운 일이기 때문이다. 이런 일을 하는 것을 동기화Synchronization라고 하는데 OS에 따라서 뮤텍스mutex, 세마포어semaphore, 스핀락spinlock 등 방법은 다양하다.

문제는 이런 동기화 기법을 쓴다고 해서 다 해결되는 것이 아니라는 점이다. CPU의 모든 코어들을 제대로 활용하지 못하기 때문에 성능이 떨어지게 된다. 이 문제를 해결하기 위해서는 암달의 법칙에서 설명하듯이 모든 코드를 동기화 기법을 쓰지 않은 순수한 병렬 프로그래밍으로 구현해야 한다.

우린 아직 병렬 프로그래밍에 대한 준비가 안 됐다. 개인적으로 서버 프로그래밍에서는 얼랭이라는 훌륭한 해결책을 발견해서 사용하고 있지만, 클라이언트 개발에서는 아직 괜찮은 방법을 찾지 못했다. 지금 상태로는 CPU 개수가 아무리 늘어나도 성능 향상은 크게 기대하기 힘들며 코어 4개 이상이 되면 거의 영향을 미치지 않는다고 한다. 당장 획기적인 방법을 찾기는 어렵겠지만 관심을 가지고 찾아볼 만하다.

마지막은 분산형 데이터베이스이다. 데이터베이스를 사용 환경과 규모에 따라서 쉽게 확장하고 축소할 수 있는 분산형 데이터베이스는 안정적으로 서비스만 가능하다면 게임에 바로 도입하고 싶은 마음이다.

하지만 요즘 보면 빅데이터다 NoSQL이다 뭐다 해서 계속 여러 가지 기술이 쏟아져 나오고 있는데 게임에 적용하기 위한 완벽한 기술은 찾기가 힘들다. 특정 솔루션에 대해 알아보고 나서 시간이 지나고 다시 보면 버전이 바뀌어 있고 내용도 크게 변해 있어서 또 다른 솔루션을 본 기분이 든다.

분산형 데이터베이스를 고르는 데 있어서 핵심은 CAP 정리theorem이다. 일관성Consistency, 가용성Availability, 분단 허용성Partition tolerance이라는 3가지 조건을 만족시키는 시스템은 존재할 수 없으며 이 중에 2가지를 골라야 한다는 이론이다. CA든 CP든 AP든 두 가지를 고르는 데 어느 것 하나 중요한 것이 없으니 고를 수가 없다. 고전적인 관계형데이터베이스는 CA이고 요즘 나오는 NoSQL들은 CP나 AP이다.

분산형 데이터베이스는 몇 가지 사용해서 게임에 구축한 경험이 있지만 그냥 뚝딱 설치해서 간단하게 쓰는 것이 아니라 게임 시스템 자체도 그것에 맞게 설계하는 것이 필요하였다. 그래서 앞으로도 계속 그 솔루션을 쓸지는 모르겠다. 계속 연구하고 실전에서 사용하면서 맞는 것을 찾아야 할 것 같다.

그 밖의 고민거리는 자동화라든지, 오토 스케일링, 업데이트 관리, 최적화 이슈 등등 많은데, 이를 자연스럽게 토론할 수 있는 여유가 부족하다. 혹시 비슷한 고민을 하고 해결책을 찾고 있다면 연락해주길 바란다. 토론하면서 찾아간다면 더 많은 공부가 되지 않을까 싶다.

이것이 알고 싶다

Q. 게임이란 어떤 의미인가요?

인생을 살아가면서 재미있게 즐길 수 있는 수많은 콘텐츠 중의 하나입니다. 다양한 영화를 즐기듯이 다양한 게임을 플레이하면서 살아오고 있습니다. 개인적으로 게임은 직접 만들기도 하니까, 소비자뿐만 아니라 공급자로서의 역할도 하고 있다는 점이 영화와는 다른 의미겠네요.

Q. 게임 프로그래머로서 가장 후회해본 적은 언제인가요?

후회해본 적은 없습니다. 나쁘지 않은 직업이라서요. 한국의 게임 프로그래머로서는 답답한 일이 많긴 하지만 그렇다고 후회할 정도는 아닙니다.

Q. 게임 프로그래머로서 가장 기뻤던 일을 꼽는다면?

처음으로 MMORPG를 개발하면서 주변 사람들과 같이 게임에 접속하여 게임 속 세상을 같이 돌아다니면서 이야기했던 것이 가장 즐거운 기억으로 남아있습니다.

Q. 게임 프로그래밍을 위해 배워야 할 지식 중 가장 중요한 세 가지만 꼽는다면?

게임 프로그래밍이라고 특별하게 다른 점은 없습니다. CPU와 메모리, 컴파일러에 대한 이해와 프로그래밍 언어, 알고리즘과 데이터구조 등의 기초를 알면 나머지는 게임을 만들면서 자연스럽게 익히게 될 것입니다.

Q. 프로그래밍을 전혀 할줄 모르는데, 게임 프로그래머가 되고 싶다. 무엇을 가장 먼저 해야 할까요?

얼마나 진지하게 덤벼들 자신이 있는지가 궁금하네요. 프로그래밍 관련 서적이라도 한 권 구입한 후 읽어보면서 흥미가 생기는지 확인해보는 것이 무엇보다 먼저 필요할 것 같습니다.

Q. 게임 프로그래밍을 배우다가 슬럼프가 왔다. 어떻게 극복해야 할까요?

사실 배우는 사람은 슬럼프가 오면 안 되죠. 슬럼프라는 건 어느정도 실력을 갖춘 사람이 갑자기 제대로 실력을 발휘하지 못하는 상태가 된 것을 말하는 건데요. 학생의 슬럼프는 공부 방법이 잘못된 상태가 아닐까요? 만약 현재 하고 있는 프로그래밍 공부가 어렵다고 느껴지는 분이 계시다면 아주 잘하고 있다고 말씀드리고 싶네요. 원래 어렵구요. 어렵다고 느껴질수록 공부를 잘 하고 있는 겁니다. 쉽게 배울수록 제대로 배운 것이 아닙니다. 누구나 처음에는 뭔소린지 하나도 모르겠고 어려울 수밖에 없어요. 쉽게 포기하지 마시길 바랍니다.

Q. 게임 프로그래머의 연봉은 얼마 정도인가요(주변인 기준으로 최소~최대)?

게임 관련 종사자들의 연봉은 축구선수만큼이나 다양합니다. 축구선수의 연봉이 경력과 어느 리그의 어느 팀에 소속되느냐에 따라서 천차만별이듯이 게임 프로그래머나 디자이너 모두 개인의 상황에 따라 다릅니다. 전세계적으로 보면 스타 개발자들은 수십, 수백억을 받겠지만, 한국에서도 억대 연봉 이상으로 받는 사람들이 있습니다. 물론 최저임금 수준으로 받는 사람들도 많겠지요.

Q. 다른 분야에서 게임 프로그래머로 이직을 하려면 어떻게 해야 할까요?

습작 게임이라도 만들어보면 도움이 될 것 같습니다. 프로그래밍을 이미 잘 하신다면 이직에는 아무런 문제가 되지 않을 것입니다.

Q. 첫 회사를 스타트업으로 시작하는 게 좋을까요?

해당 스타트업이 어느 스테이지에 도달했는지 여부가 중요할 것 같습니다. 투자 한번 안받은 상태의 스타트업이라면 절대 들어가면 안 되겠지만, C 시리즈 이상의 투자를 받고 성장 궤도에 들어선 스타트업이라면 첫 회사로 들어가도 좋을 것 같습니다.

Q. 회사 경험이 없이 스타트업을 시작하는 사람들에게 조언을 한다면?

회사 경험이 많은 사람을 동료로 데려오세요. 그렇지 않으면 망합니다.

Q. 개인적으로 최고라고 생각하는 게임은?

너무 종류가 많아서요. 특별하게 최고라고 생각하는 게임은 없습니다. 다만 XT 컴퓨터에서 동생과 같이 했던 삼국지1이 갑자기 떠오르네요. 추억 속에서는 최고의 게임입니다.

Q. 클라이언트 게임 프로그래머에서 서버 프로그래머로 전직하기 위해 필요한 것은?

이미 클라리언트 프로그래머이므로 회사 내에서 전직을 요청하시면 팀에서 알아서 해줄 것입니다. 필요한 것은 용기뿐입니다.

Q. 청년시절부터 스타트업을 꿈꾼다면 결혼은 포기해야 할까요? 성공하고 결혼해야 할까요(⌒⌒)?

사업을 한다는 것은 굉장히 스트레스 받는 일입니다. 그렇다고 성공하면 스트레스가 사라지느냐? 그것도 아닙니다. 어짜피 스타트업이든 결혼이든 하고 싶다고 하는 것도 아니고 때가 중요한 것이니까요. 배우자 되는 분과 잘 상의한다면 결혼은 언제든 가능하다고 생각합니다.

Q. 게임 학원을 다니면서 준비하는 방법은?

제가 학원을 다닌 적이 없어서 모르겠지만, 잘 가르치는 학원이 있다면 독학보다는 효율적으로 공부할 수 있지 않을까 생각합니다.

Q. 좋은 게임이란 무엇이라고 생각하나요?

재미있는 게임입니다. 재미가 없으면 게임이 아니죠.

Q. 혼자서 배우기 위해 혹은 취미로 게임을 만들기 위해 추천하는 과정은?

요즘은 모바일 게임이 대세니까요. 간단한 모바일 게임을 만들어서 글로벌로 배포해보는 것도 괜찮을 것 같습니다. 돈을 벌기 위해 만드는 것은 아니겠지만, 몇 만원 정도만 광고비를 써도 용돈 벌이 정도는 되지 않을까요?

김상천의

50대 게임 프로그래머의 이야기
– 나는 아직도 필드에 있고 싶다

04

"

Q. 현업 게임 프로그래머라면 도전해볼 만한 게 있을까요?

저는 게임 엔진을 한번 만들어보라고 권하고 싶습니다.
도전하면서 배우는 게 많죠.
현실적으로 보면 "좋은 게임 엔진 많은데 왜 만드나?" 하는
질문을 하는 경우가 많지만 개발자로서 성장하는 데
많은 도움이 된다고 생각합니다.

"

프로그래머로 입문하는 길에서의 선택과 변신

하드웨어에서 소프트웨어로의 변신

지금 생각해 보면 매우 중요한 선택처럼 생각되지만 그 당시에는 별다른 큰 의미를 생각하지 못하고 결정하는 태도를 보면 나는 계획적인 사람 같지는 않다. 그런 생활 방식이 내가 게임 프로그래머로 살아가는 데 그대로 녹아 있는 것 같다. 따라서 과거를 돌이켜 생각해 보면 아쉬운 점이 많은 게 사실이다. 지금부터 그런 이야기를 하고자 한다. 내가 어떤 계기로 게임 프로그래머가 됐으며 그 과정에서 경험한 상황을 이야기해 보려고 한다.

컴퓨터 분야는 크게 하드웨어 분야와 소프트웨어 분야로 나눌 수 있다. 현재도 그런 기조가 있지만 눈에 보이는 것을 중시하고 더 가치를 인정하는 분위기는 내 의식에도 있었다. 그래서 대학에 입학해서 공부를 할 때에도 주요 관심사는 그 당시 유행하는 IC칩을 이용해 납땜 작업하고 이를 바탕으로 컴퓨터 키트를 만드는 작업이었다. 그 매력에 빠져 각종 칩 매뉴얼을 모으고, 회로도도 분석해 보고 그려보는 그런 작업이 재미있었다.

이런 내 마음의 분위기에서 프로그램 개발로 방향을 돌린 계기는 무엇이었을까? 어떤 계기가 있었음은 분명했다. 그 선택의 순간에서 나는 어떤 목표를 가지고 했을까? 지금 생각해 보면 그런대로 괜찮은 선택이라고 생각되는데 이런 선택은 어떻게 이루어졌을까? 삶을 좌우하는 중요한 결정이었는데, 나는 별다른 생각도 없이 마음이 이끄는 대로 했던 것 같다. 그러나 좀더 자세히 들여다 보면 내 주위와 내 마음에서는 이미 그런 결정을 내리게 하는 환경이 조성되고 있었다. 대학에서 같이 동아리 활동을 하던 친구와의 알고리즘 시합이나 뜻하지 않았던 프로그램 개발의 기회가 주어진 점 등은 이미 하드웨어보다는 소프트웨어 쪽으로 나를 몰아가고 있었다.

대학 신입생이던 80년도에 나는 애플2 컴퓨터용 인터페이스 키트, 지금으로 치면 현재 유행하는 아두이노 보드처럼 프로그램을 통해 외부의 I/O 신호를 제어하는 키트 제작에 몰두해 있었다. 현재의 아두이노 키트보다는 표준화가 안 된 상태였지만 기본적으로 그 기능은 비슷했다. 내 손으로 납땜 연기를 마시며 만든 디지털 회로가 예상대로 동작할 때의 성취감은 지금의 아두이노 키트에서 느끼는 것보다 훨씬 컸다. 그 다음으로 관심이 있던 하드웨어는 작은 제어용 CPU 보드 제작이었다. 지금은 역사의 저편으로 흘러간 Z-80, V40, 68000 CPU를 이용한 보드 제작은 당시 전자공학과를 전공한 공대생들이라면 한 번쯤 만들어 봤거나 제작 시도를 꿈꾸던 그런 시절이었다.

그런데 이런 CPU 보드 제작의 시작은 어느 정도 재능이 필요한 일이었다. 가장 쉬운 방법은 누군가 성공한 예를 보고 따라 만드는 것인데, 운 좋게도 내 주위에는 그런 친구나 선배가 몇 명 있었다. 혼자 처음 시작하는 것이라면 어려워도 누군가 먼저 시범을 보이면 할 수 있다는 희망도 보이고 해서 그래도 비교적 수월하게 할 수 있었다. 당연히 도움도 많이 받아서 가능한 일이기도 했다. 책에서 본 회로도나 선배들이 알려준 노하우 있는 회로도를 받아 며칠씩 걸리는 납땜 작업으로 보드를 완성했을 때 성취감을 느꼈던 추억이 아직도 남아 있다.

그런데 이런 CPU 제어 보드의 완성은 하드웨어의 납땜 완성에 있지 않았다. 실제 완성이 되려면 기본 프로그램을 만들어 ROM이라는 메모리에 넣어 부팅해서 CPU가 동작을 해야 끝나는 작업이었다. 물론 기초적인 프로그램 작업이지만 초보자가 이 과정을 통과하기란 생각보다 쉽지 않았다. 운이 좋다면 몰라도 일반적으로는 잘 동작하지 않아서 회로도 분석이나 프로그램 분석을 통해 어려운 과정을 겪은 후에나 최종적인 승리를 우리에게 허락하는 그런 심술궂은 작업이기도 했다. 이런 분석 과정을 겪으면서 나는 자연스럽게 프로그램 쪽으로도 관심을 가지게 되었다.

특히 하드웨어의 펌웨어를 제작하고 분석하면서 그 과정에 나름대로 나는 도전 의식이나 흥미를 느껴 더욱 더 그 작업에 몰두하게 되었다.

그런데 이런 하드웨어 흐름과는 다른 부류가 있었는데, 바로 베이직이라는 컴퓨터 언어를 사용해 프로그램 만들기를 좋아하는 친구들이었다. 하드웨어 제작에 빠진 친구들과는 생각이나 관심이 서로 달랐는데 하드웨어를 좋아하는 쪽에서 보면 하는 일의 깊이가 단순해 보이고 더 쉬워 보였다. 그러던 어느 날 학교 컴퓨터 서클에서 누군가가 '1라인 프로그램 경진 대회'가 있다는 소식과 함께 자기 자신이 만들고 있다는 프로그램을 보여주었다. 그로 인해 갑자기 프로그램 제작 붐이 일어 났다. 그 동안 컴퓨터 서클에서 선배들에게 배웠던 언어가 베이직BASIC이라는 언어였는데, 이 베이직 언어는 인터프리터라는 방식으로 동작하면서 그 기능을 수행했다. 이런 베이직 인터프리터는 보통 1라인이 255자 정도까지만 입력 가능했다. 이런 1라인이라는 제한 안에서 특정한 목적의 간단한 유틸리티 같은 것을 만들어 시합하는 공모전 대회가 바로 '1라인 프로그램 경진대회'였다. 그 대회에서 수상한 프로그램을 보면 놀랄 만한 것들이 많이 나왔다. 그 대회에 출품한 작품 또한 프로그램 실력이나 컴퓨터의 하드웨어 특징을 교묘히 이용한 것들이라 그 당시 우리들의 수준으로는 그것에 비할 수 있는 수준은 아니었다. 하지만 나름 도전 정신으로 뭉친 서클 회원들은 다양한 프로그램을 만들어 냈고, 나도 거기에 자연스럽게 동참하며 이것저것 만들어 보면서 프로그램 세계에도 빠져 들었다. 이런 붐이 한번 번지자 이번에는 짧은 시간에 1~10,000 사이의 소수 구하기 같은 알고리즘 시합을 제안하기도 하는 등 그 흐름은 하드웨어 제작 못지 않게 유행했다.

그 당시 몇 명의 선배들은 자신들의 능력, 주로 하드웨어 분야의 능력이었는데, 이를 이용해 경제적으로도 성공을 거둬 선망의 대상이 되고 있었다. 보기에 따라서는 바로 몇 년밖에 앞서지 않은 선배들이었지만 당시 우리들에게는 거의 전설처럼 느껴졌다. 그런 선배들은 하드웨어를 업체에 제작해 주고 돈을 벌고 있었다. 경제 관념이 별로 없었던 우리들에게도 어느 선배는 돈을 많이 벌어 당시 유명했던 차를 타고 다닌다는 그런 소문도 심심치 않게 들려왔다. 지금 생각해 봐도 그 선배들의 하드웨어 설계 제작 능력은 거의 전문가 수준이었다. 간단한 CPU 보드를 제작하는 우리와는 그 능력이나 경험에도 차이가 컸다. 또한 우리와는 다르게 요구에 맞게 회로를 설계할 수 있었고 그것을 제작하는 등 업체가 필요로 하는 일을 하며 돈을 버는 그런 일들을 하고 있었다. 공대생인 나로서도 저 선배들처럼 됐으면 좋겠다는 마음이 들었던 게 지금도 생각이 난다. 한마디로 부러움의 대상이었다.

그러나 그 당시의 내 실력으로는 어림도 없는 상태였고 그런 경험도 없었을뿐더러 그런 상황도 아니었다. 지금도 그렇지만 전자 회로 및 디지털 회로 설계 능력은 아무나 가질 수 없는 재능이다. 배워서 할 수 있는 부분도 있지만 운동선수의 능력처럼 어느 정도 천부적인 면도 있는 것 같다.

그렇게 학교 생활을 하던 어느 날 나에게 중요한 선택의 순간이 왔었다. 지금 와서 생각해 볼 때 매우 중요한 순간이라는 판단이 든 것이지 그 당시에는 그런 의식조차 없었다. 그 기회란 프로그램 제작의 기회가 주어진 것이었다. 한 학년 후배와 함께 반도체 소자 시뮬레이션 캐드 경진 대회용 프로그램 제작에 참여하게 된 것이었다. 당시에는 사회적으로 막 불붙기 시작하던 반도체 개발 분위기를 조성하기 위해 학부 레벨에서 관심을 끌기 위해 전국 대학/대학원생을 대상으로 급히 만들어진 대회였다. 교수님의 제안으로 프로그램 제작에 필요한 전문적인 내용은 교수님의 지도를 받는 석사 과정의 선배들이 알고리즘을 만들고 나와 후배는 단순이 그래픽 인터페이스를 제작하였다. 당시에 유행이 막 시작됐던 C/C++ 언어를 사용해 반도체 용어로 '확산'이라는 과정을 시뮬레이션 할 수 있는 캐드CAD 및 시뮬레이션 프로그램을 만들었다. 지금 수준으로 생각하면 우리가 만든 프로그램은 장난감 수준이었지만 그래도 우리는 팀을 이뤄 대회에 나가 3위를 했다. 지금 생각해보면 아마도 초창기에 만들어진 대회라서 가능했다고 생각한다.

나는 그 당시 대학교 학부생으로서 하드웨어와 컴퓨터 프로그램 개발이라는 두 분야를 모두 좋아했다. 그리고 어느 쪽으로 진로를 결정하지 못하는 그런 상태였다. 그런 상황에서 미래에 소프트웨어 개발자로서도 직업을 정할 수 있다는 자신감이 생겼던 순간이었다. 또한 소프트웨어 개발자로서 주위로부터 인정을 받을 수도 있겠다는 생각을 하게 된 계기가 되었다. 이런 자신감을 바탕으로 나는 훗날 소프트웨어 개발을 직업으로 삼을 때 별다른 망설임이나 걱정을 하지 않았다. 프로그래머가 되겠다는 나의 첫 결정은 이런 식으로 이루어졌다.

그 결정의 순간은 어떤 드라마틱한 계기는 없었다. 또한 어떤 최고의 찬사나 최고의 능력을 인정받는 계기도 없었다. 아마도 그런 계기는 특별한 이에게나 주어지는 상황일 것이다. 나는 단지 주위로부터 작은 격려를 받았고, 내 스스로 마음속에 어떤 자신감이 생기는 그런 정도였다. 그런 작은 계기가 나에게는 인생을 가르는 커다란 변신의 순간을 제공했다.

지금도 그런 기회를 준 선배나 학교 교수님에게 감사함을 느끼고 있다. 나에게 선택의 순간과 기회를 주셨으니까!

대학원 연구실 선택의 갈림길

대학을 졸업할 때쯤 나는 대학원 진학을 생각하고 있었다. 그 당시 내가 다니던 공과대학 전자공학과 대학원은 인기 있는 2개의 연구실이 있었다. 바로 영상 정보 연구실과 반도체 연구실이었다. 두 연구실은 교수님들도 라이벌 의식이 있었고 연구실 선배들도 그런 점을 바탕으로 자부심이 있었다. 일본에서 공부하신 교수님 중심의 영상 정보 연구실은 먼저 그 분야에서 나름 명성을 쌓아 이미 다 방면에 졸업생을 배출해서 좀 더 잘 나가는 연구실로 알려져 있었고, 후발 주자였던 반도체 연구실은 독일에서 공부하신 교수님이 부임하셔서 점차 그 존재를 알리고 있는 상태였다.

그 당시 나도 소프트웨어와 하드웨어 사이에서 갈팡질팡 하며 여러 경험을 쌓으려고 노력하던 시기였다. 전공을 정해 대학원 시험을 봐야 하는데 어느 정도 마음이 소프트웨어 쪽으로 기울어져 있었다. 당시 영상 연구실은 소프트웨어 위주의 연구실로 좀더 나에게 맞을지도 모른다는 그런 생각도 있었고, 이미 안면이 있던 영상 연구실 소속 선배가 자기 연구실로 지원하라는 요청도 있었다. 잘 아는 후배를 자기 연구실로 유치하려는 노력은 예나 지금이나 비슷했다.

그런데 나의 관심을 끄는 다른 조건도 있었는데, 바로 각 연구실이 가지고 있던 컴퓨터의 종류와 성능이었다. 한마디로 장비에 대한 욕심이 있었다. 당시에는 유명한 컴퓨터 회사인 선마이크로시스템즈사의 워크스테이션은 그 당시 최고의 컴퓨터였다. 나는 반도체 연구실의 프로젝트 참여로 후배와 함께 연구실을 드나들 수 있는 기회가 많았다. 그래서 각 연구실의 장비 수준이나 분위기를 미리 알 수 있었다. 영상 연구실이 한 수 위인 것은 분명했다. 내가 영상 연구실에서 느꼈던 감동의 장면은 한쪽 벽면을 꽉 채운 워크스테이션 매뉴얼 들이었다. 그 당시에는 비싼 가격에 판매되는 컴퓨터는 그에 비례하는 양과 질이 좋은 매뉴얼을 제공했다. 보통 수십 권을 주기 때문에 일종의 훈장처럼 장식해 놓은 경우가 많았다. 애플2 컴퓨터와 같은 PC 수준의 매뉴얼과 대비되는 장관이었다.

반면에 반도체 연구실은 연구실의 크기나 규모로도 한 수 아래였고 갖추고 있는 컴퓨터도 비교가 안 되는 수준이었다. 지금은 없어진 IBM-AT급과 구형인 워크스테이션급 컴퓨터가 주력 시스템이었던 걸로 기억한다. 그리고 반도체 연구실은 크게 두 부분으로 나뉘어 운영되고 있었는데 반도체 소자 시뮬레이션 부분과 반도체 측정 장비 제작 분야였다. 시뮬레이션 파트에는 캐드 분야가 포함돼 있었는데 내가 졸업할 당시에는 캐드 전공 선배는 이미 ETRI(전저통신연수소)에 취업해 명맥이 끊겨 있었다. 그 대신 반도체 소자 시뮬레이션 연구가 주력으로 연구실을 주도했다.

시뮬레이션 파트란 쉽게 말하면, 반도체는 보통 성질이 다른 두 물질을 섞어 그 전기적 특성을 이용해 만드는데 보통 P형 N형 이라고 부른다. 이 두 물질이 서로 접합면을 이룰 때 그 모습이 어떻게 형성되는지를 컴퓨터를 이용해 외부에서의 조건, 예를 들면 전압, 기압 등을 기본 조건으로 변경하면서 실제 공정을 예측하는 그런 분야이다.

설명이 좀 어려운데 물리적 특성과 관계된 분야라서 실제로도 어렵다. 하지만 지금의 반도체 칩 시대를 낳은 중요한 연구 분야였다. 시뮬레이션이라는 말이 의미하듯이 이 분야는 수학과 물리 특성을 이해하는 것이 매우 중요한 분야였다. 그래서 정답을 모르고 뜬구름 잡는 연구를 하는 분야 같기도 했다. 당시 나에게는 이런 컴퓨터 시뮬레이션 결과는 1차로 숫자 데이터로만 나오고 이 데이터를 이용해 외부 수학 전문용 프로그램을 이용해 그래프로 그리는 게 다였던 것처럼 인식되었다.

또 다른 파트는 반도체 측정 장비를 만드는 분야였다. 하드웨어를 제작해 만들어진 반도체의 특성을 측정하고 연구하는 분야로 그 파트에서 하는 연구를 보면 다소 막노동처럼 보이는 일이 많았다. 산소 용접에나 필요할 듯한 산소, 질소통 같은 것도 있었고, 각종 측정 장비가 있는 썰렁한 창고 같은 인상을 주는 곳이 연구실로 사용되었다. 액체 질소를 영하 200도 이하까지 내리는 실험도 하는 그런 곳이었다.

프로그램과는 거리가 멀었고 인기도 별로 없는 듯 지원자도 많지 않았다. 다만 반도체 지도 교수님이 전공하신 분야라서 연구실을 키우실 꿈이 있으신지 인원을 채우고 발전시키려는 열성을 평소에 많이 느꼈었다. 그 당시에 전자공학과에서 취업 잘되는 곳은 영상 정보 연구실, 반도체 연구실 등의 순서였다. 학교에서도 그런 순으로 인정을 받았던 것 같다.

나는 이 두 연구실 중 하나를 선택하기로 했는데 학교 내의 그런 평판의 영향을 받아서였다. 중요한 선택의 순간에서 나는 반도체 장비 연구실을 선택했다. 왜 그런 선택을 하게 됐을까? 그 이유는 사람과의 관계 때문이었다. 나에게 소프트웨어 개발 기회를 주신 교수님이 이끄는 연구실이기 때문이었고, 잘 알고 따랐던 선배가 1년 먼저 간 연구실이기도 했기 때문이었다.

지금 하고 있는 일을 생각하면 그 선택의 방향은 옳았다고 생각한다.

그 당시의 분위기나 주변의 평판, 전공할 분야의 미래 전망보다는 사람을 보고 한 선택한 결과였다. 어쩌면 좀 비합리적인 이런 선택은 그 동안의 내 경험상 올바른 경우가 많았다.

어떤 선택의 순간이 오고 방향들이 주어졌을 때 난 사람을 선택하라고 말하고 싶다. 물론 사람이 어떤 사람인가는 매우 중요하다. 믿을 만한 사람이라고 판단이 선다는 전제가 필요하다. 그리고 우리가 알아야 할 본질은 세상을 움직이는 것은 궁극적으로 '사람'이라는 사실이다.

결국 그 당시의 선택으로 다소 잘못된 것처럼 보였을지는 모르지만 나는 지금 내가 좋아했던 프로그램 분야에서 일하고 있으니 결국은 원하던 방향으로 갈 수 있었다. 하드웨어 분야에 가까운 선택처럼 보였지만 결국은 프로그램 분야를 하게 된 것이다. 가까운 길이 곧 정답은 아닐 수도 있다.

직업 선택의 갈림길

대학원을 졸업하려고 논문을 쓸 무렵 반도체 연구실에 변화가 생겼다. 지도교수님이 외부 투자자와 조인트 벤처를 설립하신 것이었다. 설립 목적은 그 동안 반도체 연구실에서 만들던 장비를 제품화하려는 목적이었다. 연구실에서 상업적 제품을 만든다는 것은 사실 쉽지 않은 일이었다. 그래서 교수님도 회사를 만들 생각을 하신 것이었다.

연구실에서 반도체 측정 장비 시제품에 들어가던 구동 프로그램을 만들며 연구를 하던 나는 연구실 선배들과 자연스럽게 그 일에 관여하게 되었고, 시제품 및 전시회 출품용 장비 제작에 몰두하고 있었다. 졸업이 가까워졌을 때는 이미 외부에 회사가 설립되고 사무실이 만들어져 연구실과 사무실을 겸하는 곳으로 등교겸 출근도 했다. 그래도 그 당시에는 학교에서 외부 업체와 함께 벤처 회사를 만드는 일이 드물어서 다른 연구실의 부러움도 받았다. 그러나 일부 교수님들은 학생을 업체에 팔았다는 풍문도 있었던 걸로 봐서 좋게 보지 않는 면도 있었던 것도 사실이었다.

그 당시에는 선배들과 몇 명의 후배들이 연구실에서 같이 일하며 연구실 겸 회사가 운영됐었다. 당연히 외부에서 자금을 대는 투자자는 학교 연구실 같은 분위기로 돌아가는 회사를 별로 좋아하지 않았다. 또한 일부 고향이 지방인 후배들이 그 사무실에서 숙식을 해결하고 있었던 상황이나 출근 시간, 호칭 문제 등 모두 회사답지 않은 분위기를 만들어냈다. 이런 상황으로 인해 전체적인 회사의 모습이 대학교의 서클 분위기와도 비슷해 그 후 많은 갈등이 생기게 되었다.

대학원 논문을 그 동안 제작한 반도체 장비 관련 주제로 제출해 간신이 통과하게 된 나는 별다른 생각도 않고 계속 교수님의 회사에서 일하게 되었다. 그리고 얼마 후 회사는 학교 근처의 사무실에서 다소 거리가 떨어진 강남구 쪽으로 위치를 옮겼다. 사무실 이전은 회사 분위기의 변화를 의미했다. 좀더 관리 가능한 회사로의 변경을 원하는 외부 투자자의 의지가 반영된 변화였다. 서클 분위기와 연구실 분위기에 젖어 있던 나와 후배들은 적응이 쉽지 않았다. 사회 경험이 없었던 우리에게는 당연한 결과였다. 회사 직원의 구성 비율 역시 외부의 모르는 직원이 늘면서 점점 알게 모르게 바뀌고 있었다. 그 때 우리를 이끌던 선배는 이미 용산에 컴퓨터 판매 사무실을 조그마하게 열어 회사 일과 병행하고 있었다. 이미 창업 생각을 하고 있었던 것 같았다. 이런 사실 역시 갈등의 한 원인을 제공했다. 교수님께서는 자주 회사에 출근하셔서 기존 연구실 멤버들을 다독여 주셨지만, 그럼에도 점점 더 분위기는 어색하게 바뀌었다. 내 눈에도 교수님도 반도체 측정 장비 사업이 크게 이익을 만들어 내지 못해 투자자와의 사이가 시작할 때처럼 좋게는 보이지 않았다.

그런 분위기 속에서 어느 순간부터 자연스럽게 창업을 하자는 논의가 나왔다. 내가 주도하지는 않았지만 그래도 선배 축에 속하는 나로서는 내 앞길은 물론 후배들의 앞길에 영향을 미치는 결정을 내려야 하는 순간을 맞은 것이었다. 그 당시 나는 판매되고 있는 반도체 측정 장비의 구동용 소프트웨어를 개발하는 일을 하고 있었다. 장비 전용 컴퓨터가 아닌 PC상에서 원격으로 측정 장비를 구동시키고 그 결과를 전송 받아 컴퓨터 화면에 측정 값 등을 그래프로 표시하고 프린터로 출력하는 그런 종류의 프로그램 제작이었다. 어렵지도 않은 수준의 프로그램이지만 나름대로 재미도 있었다. 전체 장비 컨트롤 프로그램 제작은 학교에 다니던 후배들의 도움도 받았는데 강남구 근처로 회사가 옮겨지다 보니 학교 후배들과의 거리가 멀어지는 문제도 있었다. 그러던 차에 창업 얘기가 나왔으니 자연스럽게 나도 관심이 갔었다. 그러나 창업 동참에는 몇 가지 문제가 있었다. 현실적인 문제는 창업 자금과 회사원으로 등록된 뒤 받던 월급을 받지 못하게 되는 것이었다.

그래도 그런 문제는 그 당시 크게 생각되지 않았다. 나는 집에서 부모님의 도움으로 생활하던 상태라서 직접 벌어 생활을 못했던 나는 그 문제를 크게 생각지 않았다. 젊은 시절의 도전 정신이 그런 무모함에 기반한다는 생각이 든다. 또한 아무 개념 없이 일을 벌이는 태도는 지금 나이 들어 생각하면 참 어이 없이 살았던 것 같기도 하다. 어쨌든 다른 후배나 선배들 역시 나랑 비슷한 생각을 했는지, 모두 찬성하고 자기들이 좋아하는 일을 계속하기를 원했다. 그런 의미에서 그 당시 우리들은 회사 생활을 할 준비가 덜 되어있는 상태였다.

결국 회사 운영은 용산에서 컴퓨터를 조립해서 판매해서 하는 걸로 하고 PC용 프로그램도 개발해서 판매한다는 생각으로 모두 동의해서 회사를 만들게 되었다. 그 당시 나는 일반 회사에 취업을 생각했는지는 명확하지 않다. 같이 연구실에서 일했던 일부 후배들은 대기업 취업을 선택하기도 했다. 그러나 나는 다른 생각 없이 회사를 만들고 개발 업체로 발돋움 하자는 말을 믿고 그 대열에 참여했다. 그 판단이 이루어진 밑바탕에는 아마도 하고 싶은 일을 하겠다는 생각에 빠진 결과였다고 지금은 생각된다.

나는 창업 동참이라는 과거의 내가 내린 결정을 존중하고 싶다. 내가 한 결정은 막연한 추측으로 내린 결정이 아니라 이미 한 체험을 바탕으로 내린 결정이라고 생각했기 때문이다. 이미 나는 학부 때부터 취미로 시작은 했지만 소프트웨어 개발과 같은 경험을 했었고, 대학원에서 그리고 교수님이 창업하신 회사에서도 내가 미래에 할 개발에 대한 체험을 해 왔던 것이었다. 이런 과거의 경험으로 나는 별다른 망설임 없이 소프트웨어 개발자가 되려고 창업을 하는 데 동참하게 되었다.

나는 취업에 대해 별로 깊게 생각하지도 않고 창업 쪽으로 망설임 없이 선택을 했다. 내 인생의 철학이기도 하지만 선택의 순간에서 망설임은 별로 좋아하지 않았다. 또한 깊이 생각해서 내린 결과가 항상 좋다고도 생각하지 않는다. 이런 철학은 그 동안 살아온 경험에 기반한 것이다.

어떤 선택을 하느냐가 중요한 게 아니라 선택 후에 뒤따르는 노력이나 그에 따르는 운이 더 중요한 결정 요소가 된다는 것을 지금은 알고 있기 때문이다.

프로그래머로 사는 길에서의 변신

내가 창업에 참여한 회사는 수많은 우여곡절 끝에 지금은 게임을 만들고 있는 회사가 되었다. 게임 사업에 뛰어들기까지 여러 우여곡절이 있었는데, 그 이야기는 뒤에서 잠깐 하기로 하고 이번에는 게임 프로그래머로 일하면서 나를 한층 성숙하게 했고 한 단계 변화하게 했던 중요한 순간들에 대해 이야기를 해보고자 한다.

RDBMS로 성능을 높여도 안 된다는 걸 깨달았을 때

MMORPG 게임을 만들려면 여러 부분에서 잘해야 한다. 최고로 중요한 점은 게임 자체의 내용 즉, 콘텐츠다. 하지만 실제로는 그것 말고도 갖춰야 될 요소는 매우 많다. 그 중 한 부분이 데이터베이스이다. 게임이라는 콘텐츠를 다른 각도로 생각해 보면 게이머들의 개인 데이터를 서버에 저장하는 것이라고도 할 수 있다. 그러나 멋진 그래픽을 보여주고 키보드나 마우스 동작을 통해 멋진 스킬을 보여주고 쾌적한 게임 플레이가 가능하게 60 프레임 이상 나오게 하는 클라이언트 기술은 게임 제작의 꽃임에는 틀림 없다. 따라서 프로그래머가 목표인 예비 개발자는 대부분 서버 쪽보다는 클라이언트 쪽을 선호한다. 그렇지만 게임을 즐기는 유저의 입장에서 생각해 보면 클라이언트가 보여주는 멋진 장면을 보면서도 스스로 시간과 노력을 들여 얻은 결과는 당연히 저장돼야 한다고 생각한다. 아무리 멋있는 장면과 재미를 느낀 게임이라도 같은 플레이를 다시 하라고 하면 아마 십중팔구는 불만을 터뜨리며 강력한 문제 제기를 할 것이다. 게임 운영 업체는 유저가 플레이를 통해 얻은 결과를 다음 접속에도 보존시켜야만 한다. 특히 유저의 노력이나 돈을 들여 만든 아이템이나 그밖의 게임 요소는 반드시 보존돼야 한다.

당연한 말을 되새기는 이유는 간단하다. 회사 입장에서 게임을 운영하다 보면 이런 기본적인 것을 신뢰성 있게 유지하기가 매우 어렵기 때문이다. 즉 사용자의 데이터를 안정적으로 보존하기가 말처럼 쉽지 않다는 뜻이다.

지금부터 이 문제에 대해 이야기를 좀 해 보려고 한다. 우리는 회사를 시작하고 여러 어려움을 겪은 뒤 MMORPG 게임 분야로 뛰어들게 된다. 게임 산업이 시작되는 초기라서 게임을 완성하고 서비스를 하기가 지금보다 더 어려운 때였다. 게임을 처음 오픈할 때의 기쁨을 뒤로 하고 우리 회사는 큰 어려움에 빠지게 된다. 바로 유저 데이터를 잃어버리는 사고들이 발생하는 문제였다. 이런 문제들이 생기는 원인은 내부적으로는 프로그래머의 실수에 의한 부분도 있고 외부적 요인으로는 주로 네트웍 환경의 문제로 많이 생겼다. 개발자의 코딩 실수로 인한 문제는 심각한 문제이긴 하지만 몇번의 시행 착오를 거치고 나면 대부분 수정되어 그 빈도를 줄일 수 있었다. 이런 문제는 게임 서비스 초기에 생기는데, 우리는 지금도 게임 서비스를 시작할 때 가끔 볼 수 있는 문제이다. 소위 말하는 능력 있는 개발사는 그런 경우를 많이 줄일 수 있어 유저들로부터 신뢰를 받기도 한다. 그러나 우리 회사 역시 그 당시에는 경험이 없는 초보 회사로서 앞의 문제를 많이 겪으면서 유저들로부터 욕도 많이 먹었다.

두 번째 문제는 참으로 난감한 문제에 해당된다. 게임 서비스에서 주로 외부 환경에 해당하는 네트웍 변화로 많이 생기는 문제이다. 그렇다고 꼭 네트웍 환경만으로 생기는 것도 아닌데 바로 대량으로 유저들이 들어오거나 나갈 때 생길 때도 있다. 즉, 짧은 시간에 순식간에 수백 명의 유저가 끊어지거나 들어오면 생길 수 있는 문제이다. 다음과 같은 경우를 생각해 보면 어느 정도 납득이 갈 것이다. 지금은 잘 일어나지 않지만 예전에는 소위 말하는 망이 흔들리는 경우가 가끔 있었다. 그러면 동시에 서버에 붙어서 게임을 하던 수백 명의 유저는 접속이 끊어지게 된다. 그 경우 그 때까지의 유저 데이터는 보통 여러 가지 이유로 인해 게임 서버에만 존재하고 있는데, 이때 데이터를 보관하려면 짧은 시간에 데이터베이스에 저장해야만 한다. 물론 시간을 두고 하나씩 천천히 저장하면 문제가 적겠지만, 그러면 유저는 긴 시간을 다시 접속하지 못하게 되고 결과는 두 경우 중 하나가 된다. 게임을 그만 두거나 아니면 게임 운영 센터에 항의 전화를 하는 경우이다.

두 경우 모두 게임 업체에게는 큰 문제이다. 게임 플레이를 그만둔다는 얘기는 유저의 충성도가 떨어져 앞으로 게임을 안 할 가능성이 많을 수 있는 문제이며, 콜 센터로 전화를 한다면 그 응대를 하는 부서는 엄청난 업무와 스트레스에 빠지는 것을 의미하기 때문이다. 게임 업체치고 이런 경우를 당하지 않은 업체는 거의 없을 것이다. 우리 회사 역시 그런 일을 많이 당했다. 그리고 이런 사태는 십중팔구 유저 데이터의 손실을 수반하는 경우가 많았다. 그러면 회사는 바로 재앙 모드인 패닉 상태로 빠지게 된다. 수백 건의 유저 데이터 손실일 경우도 있고 때에 따라서는 수천의 유저 데이터를 잃어버리는 때도 있었다. 유저들이 흔히 말하는 백썹(데이터가 예전 상태로 돌아가는 사건) 상태가 되는 것이다.

보통 백썹 상태가 되면 유저 한명 한명을 손으로 복구 시켜줘야 한다. 이로 인해 담당 부서와 책임자는 며칠씩 밤을 새우기도 한다. 이런 이유로 게임 개발자들은 동시 접속자수의 급격한 변화가 생기면 그 수치를 보는 순간 거의 노이로제에 빠지게 된다. 지금 생각하면 추억 거리로 남아 있지만 나는 그런 스릴을 여러 번 경험했다. 그리고 관련 부서원으로서 그 문제가 생기지 않게 하는 책임도 여러 번 맡았다.

그런데 게임 서버 프로그래머라면 잘 알겠지만 이 문제를 해결하는 방법은 의외로 간단하다. 즉 게임 서버의 현재 데이터를 데이터베이스로 빠짐없이 저장하면 된다. 여기서 문제라면 짧은 시간 안에 저장해야 한다는 것이다. 그리고 이 문제는 데이터베이스로 사용되는 서버의 하드웨어 성능이나 사용되는 데이터베이스의 성능에 크게 좌우된다는 사실이다. 그래서 담당 개발자들은 각고의 노력으로 프로그램이나 데이터베이스를 효율적으로 사용하려고 노력했다. 그러나 뜻대로 안 되는 경우가 더 많았다. 나 역시 담당자로서 뜻대로 안 되는 경우를 많이 경험했다. 그리고 그 때마다 낙담도 많이 했다. 스스로의 능력을 탓하기도 하고 해결할 수 없는 문제라고 스스로 위로하기도 했다.

그러던 어느 순간 나는 다른 선택을 해야만 한다는 결론을 내렸다. 즉, '기존의 데이터베이스 구조인 RDBMS(관계형 데이터베이스)로는 안 된다. 이 문제는 현재의 우리 팀 능력이 부족해 생기는 것이 아니다'. 이런 결론에 도달하고 나는 생각의 변신을 시도해 다른 솔루션으로 도전하게 되었다. 그럼 그 동안은 왜 다른 가능성을 생각하지 않았을까? 그 동안 당연히 업계에서 인정 받은 데이터베이스를 사용해야 한다는 타성에 젖었기 때문이었다. 결과적으로 그런 선택은 몇년이 지난 후 대체적으로 올바르다고 결론이 났다.

내가 이 선택을 내릴 수 있었던 배경에는 몇 가지 요인이 있었다. 하나는 그 동안 내가 알게 모르게 많은 경험을 했다는 것과 주변에서 다른 서비스 산업에 대한 몇 가지 대안이 될 수 있는 정보를 들을 수 있어서였다. 많은 경험이란 그 동안 여러 번의 백썹을 통해 데이터베이스의 능력이나 속성을 파악한 것이고, 주변 정보란 단지 이런 문제가 게임 업계만이 아니라 기존의 다른 서비스 산업에서도 이미 일어나서 나름의 해결책을 마련했었다는 정보였다. 이런 정보를 바탕으로 선택에 대한 확신이 생겨 서버 시스템에 기존의 RDBMS가 아니라 메모리 DB라는 체계를 도입하게 됐었다.

새로운 체계를 도입해 본 경험이 있는 사람은 알겠지만 이런 일에는 성공적인 면도 있고 시행착오가 필요하다는 걸 안다. 우리도 물론 그런 과정을 거쳤다. 그러나 우리는 이제 이전과는 다르게 발생하는 백썹 문제를 일정한 수준에서 제어할 수 있었다. 그 결과 우리는 게임 프로젝트에서 안정적인 서비스가 가능하게 됐었다.

어떤 문제를 한 가지 방법으로 모두 해결하기가 어려운 경우가 많다. 그게 바로 배운 점이기도 했다. 그 당시의 선택은 지금도 괜찮은 선택이라고 생각하며 마음에 뿌듯함을 느낀다.

중요한 메모리 문제를 해결하면서 얻은 변화

게임 프로그램 분야는 크게 나누면 서버 파트와 클라(클라이언트) 파트로 나눌 수 있다. 나는 처음에는 하드웨어 프로그램을 주로 해서 3D 클라이언트 프로그램은 할 생각을 하지 않았다. 사실 실력도 경험도 많지 않았다. 회사 내에서도 주로 서버와 관련된 일을 많이 했다. 그래서 최신의 클라 기술은 몰라도 되는 상황이었다. 또한 알고리즘이나 데이터베이스 분야는 그런대로 적응을 할 수 있어 일하는 데도 별다른 어려움은 없었다. 클라이언트를 담당하는 파트는 3D 분야를 경험한 경력이 있는 직원들을 뽑아서 같이 일하고 있었다.

그 당시 우리 회사는 두 개의 3D 게임 프로젝트를 추진하고 있었다. 첫 번째 게임 프로젝트는 외부에서 들어와 개발을 시작했던 터라 서버 부분에 생기는 문제를 가끔 얘기해 주는 것 외에는 다른 팀에서 클라이언트에 대해서는 신경을 안 써도 나름 잘 돌아가고 있었다. 두 번째 게임 프로젝트는 게임 클라이언트를 기존의 멤버들이 자체적으로 만들었는데, 오픈 소스 게임 엔진을 참고로 자체 엔진으로 제작해 소수의 인원을 뽑아서 하는 클로즈 베타 테스트를 하면서 인기가 높아지고 있어 분위기는 좋았다. 단지 게임 클라이언트가 다운되는 문제가 생겨 가끔 불만이 접수된다는 얘기만 들렸다.

두 번째 프로젝트의 게임이 점차 인기를 끌며 동시 접속자가 늘어나자 클라이언트의 다운 문제가 크게 부각되었다. 그래서 클라 개발팀에는 잘한다는 직원을 배치시켰다. 그래도 문제가 해결될 실마리가 보이지 않자 회사 사장님까지 나서 문제를 걱정하며 여기 저기 조언을 구하거나 묻고 다녔다. 그만큼 게임 개발의 성공이 회사에 필요했다.

예나 지금이나 다른 개발자가 만든 프로그램에 대해 조언을 한다는 것은 프로그래머가 싫어하는 일이다. 다른 개발자가 열심히 만든 것을 비판하고 잘못됐다고 말하기를 싫어하는 개발자의 특성 때문인지 문제 해결은 잘 안 되었고 시간만 계속 흘러갔다. 그에 따라 게임 플레이를 하는 유저의 불만은 계속 게시판에 쌓여만 갔다. 나는 그때 선임 서버 개발자로서 서버 프로그램 개발 과정에서 생기는 문제를 지원하는 일종의 컨설팅 작업을 주로 하고 있었다. 다른 개발자가 만든 프로그램 중 문제가 생기면 같이 분석하고 오류를 서로 얘기하며 길을 찾는 그런 종류의 일을 했다. 물론 내 지적이나 의견이 항상 옳은 것은 아니었지만 그 동안의 개발 경험에서 나오는 노하우로 서로 의견을 나누며 문제점을 많이 해결했다. 그래서 어느 정도 회사 내에서 인정을 받고 있었다. 마침 문제가 되고 있는 게임 클라이언트 파트가 속한 프로젝트의 서버도 컨설팅을 하고 있었던 나는, 자연스럽게 그 프로젝트의 클라이언트 내용도 피상적으로 알고는 있었다.

문제가 해결되지 않고 계속 평행선을 그리자 어느 날 사장님으로부터 나에게 클라이언트 분야를 한번 봐 주라는 명령이 떨어졌다. 아마도 서버 개발 파트를 컨설팅 하는 역할을 보고 그래도 도움이 될 것 같다고 생각하고 내린 결정 같았다. 갑작스러운 지시에 잘 모르던 클라 파트, 그것도 그 당시에는 최신의 3D 클라 프로그램을 디버깅해 원인을 찾으라는 지시는 처음에는 참 따르기 힘든 명령이었다. 못한다고 얘기는 하고 싶었지만 당시 회사의 사정을 잘 알고 있던 나는 못한다는 얘기는 차마 할 수 없었다. 그래서 그냥 가볍게 해 보겠다는 말로 그 자리를 넘겼다. 자리로 돌아온 나는 의무감에서 방법을 찾기 시작했다. 그래서 클라 담당자에게서 프로그램의 문제점에 대해 들어 보았다. 문제는 유저가 장시간 게임을 플레이하면 게임 클라이언트가 죽는다는 것이었다. 그 동안 조사했던 담당자의 추정으로는 메모리 문제 같다고 알려줬다. 나는 메모리 문제라면 서버 개발에서도 많이 생기는 문제라서 그 말을 들으니 어느 정도 할 수도 있겠다는 생각이 들었다.

메모리 문제는 서버 프로그램에서도 생기는 문제였다. 프로그래머라면 메모리 관리를 잘해야 프로그램이 장시간 별 문제 없이 동작한다는 사실은 잘 알고 있었다. 나는 과거 서버 개발에서 얻은 경험으로 우선 클라이언트 소스에서 메모리 생성과 해제 부분을 찾아서 서로 쌍을 이루게 짝을 맞추는 작업을 해 보았다. 짝을 맞추는 작업이란 프로그램 소스에서 메모리의 생성을 시스템에 요청하는 부분과 프로그램에서 생성된 메모리가 더 이상 필요 없어지면 시스템에 반환하는 과정이 서로 쌍을 이루는지 검사해 보는 과정을 말한다. 클라이언트 소스에서 기본적인 메모리 문제는 찾을 수 없었다.

잠시 낙담을 했지만, 클라이언트에서 기본적으로 사용되는 3D 관련 함수를 살펴보기로 정했다. 우리는 그 당시 MS의 다이렉트엑스(DirectX)라는 이름의 3D 라이브러리를 사용하고 있었는데, 이 라이브러리에서도 메모리를 할당 받고 반환한다는 점은 미리 알고 있었다. 다른 직원들은 당연시 하는 소스를 중점적으로 살펴 보면서 메모리의 짝을 맞추는 문제를 집중적으로 보았다.

결론은 그곳에 문제가 있었다. 다른 직원들은 당연시 한 부분에 메모리 문제가 있었다. 사실 좀 더 근본적인 이유는 사용하는 함수 설명이 영어로 돼 있어 우리가 그 사용법을 잘못 이해했던 것이었다. 어쨌든 나는 3D 클라이언트 엔진을 잘 모르는 상태에서 그 동안 계속되던 메모리 문제를 운좋게 해결할 수 있었다. 물론 그 일로 주위의 찬사도 받고 나름대로 프로그래머로서 받는 보상인 보람도 느낄 수 있었다.

다른 이의 격려는 커다란 보상이다. 나 역시 그랬다. 그 경험은 나에게 회사에서 능력을 인정 받게 했고, 나 스스로도 클라이언트에 대한 일종의 자신감을 얻은 계기였다.

'서버 프로그램이나 클라 프로그램이나 같은 프로그램이구나' 하는 생각도 하게 되었다. 그래서 그것이 계기가 되어 클라이언트의 매력도 느끼게 되어 서버 프로그래머에서 클라이언트 프로그래머로 변신하게 된 순간이었다.

그 순간에서의 선택은 사실 주변 환경에 의한 이유가 더 컸다. 그 당시 회사 내부에는 서버 개발자는 나를 비롯해 어느 정도 많았으나 클라 개발자는 다소 능력이나 경험에서 부족한 상태였다. 클라이언트로의 전환은 '회사를 돕자'라는 사명감도 있었다. 클라 파트에서 생기는 문제를 잘 알면 그 동안 회사 내에서 겪던 여러 문제를 해결할 수 있겠다는 생각도 한 것 같다.

지금 생각해 보면 그 순간의 깨달음과 변신은 회사를 시작했으니 발전시켜야 한다는 일종의 의무감에서 생기는 객기 같은 것이었다. 유능한 클라 개발자로 크지 못한 지금은 더욱 더 그런 생각이 든다. '무모함이 앞섰나?' 하는 생각과 '좀 더 잘 할 수 있었을 텐데' 하는 아쉬움이 남지만 그 당시에는 최선을 다한 선택이었다고 생각한다.

프로그래머로 발전하는 길에서의 변신

라이센스 분쟁으로 시작한 리눅스 프로그래밍

지금은 일상화된 문제지만 게임 업계에 라이센스 문제가 크게 불거진 때가 있었다. 문제가 나타나기 시작했던 2000년대에는 별의별 일이 다 있었다. 이런 소동의 가장 큰 원인은 그때까지 조용하던 라이센스 문제가 마이크로소프트사와 어도비사 등 몇 회사가 이때를 시작점으로 갑작스럽게 문제를 삼기 시작했기 때문이었다. 이로 인해 정부 또한 외국과의 통상 마찰 문제로 관심을 기울이며 단속을 시작하였다.

소프트웨어 라이센스는 프로그램 복사 방지 기술이 플로피 디스크에 적용되면서 시작된 듯하다. 유명 유틸리티 프로그램이나 PC용 콘솔 게임에 적용돼 일반적 방법으로 복사해서는 실행이 안 되는 기술이 도입되면서 컴퓨터를 배우던 초기부터 있던 이슈였다. 그러나 복사 방지 방법이나 시리얼 번호를 통한 방지책은 해커들에 의해 그 복사 방지법이 깨져 생각만 있으면 어려움 없이 해결할 수 있었다. 그 과정은 컴퓨터에 대한 기본적인 특성이나 비밀스러운 노하우 같은 것을 배울 수 있는 계기가 되기도 했다. 또한 한국에 온라인 게임 산업이 태동할 수 있었던 이유 중 하나가 아마 이런 과정에서 배운 기술이 일조한 것도 무시할 수 없었다. 또한 게임 데이터가 클라이언트가 아닌 서버 시스템에 남겨져 클라이언트를 단순히 복사하거나 해킹을 해도 소용 없었던 특성이 돈을 지불하고 게임을 하게 만드는 이유가 돼 게임 업체가 생존할 수 있었던 이유이기도 했다. 그 예로 클라이언트 위주의 패키지 게임 산업은 한국에서 거의 독자 생존을 못했다는 게 그 증거일 수 있다.

엄밀한 의미로 보면 불법 복사는 위법행위임에 틀림 없다. 그러나 그러한 의식이 생기고 정착하는 데는 시간과 인식의 변화가 필요했다. 이런 시기에 바로 게임 산업이 태어났고, 막 기지개를 피는 시기가 2000년 대에 있었다.

게임 업체의 라이센스 문제는 어플리케이션 부분 즉 게임 개발 관련 툴 부분과 서버 관련 부분으로 나눌 수 있다. 게임 개발 툴 관련 라이센스는 지금 보면 당연하게 생각되지만 그 때의 일반적인 생각으로 보면 너무 비싸다고 느꼈던 게 문제였다. 또한 한 PC에 하나의 라이센스가 필요하다는 의식도 없었다. 한 카피만 정품으로 사면 된다고 많이 생각했던 시기였다. 초기에는 개발 툴을 무단으로 복사해 사용해 개발했지만 어느 정도 시간이 지나면서 한두 카피는 돈을 주고 사서 쓰는 게 당시의 소프트웨어 업계의 일반적인 상황이었다. 돈을 전혀 지불하지 않고 무단으로 쓰던 상황에서 몇 카피라도 라이센스를 구매해야 한다는 생각 자체도 커다란 의식의 변화였다. 왜냐하면 라이센스 때문에 지불하는 돈을 마련하기 쉽지 않은 현실적인 이유도 있었다. 직원들 월급을 줄 형편도 안 되는 빠듯한 상황에서 추가로 무형의 소프트웨어 라이센스를 구매한다는 것은 사실 무리가 따르는 시절이었다. 그런 상황을 아는지 외국 업체는 어쨌든 초기에는 판매되는 소프트웨어의 매뉴얼 이외에 법적으로 라이센스 문제를 크게 다루지 않는 분위기였다.

그러던 분위기가 어느 날부터 정부 합동 조사반이 생기고 수색 영장을 발급 받아 게임 개발 업체를 갑작스럽게 방문해 소프트웨어 조사를 하기 시작했다. 그리고 불법 프로그램이 적발되면 그 소프트웨어 가격의 몇 배에 해당하는 금액을 벌금으로 부과했다. 규모가 크지 않은 게임 업체로서는 난감한 상황이 전개되고 있었다. 어느 날 출근을 하면, 어떤 업체가 단속을 당해 거액의 벌금을 물게 됐다는 것이 종종 들려 공포감도 팽배했다. 물론 정부에서도 업체를 어느 정도 고려해 주기는 했다. 초창기 규모가 큰 업체 위주로 단속을 시작했으니 말이다. 그나마 소규모였던 게임 회사로서는 다행이었다.

그러나 시간이 지나면서 점차 어느 정도의 규모가 되는 회사로도 단속의 손길이 미쳤다. 우리 회사도 그런 단속의 흐름 속에서 온라인 게임을 통해 번 돈의 많은 부분을 정품 소프트웨어를 구매하는 데 사용하게 됐다. '돈을 벌어 외국 소프트웨어 업체 먹여 살리는구나' 하는 푸념을 하기도 했다. 어쨌든 그런 혼란과 일종의 억울함을 느끼며 회사 내부에서도 정품 소프트웨어를 써야 한다는 의식이 생겼고 차츰 변해간 것은 틀림없다. 지금 생각해 보면 의식이 발전하는 한 과정이었던 것이다. 그러나 그 당시의 절박함은 지금의 느긋함과는 거리가 먼 것 또한 사실이었다.

이런 큰 흐름 속에서 회사에도 커다란 시련이 닥쳐 왔다. 소프트웨어 단속을 당한 것이다. 당시 어느 정도 대비를 해서 문제가 없을 것이라고 생각한 것은 우리의 착각이었다. 직원들 개개인이 불법으로 복사해 쓰던 패키지 게임이 걸리기도 했는데, 가장 큰 문제는 서버용으로 사용하는 OS의 라이센스가 큰 분쟁을 일으켰다. 당연히 서버 대수만큼 라이센스 카피수를 가지고 있으면 괜찮을 거라고 생각한 우리의 믿음을 깨고, 우리가 가지고 있는 OS 라이센스는 서비스용 라이센스가 아니라 개발용 라이센스라는 논리로 우리를 압박했다. 소프트웨어 라이센스에 그런 것도 있냐며 말이 안 된다고 우리회사와 외국의 소프트웨어 회사는 서로 싸웠고 결국 경찰서까지 가서 시시비비를 가리게 되는 문제로 커졌다. 우여곡절 끝에 다행히 경찰에서 우리 회사의 주장을 들어줘 힘겹게 끝나게 되었다.

게임 서버의 OS와 데이터베이스의 사용에 대한 라이센스 문제를 해결해야 한다는 인식이 회사 내부에 생겨났다. 이번에는 지나갔지만 다음 번에는 잘 해결된다는 보장이 없었다. 그럼 대안으로 어떤 프로그램과 OS를 사용해야 하는가 하는 논의가 이루어졌다. 그때 나온 것이 서버용 OS로는 리눅스를 사용하고 데이터베이스로는 공개용 데이터베이스를 사용하자는 주장이었다.

그 동안 우리 주위에서 알려진 소문은 리눅스는 사용하기 어렵고 일부 전문가만이 사용할 수 있는 OS라는 게 일반적인 얘기였다. 따라서 별로 관심을 두지 않고 있었던 그런 상태였다. 그러나 게임 서비스를 오픈해 어느 정도 잘되기 시작하면 물리적으로 필요한 서버 컴퓨터가 수십 대에서 수백 대가 필요한 경우도 많았다. 그리고 그 대수에 해당하는 수만 큼의 유료 라이센스를 구입하려면 엄청난 비용이 필요하기 때문에 대안이 반드시 필요했다.

리눅스를 OS로서 사용해야 한다, 공개 데이터베이스를 사용해야 한다는 결론이 날 무렵, 그 동안 상업용 OS에서 구동되던 서버 프로그램을 리눅스용 서버에서 구동되게 하는 전환 작업을 주도할 사람이 필요했다. 일단 바꾸자는 방침은 사장님으로부터 확실히 결정되어 내려졌으므로 다른 이견은 없었으나 기존 체계에서 새로운 체계로 이동하는 일은 쉬운 일이 아니었다.

그 일을 적극적으로 할 사람이 필요했는데 그 위치에 있었던 게 나였다. 그 당시 나는 서버 개발에 심취해 있었는데 주로 서버와 관련된 버그 문제 해결이 주요 업무였다. 그러다 보니 자연히 서버와 관련된 문제는 내가 제일 많이 아는 위치였다. 그리고 그런 문제를 많이 접하다 보니 서버 프로그램의 전반적인 구조를 잘 알게 돼 서버 프로그램 제작에 관해서는 마음속으로는 어느 정도 자신도 있었다. 그때 새로운 도전 과제가 생긴 것이었다.

문제를 접하게 되면서 처음 시작한 일은 사내에 리눅스를 아는 직원이 있는지를 조사하는 일이었다. 다행히 몇명 있었다. 물론 취미로 혼자 공부하는 소위 말하는 얼리 어댑터들이었다. 아마도 우리 회사가 서버용 OS를 리눅스로 바꿀 수 있었던 계기는 그 직원들의 존재였는지도 모르겠다. 그 후 여러 난관을 겪었지만 회사 전체 서버는 리눅스 계열로 바뀌었다. 처음에는 문제에 대한 두려움도 많았지만 어쨌든 성공은 이루었다.

바로 그 순간이 윈도우즈만 쓰던 내가 리눅스 서버 개발자로 변신한 때였다. 선택의 순간이기는 했지만 사실 다른 선택의 여지도 별로 없었고 꼭 바꾸자는 생각만으로 변신을 한 순간이기도 했다. 그러한 변신이 있은 후 회사 내부적으로는 라이센스에 대한 문제로부터 많이 자유로워졌다. 특히 서버 관련 분야에서는 자유로워졌다고 할 수 있었다.

개인적으로도 의미가 있었는데, 새로운 방향의 도전도 '하면 성공할 수도 있겠구나' 하는 자신감이 마음 속에 자리 잡게 된 계기이기도 했다.

살면서 느끼게 된 것이 선택과 변신은 상당 부분 어쩔 수 없는 경우가 많다는 것이다. 그러나 그러한 순간을 위해 미리 준비하는 마음가짐이 그 순간에 필수적이었다는 것을 다시 한번 알게 된 경우였다.

바둑 프로그램을 런칭하며 배운 교훈

초기 회사를 시작하면서 우리가 한 일들은 간판 업체용 프로그램 제작과 병행해서 대기업 PC에 들어가는 응용 프로그램 개발이었다. 흔히 PC용 번들 프로그램이라고 했는데 그 종류는 다양했다. 개인 정보 관리 프로그램(PIMS)이나 프린터에서 사용되는 한글배너방 같은 유틸리티 등이 그것이다. 이런 대기업용 PC에 사용되는 번들 프로그램 납품 사업은 작은 회사로서는 수익에 상당히 도움이 되는 사업이었다. 일정 수량이 보장되므로 납품만 할 수 있다면 소프트웨어를 유료로 팔기 어려운 그 시절에는 소프트웨어 회사로서는 생존이 보장될 수 있는 큰 사업 분야이기도 했다.

그 형태는 PC를 판매하는 대기업에 따라 다른데, 일반적으로는 용역 프로젝트 형태로 진행되는 경우가 많았다. 어려운 점은 늘 보장되지도 않고 인맥이 필요한 점이었다. 기회가 되어 몇번 납품되더라도 다음 번에 또 납품된다는 보장이 없는 점이 작은 소프트웨어 업체로서는 어려움이었다.

그런 번들 사업을 하며 회사의 명맥을 유지하니 점차 시대가 변해 PC 통신이 꽃을 피우며 새로운 종류의 사업 기회가 열렸다. 그 당시 통신사에서 많이 한 사업은 채팅 방 운영이었는데 그 콘텐츠 이외에도 보드 게임으로 불리는 바둑, 장기, 오목 등의 게임 서비스를 제공했다. 그 당시 가장 잘 되는 서비스는 채팅 서비스였는데 이런 서비스는 외부의 작은 업체에는 기회가 주어지지 않고 보통은 자체적으로 제작돼 운영되었다.

따라서 우리 회사는 자연스럽게 어느 정도 외부 업체에 기회가 주어지는 게임 쪽으로 개발이 진행되었고 나름 경쟁력 있는 게임을 만들어 냈다. 보드 게임 서비스는 규모나 운영면에서 비교적 짧은 시간에 만들 수 있는 서비스로 만드는 입장에서도 재미있었다. 보드 게임 서비스 중에서도 가장 매출이 많이 나는 서비스는 바둑이었는데 바둑 서비스 역시 PC통신 서비스 업체에서 직접 운영을 했다. 그래서 우리는 그 이외의 게임을 만들어 납품하고 일정 부분을 로열티로 받는 사업을 진행할 수밖에 없었다.

전화선을 이용하던 PC 통신 서비스는 몇년이 지나자 우리가 현재 알고 있는 인터넷 서비스로 전환되었다. 즉 인터넷이라는 망을 공급하는 회사와 콘텐츠를 제공하는 회사가 분리된 것이다. 이런 변화는 콘텐츠를 제작할 수 있는 작은 개발사에도 기회를 제공해 줬다. 이때 인터넷 상에서 인기 있는 콘텐츠 중 하나가 바둑 서비스였다. 우리 회사도 이런 흐름을 타고 게임 서비스를 시작했는데, 게임 서비스를 처음 시작하면서 많은 사용자를 끌어야 했던 우리 회사는 바둑을 인터넷으로 서비스하자는 결정을 내렸다. 그리고 내가 그 개발을 맡게 됐다. 그 이유는 바둑을 어느 정도 둘 줄 아는 개발자가 나를 비롯해 몇명 없었기 때문이었다.

　　바둑을 둘 줄 아는 사람은 알겠지만 사실 쉽지 않은 놀이이다. 현재는 그 유행이 다소 위축된 듯 하지만 예전에는 정말로 사회적으로 인기가 있었다. 조치훈9단으로부터 시작된 바둑 붐은 조훈현9단, 이창호9단 등으로 이어지며 한창 인기를 끌고 있었다. 인터넷 상에도 바둑의 인기는 상당히 높았다. 그러므로 이미 선점한 바둑 서비스가 있었다. 역시 선점 효과가 있어서 많은 유저들이 그 서비스를 이용하고 있었고 후발 주자들은 바둑 서비스를 할 수는 있어도 유저로부터 인정을 받기는 쉽지 않은 그런 상태였다. 물론 초창기 서비스들이 그렇듯이 여러 문제점과 서비스 상태의 불안함이 있었다. 이런 점이 그나마 후발 주자가 시장에 진입할 수 있는 틈새가 될 수 있었다.

　　그러나 선점하고 있던 바둑 서비스는 많은 사용자가 즐길 만한 잘 만든 서비스였다. 따라서 후발 주자였던 우리 회사의 바둑 서비스는 초창기 서비스를 하면서 크게 두각을 나타내지는 못했다. 나름 후발 주자답게 그래픽 인터페이스나 채팅 기능 등은 기존 서비스보다 더 잘 만들어 그 부분에는 경쟁력이 있었다. 그러나 그걸로는 바둑 서비스 시장에서 크게 인정을 받지 못했다. 또한 처음 서비스를 시작할 당시에는 프로그램의 불안으로 많은 항의와 놀림을 받기도 했다. 기존 서비스와 비교해 그래픽만 좋다는 비아냥을 듣기도 했다.

　　서비스가 오픈되고 어느 정도 시간이 흐르자 서비스도 안정되고 본격적으로 타 프로그램과의 경쟁력 문제를 논의하기 시작했다. 서비스를 하는 목적인 많은 유저를 유치하려면 나름대로의 뛰어난 점을 유저에게 각인시켜야 했다. 그렇지 못하면 현 상태에서 다른 게임 서비스를 따라 잡을 수 없었다. 타 바둑 서비스의 문제점을 분석하던 팀에서 네트웍 문제로 인한 안정적인 바둑 대국 유지가 타 서비스의 가장 큰 문제라는 분석 자료를 보내왔다. 네트웍 문제는 공통적인 문제로 우리도 똑같이 안고 있는 문제였다. 내부 회의에서 우리는 그 부분을 극복하는 장점을 살린 추가 개발을 하자고 의견이 모아졌다. 그 당시 서버의 안정성 문제로 골머리를 쓰고 있던 나에게 그런 주문이 떨어졌다. 힘든 밤샘 작업과 에러 문제로 힘들어 하던 나는 참 난감한 상태였다. 현재의 문제도 해결이 잘 안 되고 있는데 추가로 새롭고 복잡해 보이는 시스템을 더 넣으라는 주문이 들어오니 참 힘든 상태로 몰리는 느낌이 들었다.

지금 우리들 주변의 게임 서비스들은 그 당시에 비하면 엄청난 안정성과 퀼리티를 가진 서비스들이다. 그 동안 겪었던 경험들이 녹아든 결과인 것이다. 그러나 그 당시의 서비스 수준은 낮았는데 그 이유는 적은 인원으로 경험도 많지 않은 상태에서 안정된 서비스와 양질의 콘텐츠를 동시에 만족시키기 어려워서였다. 그런 상태가 당시의 바둑 서비스 수준으로 나타난 것이다.

우리는 목표를 네트웍 상태가 불안해 서비스가 중단되어도 다시 접속하면 끊어지기 전의 상태와 동일한 모습으로 만들어 유저가 만족스러운 대국 서비스가 되게 하자로 정했다. 이러한 목표를 이루려면 몇 가지 해결해야 할 난관이 있었다. 목표를 제안한 이는 문제점을 해결할 수만 있다면 인터넷 바둑 프로그램 사용자들이 분명히 만족해 하고 경쟁력 있는 서비스가 될 것이라고 개발자인 우리에게 믿음을 주었다. 내가 힘들다고 하면 끈질기게 그 점을 나에게 설명해 주었다. 결국 나도 그 점을 인정하고 양질의 서비스 개발에 몰두할 수 있었다. 그런 과정을 거쳐 결국 바둑 서비스는 그 이후 잘 개발되어 국내에서 상위 랭킹에 오르게 되었다.

나는 그때가 인생의 중요한 교훈을 얻었던 순간이라고 생각한다. 바둑 서비스가 성공으로 끝나 프로젝트를 완성했다는 자부심도 생겼지만 그것과는 별도로 스스로 배운 점이 있었다.

성공을 원한다면 남들과 다른 차별화된 경쟁력을 키워야 한다는 점이었다. 이런 생각은 어느 순간 내 마음속에 새겨진 것이지만 프로젝트에 참여하고 충고해 주는 주위의 도움이 있어 가능했다. 누구에게서 듣거나 책에서 읽어 배운 교훈과 몸소 배운 교훈 사이에는 큰 차이가 있다.

프로그래머에서 사회인으로 느끼는 순간에서의 변신

좋은 직원들과 계속 일하고 싶으면 지금은 야속하게

직원을 대하는 태도는 내가 회사 생활을 시작하면서 지금까지 많이 변하지 않은 것 같다. 물론 전혀 바뀌지 않았다는 얘기는 아니다. 출발이 학교 서클에서 시작한 회사여서인지 그 영향은 어느 정도 아직까지 남아 있을 수도 있다. 초기 회사의 모습은 아는 선배, 아는 후배의 관계로 특별한 문화나 룰이 있지는 않다. 오랫동안 같이 생활을 한 탓에 프로젝트를 진행할 경우에도 어떤 룰을 만들어 지킬 필요가 없었다. 알아서 잘해줬고 알아서 잘했으니 소위 말하는 이심전심이라고 할 수 있다.

이러던 문화는 투자자가 들어오고 외부의 직원들이 함께 일하면서 변하기 시작했다. 교수님이 만든 벤처 회사에서 그러한 사회 경험을 하게 된 것이었다. 의리로 뭉친 우리와 일반 회사원의 마인드로 입사한 직원들 사이에는 당연히 어떤 간격이 존재했다. 그 당시에는 회사에서 어떤 상하 관계가 뚜렷이 존재하지 않았으므로 내가 어떤 의식을 가지고 직원들을 다루는 일도 없었다. 지금 생각해 보면 선배와 후배만의 관계가 있었다고 생각된다. 이런 의식이나 체계는 상당한 장점이 있었다. 초기 회사에서 일을 하는 데 동력이 되었음은 분명했다.

그러나 회사가 변화를 겪으며 회사는 회사다워져야 한다는 생각을 하게 된다. 나만 이런 생각을 한 것은 아니었고 좀 더 강하게 주장하는 후배들도 있었다. 그렇지만 이런 생각들은 마음 한구석에서 가끔 생겨났을 뿐 그당시 우리를 지배하던 생각은 소프트웨어를 개발하고자 하는 열정이었다. 이런 다소 의리에 기반을 둔 회사 문화는 그후 오랫동안 유지됐다. 나름 문제점과 모순을 내포하고 있었지만 회사를 결속시키는 주요 구심점이 되었다. 그후 온라인 게임의 유행을 타고 나름 초기 개발사로서 이름을 알리며 규모가 조금씩 커져 갔다. 따라서 게임을 개발할 때 이끌어야 할 직원들의 수도 늘어 갔고 어느 순간이 되자 수십 명에 달해 있었다.

　게임 팀의 구성은 다양한 분야의 개발자들이 모여서 이루어지는데, 초기의 게임 개발자들은 대부분 게임을 좋아해서 개발에 대한 열정으로 회사에 들어온 경우가 대부분이었다. 그래서 일반적인 회사의 직원들과는 그 생각이나 행동이 달랐다. 내가 이끌던 개발팀 역시 그런 특징이 있었는데 나와 게임 개발에 대해 생각하는 바가 비슷해서 프로젝트를 진행하는 데 작은 문제들을 제외하면 큰 문제들은 없었다.

　내가 생각할 때, 게임 개발은 그 속성상 자체에 모순을 포함하고 있다. 가장 큰 모순은 개발 기간이 오래 걸린다는 점이다. 시간이 오래 걸리게 되면 다양한 문제점을 만들어 낸다. 첫 번째는 게임 트렌드의 변화가 개발 기간 내에 생길 수 있다는 점이다. 즉 유저들이 좋아하는 게임 유형이 바뀔 수 있다. 유행을 타지 않는 게임을 만들면 좋겠지만 시대의 변화를 역행하기는 사실 불가능하다. 이런 유행의 변화를 개발에 반영해야 한다는 압박을 받게 되고 이를 반영하다 보면 개발 기간은 더 늘어나게 된다. 지금도 개발 기간의 지연은 게임 개발사에서 흔한 일이 돼 버렸다. 이렇게 개발 기간이 늘어나게 되면 개발비의 증가로 이어질 수밖에 없다. 세상의 모든 일이 그렇듯이 원래의 계획보다 그 기간이 늘어나면 부작용은 기하급수적으로 나타난다. 이런 부작용의 가장 큰 재앙은 개발 프로젝트의 중단이다. 나 역시 이런 사태를 몇번 겪은 것 같다. 개발자 위치에서 혹은 일종의 관리자인 개발 매니저 위치에서 나는 이런 사태를 겪었고 그래서 깨닫게 된 기준도 생기게 됐다.

처음에는 개발자로서 나는 팀원들의 어려움이나 개인 사정, 개인의 나태함 등을 많이 봐주는 팀의 리더로 행동했다. 개별 팀원이 부탁이나 사정을 하면 대부분 용인하는 그런 태도를 취하면서 개발팀을 이끌었다. 당시에는 그런 행동이 옳다고 생각했다. 나 역시 개발자로서 그런 생각이나 상황을 과거에 많이 겪었기 때문이다. 그리고 스스로 나름 인정 많은 윗사람이라는 만족감도 느꼈다.

그러나 개발 프로젝트의 중단은 여러 안 좋은 상황을 만들어 낸다. 개발자들 스스로에게는 그 동안의 열성을 다했던 프로젝트에 대한 허탈감이나 아쉬움과 같은 개인 감정에서부터 최악으로는 개발자로 참여했던 직원들을 내보내야 구조 조정을 할 경우가 생기기도 한다. 개발팀을 이끌던 관리자 역시 뜻하지 않게 직원을 내 보내야 하는 어려운 경험도 하게 된다.

나 역시 늘 같이 일하던 직원을 많이 떠나 보낸 경험을 했다. 긴 시간 동안 동고동락 하며 일했고, 힘들어 할 때는 직원을 독려하며 같이 힘을 냈던 상황에서 갑자기 변해져 버린 상황에서 나는 참담함을 느낀 적도 많았다. 개발할 때 좀 더 잘할 걸 하는 후회와 반성이 다가왔던 때도 한두 번이 아니었다.

나도 그런 과정을 겪으며 스스로의 마음가짐을 바꾸는 변신을 하기로 결심했다. 지금도 그 결심이 바뀌지 않고 있다. 좀 냉정하게 들릴지 몰라도 '기회가 주어지고 여유가 있을 때 차라리 못 된 관리자가 되자'라는 마인드의 변화였다. 특히 많은 직원들을 이끄는 입장이라면 그 막중함은 더욱 크다. 못된 관리자라는 의미는 지금도 찾고 있는 과정에 있다. 일을 어떻게 제대로 할 수 있도록 만들 것인가에 대한 고민이고 실천인 것 같다.

그만큼 전체 프로젝트의 실패는 혹독한 대가를 지불해야 한다는 것을 알게 된 것이다. 프로젝트가 중단될 뿐만 아니라 더욱 안 좋을 때는 회사 상황을 어렵게 만들어 더 큰 대가를 치를 수도 있는 것이다. 이런 어려운 과정을 겪으며 나는 현재보다는 미래를 행복하게 하는 개발 관리자가 되리라 마음을 다졌다. 이러한 생각 역시 내 인생에서 겪은 중요한 변신의 하나였다. 혹독한 경험이 인간을 바꾼다는 옛말이 새삼 느껴진다.

번들 만들던 시절과 기업공개 보류 뒤의 분열

회사를 시작할 때는 뜻이 같은 몇 명의 서클 선후배를 중심으로 시작했으므로 뜻이 다른 경우가 별로 없었다. 그러나 시간이 지나며 새로운 후배들이나 전혀 모르는 외부의 직원이 들어오고 회사가 성장을 하자 자연히 문제가 생겼다. 작은 문제에서부터 큰 문제까지 다양한 갈등 중에서 나는 머릿속에 남는 커다란 문제를 몇번 겪었다. 하나는 회사의 성장 초창기에 겪은 후배들과 직원 일부의 퇴사 사태였고 두 번째는 회사가 어느 정도 성장한 후 겪은 경영진 퇴사 사태였다. 퇴사한 직원들이나 이를 주도한 이들에 대한 개인적인 감정이 전혀 없다고 할 수는 없지만 그렇다고 크게 미워할 만한 그런 사태도 아니었다고 지금은 생각한다. 다만 아쉬운 점은 서로 뜻을 모아 시작했던 일이 의견이나 미래 비전에 대한 차이로 서로 각자의 길을 가기로 하고 헤어져야 했던 상황을 돌이켜 보면 지금도 마음 한구석이 무겁다. 이번에는 그런 헤어지는 순간에 대해 이야기해 보려고 한다.

초기 회사의 수익 모델은 상당 부분 대기업 컴퓨터의 번들 소프트웨어 판매에 의존하던 때가 있었다. 이 때에 회사 내에서는 다양한 분야의 소프트웨어나 하드웨어 개발이 이루어지고 있었다. 회사의 구성 개개인들이 자기가 하고 싶은 분야를 하고자 했기 때문에 몇개의 분야로 나누어 일하고 있었다. 일부는 하드웨어 장비를 개발하기도 했고 일부는 온라인 게임을 만들겠다며 초기 버전을 준비하는 등 회사 내에서는 나름 재미 있게 돌아갔다.

그 중 돈을 잘 버는 분야 중 하나가 대기업 PC용 번들 프로그램 개발 부서였다. 그 당시 번들용 프로그램으로는 프린터용 유틸리티 프로그램이나 개인 정보 관리 프로그램 같은 것이 유명했다. 때마침 담당 기업 PC 부서의 직원이 입사를 해 같이 일을 하는 그런 시기였다. 그래서 나름대로 대기업 상대로 영업도 활발한 때여서 일정한 매출 구조를 이루고 있었다. 이런 식으로 회사가 돌아가자 점차 내부에 생각이 다른 직원들끼리 모이게 되고 조금씩 갈등이 생기기 시작했다.

젊은 후배를 중심으로 한 PC용 번들 프로그램 개발팀은 회사에서 제대로 대우를 받지 못한다고 생각하였다. 즉, 회사의 매출 중 많은 부분을 내고 있는데 회사에서 받는 대우가 부족하다고 생각이 들었던 모양이다. 결국 그 부서를 중심으로 순식간에 퇴사가 이루어졌다. 회사가 순식간에 둘로 갈라진 것이다. 어찌 보면 당연한 결과인지도 모른다. 회사에서 잘나가는 부서와 그렇지 못한 부서에서 서로의 생각이 다른 것은 당연할 지도 모르겠다.

회사가 생존을 위해서는 매출과 이익이 있어야 하는데 전체 매출의 상당 부분을 어느 한쪽에서 만들어 내면 반대로 다른 쪽은 그에 의존하게 되는 그런 종속 관계가 되므로 서로 좋게만 생각하며 생활하기는 어려웠던 것이다. '이익이 나면 그에 맞는 인센티브를 제공하면 되지 않겠냐는 생각은 할 수는 있어도 회사 초기에 발생했던 매출 규모는 그에 못 미쳤고 돈도 제대로 벌지 못하던 그런 시절이어서 그런 수익 분배를 하기는 어려웠다. 그 시절에는 발생한 수익은 전체를 위해 골고루 나눠야 겨우 생활하는 수준이었고 회사의 틀 역시 갖춰지기 전에 일어난 사건이었다.

또한 회사의 구성이 선배와 후배라는 프레임으로 굳어져 회사의 미래나 자신의 비전을 찾지 못한다는 불만도 한몫 했다고 한다. 언젠가는 회사의 방향이 결국은 일반 회사처럼 제 궤도를 찾아 돌아갈 것이라는 생각보다는 언제까지 선배들 밑에 있기 싫다는 그런 마음도 있었다는 얘기도 들려왔다. 그런 후배들의 마음을 움직인 구심점이 되었던 직원도 있고 해서 후배를 설득해 보려 했지만 이미 선을 넘어서 어쩔 수가 없었다. 결국 회사 인원의 상당 수가 퇴사를 했다. 물론 그 후배들이 하던 업무를 이관 받아 번들 사업은 그 이후에도 어느 정도 했지만 한번 동력을 잃어버린 분야라서 얼마 못가 번들 소프트웨어 사업은 그만두게 되었다. 그 이후 PC 통신 관련 사업으로 사업 부문을 전환하고 회사 한 구석에서 하던 온라인 게임으로 회사는 방향을 틀게 되어 회사가 게임회사로서 변신하게 된 출발점이 된 사건이기도 했다.

그 당시 느꼈던 느낌은 점차 우리도 기성 사회를 닮아가고 있구나 하는 생각이었다. 좋은 쪽으로 생각하면 뜻이 맞는 사람들끼리 다시 헤쳐 모여 사업을 하게 된 것이고, 나쁘게 생각하면 내부 직원들을 선동해 회사를 분리하는 그런 공작이 존재하는 사회 속으로 뛰어든 그런 느낌을 받은 사건이었다.

그런 풍랑 속에서 나는 또 한번 생각의 변화를 경험했다. 당시에는 미처 크게 생각지 않았지만 나중에 생각해 보니 사람에 대한 불신이나 그런 생각이 마음속에 들어서기 시작한 것 같다.

하고 싶은 일을 순수한 마음으로 시작하고 그 결과를 공평하게 나눠가진다는 생각이 점차 변하기 시작한 것이다. 자본주의 사회에서 능력에 맞게 대우를 해주지 못하면 불만을 다스릴 다른 방법은 없다는 것을 점차 깨닫게 되는 계기였다.

두 번째 사건은 회사가 온라인 게임으로 어느 정도 성과를 내면서 발전하던 시절에 왔다. 초기의 게임 성공으로 회사는 그 당시의 붐이었던 기업 공개 신청을 했으나 게임 사업의 지속성이 의문시 된다는 갑작스런 사회 분위기에 밀려 보류 판정을 받은 상황이었다. 그 이후 회사는 게임 사업을 계속 잘 성장시키려고 여러 노력과 방향을 모색하게 되었는데 그 중 하나가 경영진의 외부 수혈이었다. 물론 좀 더 나은 회사를 만들어야 한다는 뜻으로 자의 반 타의 반으로 이루어진 변화이기도 했다. 이런 변화의 긍정적인 면은 점차 직원들 사이에 회사원의 마인드나 회사 규율이라는 형식을 어느 정도 도입했다는 점이었다.

어쩌면 그 당시까지도 있었던 학창 시절의 추억이 깨지던 그런 시기이기도 했다. 물론 나를 비롯한 초기 맴버들도 점차 나이가 들어 30대가 되고 40대가 되어 가니 일반적인 기준에서는 늦은 모습이었다. 그러나 게임회사라서 그런 허술한 의식이 어느 정도 용인되는 그런 상황이었다. 외부 경영진 영입이라는 변화 시도는 결국 기존 경영진과의 의견 차이와 개인적인 이익 관계 문제로 서로 분열되는 결과를 낳게 된다. 그 당시의 회사 내부 문제는 내가 알고 있는 이런 문제들 말고도 아마 많았을 것이다. 그러나 나의 입장에서 보던 이런 측면은 대체적으로 맞았다고 생각한다.

나이가 들어서 하는 이런 경험을 통해 당시에는 가치관의 큰 혼란을 느꼈다. 어느 편이 옳고 어느 편이 그르다는 이분법적 해석이 쉽지 않았다. 이후 회사는 위치를 옮기게 되고 직원들을 다독여 몇년 후에는 상장에 성공하는 기쁨을 만들어 냈다. 크게 보면 잘된 방향으로 회사는 흘러갔다. 운이 좋았다고도 할 수 있다.

앞서 얘기한 문제들은 언제나 예고 없이 찾아왔고 그 순간마다 나의 미래가 결정될 수 있는 선택을 해야 했다. 이러한 선택의 순간에 나를 이끄는 어떤 철학이 필요함을, 그런 경험이 다 지나가고 난 지금에야 절실히 느낀다. 나의 선택은 주변 상황이나 편견으로 한 경우가 많았지만, 여러분은 이런 상황에서 현명한 결정을 할 수 있는 경험이나 사고를 많이 하라고 조언하고 싶다. 그렇게 준비된 사람이 선택의 순간에서 주인공이 될 수 있고 후회하지 않을 선택을 할 수 있다.

경영자와 개발자의 갈림길

회사가 코스닥에 상장을 하고 어느 정도 궤도에 들어서면서 직원의 수가 급격히 늘었다. 주요 이유는 개발 프로젝트가 많아지고 그 규모도 커져서 필요 인력이 많아졌기 때문이었다. 따라서 개발 업무와 더불어 필요한 것이 개발자를 채용하는 면접이었다. 능력 있는 개발자를 뽑기 위해 면접을 보는 시간이 많아졌다. 그 당시에 나는 3D클라이언트 업무로 전환해서 새로운 프로그램을 익히며 개발도 함께 진행하게 돼 바쁜 시기를 보내고 있었다. 그 동안 서버 개발에서 느끼지 못했던 재미도 나름 붙여나가는 시기이기도 했다. 물론 잘 알지 못하는 분야라서 클라이언트 개발의 메인은 외부에서 들어온 클라 개발자가 맡고 나는 프로젝트 관리와 개발을 보조하는 정도로 업무에 참여했다.

내가 굳이 3D 클라이언트 업무에 참여하게 된 데는 몇 가지 이유가 있었다. 클라 개발 과정에서 생기는 여러 문제점들을 직접 참여해 알게 된다면 전체 게임 개발 과정을 더 원활히 진행시킬 수 있다는 생각을 했기 때문이었다. 기술 개발에서 중요한 점 하나는 진행 과정의 문제점을 제대로 알아야 한다는 점이다. 이런 교훈은 그 동안 배운 교훈이기도 했다. 개발 과정에서 실무 개발자의 의견은 무시해도 안 되지만 반대로 실무 개발자의 의견에 끌려가서는 프로젝트가 제대로 수행될 수 없음은 그 동안의 경험으로 이미 알고 있었다. 따라서 업무의 본질을 알고 있는 것은 개발의 성패를 좌우하는 중요 요소가 되기도 했다.

어떤 일을 잘하는 사람이 있는 반면 다른 분야를 더 잘하는 사람이 있듯이 개발에 참여하는 프로그래머 역시 모든 분야를 잘할 수 없었다. 본인이 못하는 분야는 가끔은 이상한 논리를 내세워 문제의 본질을 흐리게 하기도 했다. 이런 과정을 몇번 겪었던 나는 스스로 3D 클라이언트 개발의 내용을 잘 알아야 한다는 결론을 내리고 될 수 있으면 적극적으로 참여했다.

또 다른 이유로는 그 동안 하던 서버 프로그램 관련 업무에서 새로운 업무에 도전을 하니 새로운 동기도 마음 속에서 유발되어 재미도 있었다. 특히 클라이언트 개발자와 대화의 시간이 길어지면서 그들의 장단점과 왜 다른 부서의 직원들이 좋아하거나 어려워하는지 같은 관리적 측면에서의 문제점도 자연히 더 많이 알게 되었다. 이 친구는 이런 업무에, 저 친구는 저런 쪽 업무로, 그들 각자의 장점에 맞는 분야로 업무의 재배치를 하는 결정도 했고 반대로 다른 부서와의 문제로 직원의 퇴사를 결정해야겠다는 마음이 무거운 일도 해야 했다.

그러는 와중에 점차 프로젝트의 규모가 커지며 많은 직원을 거느리게 되자, 점차 개발자로서의 길을 가느냐 경영진로서의 길을 가느냐와 같은 선택의 문제도 마음속 한구석에서 싹텄다. 개발자로서 대우를 받는 수준과 경영 관리자로서 대우를 받는 수준은 다를 수밖에 없었다.

물론 회사를 처음 시작할 때의 맴버로서 받는 대우가 있어 아직 외형적으로 큰 차이가 없어 보였지만 커가는 회사에서의 역할이나 외부 상황의 변화를 생각하지 않을 수 없었다. 내 스스로 클라이언트 개발에 참여한다고 생각하지만 점차 그 업무 영역 역시 관리 쪽 업무가 많이 생기는 것도 사실이었다.

또한 개발자에 치우친 나의 행동 역시 전체 프로젝트에 영향을 주는 일도 있어 스스로도 마음에 가끔씩 갈등도 생겼다. 점차 주위에서 초기 개발에 참여했던 후배들도 개발에서 손을 놓고 업무의 전환을 꾀하기도 했다. 주변 상황에서의 이러한 변화는 나도 개발자로서 손을 놓고 전문 관리자나 경영자로 방향을 바꿔야 하는 것이 아닌가 하는 심리적 동요를 주었다. 이런 와중에서도 나는 개발자로서 시대에 뒤지지 않을 소양을 갖춰야 한다는 생각에 클라이언트에 필요한 전문서적을 구입해 많이 읽었던 기억이 난다. 역시 개발자로서의 포부와 욕구가 크게 작용하고 있었던 것도 사실이었다.

그리고 나에게도 기회이면서 선택의 시간이 왔다. 자회사의 임원 제의가 온 것이다. 그 순간에 나는 그 동안 개발자로서만 남겠다던 생각을 접을 수밖에 없었다. 스스로의 생각을 바꾼 것이지만 주변의 변화와 나 자신에 주어진 환경이 순수 개발자로 남으려던 마음을 바꾸게 한 이유였다.

시간이 지난 지금 과거를 되돌아 보면 경영 관리자로서의 역할을 제대로 못한 것 같다. 개발자로서도 최고 수준에 도달하지 못한 어중간한 위치에서 가끔은 후회가 남기도 한다. 하지만 개발자로서의 꿈은 버리지 않고 그 흐름에서 이탈하지 않도록 노력하면서 나에게 주어진 역할을 해왔다고 생각한다. 대기업이 아닌 작은 개발 회사여서 가능했다는 생각도, 업종이 게임회사여서 그런 어중간한 선택이 가능했다는 생각도 든다. 게임 소프트웨어 개발이라는 업무가 어느 정도 나에게 개발자로서 하고 싶은 업무를 하면서 회사를 관리하는 데 일부 참여하는 기회를 준 것 같다.

나는 아직도 개발자로서 시대 흐름에 뒤지지 않으려고 노력을 하는 중이다. 새로운 OS나 새로운 언어를 익히려고 노력하며, 새로운 개발 툴과 새로운 개발 플랫폼을 배우는 중이다. 이런 노력이나 성과가 언제까지 가능할지 모르겠지만 마음속에서는 여전히 전문 관리자가 아닌 개발자로서의 욕심이 나를 인도하고 있다. 단지 아쉬운 점은 몸이 예전 같지 않다는 점이다.

세상 모든 일에는 때가 있다는 말이 있다. 맞는 말이다. 현재 여러분이 하고 있는 일, 그리고 내가 하고 있는 일이 그 때에 맞는 일이라 믿는다. 그럼 우리가 할 일은 자명하다.

프로그래머는 할 만한 직업인가를 생각하는 순간에서

PC 프로그래머에서 모바일 게임 프로그래머로의 도전

PC용 MMORPG 게임의 제작은 지금도 그렇지만 과거에도 프로그래머의 거의 정점에 있는 목표 중 하나였다. 게임 프로젝트에서는 콘텐츠의 재미가 중요하지만 개발자의 입장에서 보면 구성 요소인 프로그램 분야는 매우 중요한 가치를 지니는 부분이다. 게임 클라이언트를 구성하는 각 분야는 나름 그 분야의 전문가가 되려는 프로그래머의 목표가 되어 왔다. 나 역시 3D 게임 클라이언트 분야에 투신해 몇년을 투자하면서 엔진 분야 그리고 유저의 눈에 보이지는 않지만 중요 분야 중 하나인 게임 리소스 관리 분야에 심혈을 기울여 퀄리티 있는 클라이언트 제작을 위해 노력해 왔다.

프로그래머라면 누구나 그렇듯이 엔진 분야에 한번 빠지면 그 성능이 외국산 엔진에 버금가는 것을 만들려고 부단한 노력을 한다. 내가 이룬 성과는 최고 수준에는 한참 못 미치겠지만 그래도 어느 정도 대등한 수준의 게임 플랫폼을 만들었다는 자부심을 가졌던 그런 오만함도 한때 있었다. 따라서 이렇게 만든 게임 엔진을 적용한 게임의 상업적 성공이 동반되면 좋겠지만 그렇지 못할 때는 큰 아쉬움이나 절망감으로 힘든 시간을 보내기도 했다. 하지만 게임을 구성하는 프로그램은 괜찮게 만들어졌다는 어느 정도의 만족감은 그래도 위안이 되었다.

나는 과거에 하드웨어를 구동시키는 펌웨어 위주의 개발에서 서버 플랫폼 개발로, 다시 3D 클라이언트 엔진 개발자로 변신을 해 왔다. 그리고 잠시 2D 게임용 클라이언트의 맵 제작 툴을 만든 적도 있었다. 하지만 이런 변화는 나의 의지라기보다는 회사의 상황에서 내가 할 수 있는 길을 찾은 결과라고 할 수 있다. 이런 변화를 시도할 당시에는 젊은 나이에 일종의 투지를 가지고 도전한 것 같다. 나 자신에게는 큰 변화들이었지만 크게 보면 게임 산업 내에서는 큰 변화는 아니었다. 아마도 큰 변화라면 오히려 내가 짧게 머물던 2D게임에서 3D게임으로의 변화였을 것이다.

나는 항상 새로운 변화를 겪으며 살아왔다. 특히 PC 게임 산업의 성장 속에서 그 흐름에 부합하는 방향으로 회사의 생존을 위해 필요로 하는 분야를 찾으려고 노력했다. 그 시간을 기간으로 환산하면 학교를 졸업하고 거의 소프트웨어 개발 기간의 반 이상은 PC용 MMORPG 게임 개발에 참여해왔다. 다른 한편으로 생각하면 운 좋게도 하고 싶은 분야의 일을 할 수 있었다.

이런 흐름이 요즘 갑작스럽게 변하고 있다. 바로 모바일 게임으로의 흐름 변화이다. 모바일 게임으로의 변화 역시 어느 한 순간에 이루어졌다고는 할 수 없을 것이다. 몇년에 걸쳐 흐름 변화가 이루어지며 게임 업계의 주류로 자리 잡은 것이다. 그러나 현장에 있는 개발자 입장에서는 주변의 이러한 흐름은 알고는 있었지만 그 동안 주력이었던 PC 분야에 대한 관심과 그 관성으로 인해 모바일 게임의 등장은 거의 순식간에 나타난 것과 같은 느낌으로 다가왔다.

나 역시 그렇게 느껴졌다. 그 동안 내가 의미와 가치를 느끼며 개발에 참여했던 PC 분야의 가치가 한순간에 과거의 유물이 돼버린 느낌으로 다가왔다. 이러한 느낌은 주위의 분위기로도 쉽게 알 수 있다. 그 동안 매년 엄청난 양으로 발표되던 PC용 MMORPG 온라인 게임의 발표 수가 급감한 것이 그것이다. 이제는 매년 한두 편 정도밖에 안 나오는 실정이 된 것이다. 그에 따른 유저의 반응도 과거와 같은 열광에서 이제는 무관심으로 바뀐 느낌도 받는다.

모바일 분야로의 게임 개발의 흐름 변화는 실제 개발에 참여하는 프로그래머는 많은 변화를 의미한다. 실질적인 큰 변화는 개발 툴의 변화이다. 고성능의 품질을 유지하기 위해 사용한 컴파일 기반의 프로그래밍 언어에서 지금은 모바일 개발에 적합한 스크립트 기반의 언어로 그 흐름이 바뀌었다. 즉 과거에 내가 자신있게 구사할 수 있는 프로그래밍 언어가 퇴출된 것이다. 그리고 새로운 언어가 대두된 것이다.

또한 개발팀의 구성 역시 과거의 대규모 협업에서 소규모의 팀으로 다시 바뀌게 되었다. 전체적인 게임 규모가 모바일 장치에 맞게 줄어든 점도 크게 작용했다. 또한 주 대상이 PC가 아닌 스마트폰으로의 변화이다. 따라서 스마트폰의 특성을 잘 아는 감각이 필요하다. 즉 스마트폰 세대가 유리한 것이다. 나는 과거 PC세대였다. PC의 탄생과 그 흐름을 같이 하며 살아온 것이다. 이런 커다란 장점이 게임의 패러다임 변화로 바뀌고 있는 것이다. 시쳇말로 기득권이 사라졌다고 할 수 있다. 나는 지금도 주위에서 가끔 과거 PC게임 개발자들에게서 스마트폰 게임 개발이 게임 개발을 하는 것 같지 않다는 투의 말을 듣는다. 이런 말 속에는 현재의 스마트폰 게임 개발 자체를 우습게 보는 표현도 포함되어 있는 것이다. 물론 과거 PC 게임 제작에 숨어 있는 정교함이 스마트폰 게임에서는 덜 존재한다. 그러나 이런 말이나 내 마음 속에 있는 느낌이나 생각은 과거에의 향수라고도 할 수 있다. 현재는 이미 그 흐름이 바뀐 상태이다.

나는 또 다시 선택의 순간을 맞이했다. 그리고 다시 한번 힘을 내며 모바일 게임 개발에 참여하고 있다. 과거에 내가 서버 개발자에서 3D클라이언트로 변신할 때의 어려움을 다시 느끼고 있다. 예전에는 도전 정신이 충만했는데 지금은 그때와 상황이 다르다고 느껴진다. 나는 다시 변신에 성공할 수 있을 것인가? 과거에는 잘 했는데, 현재로서는 잘 모르겠다. 과거와 같은 무모한 도전을 하던 용기가 나에게 필요한 시기이다.

이런 변신과 선택의 순간에서 나는 '개발자로서 계속 남을 수 있을 것인가'하는 물음을 던져 본다. 그리고 그 물음에 대한 원하는 대답을 듣기 위해 개발자로서 다시 도전을 하고 있다. 이런 모습이나 상황은 현재 나에게만 주어진 숙제는 아닐 것이다. 개발자를 추구하는 프로그래머라면 느낄 수밖에 없는 숙명이라고 생각된다. 아마도 당신이 개발자라면 경우가 다르더라도 어느 때라도 맞이 할 선택의 순간일 것이다.

그러나 나에게는 다른 한편으로 새로운 분야에 대한 기대감 역시 존재한다. 이런 마음이 나에게 도전의 의미를 부여하는 양분이 되고 있다. 내 자신이 과거와 다른 점이라면 이런 변신의 순간을 알고 있다는 점이다. 그래서 이런 순간을 깨달았다는 사실에 안도감이 든다.

자기 관리에 대한 생각

개발자로서 자기 관리는 당연히 매우 중요하다. 그러나 내가 자기 관리에 대한 생각을 시작한 계기는 대학교에서 다른 전공 공부를 했으면 좋았을 걸 하는 아쉬움에서 시작됐다. 전자공학이 전공인 나는 프로그램을 시작할 때 느끼지 못했던 어려움을 느끼기 시작했다. 참여하는 프로젝트의 규모가 커지고 복잡해지면서 감당하기 어려운 수준으로 빠지면서 소프트웨어 공학의 필요성을 느껴졌다. '체계적인 소프트웨어 공학 교육을 받았으면 좋았을 텐데'하는 아쉬움이 든 때도 이 때였다.

내가 했던 초창기의 하드웨어 펌웨어 개발은 작성하는 코드의 크기나 효율성 등이 필요했는데 이런 분야는 아이디어를 내서 하면 적응하는 데 큰 문제가 없었다. 펌웨어의 개발은 주로 저급 언어인 어셈블러나 기계어를 사용했으므로 그 크기가 작고 별다른 추가 복잡성이 적어서 하드웨어를 공부한 나에게는 상대적으로 유리한 점도 많았다. 코드의 상당 부분이 하드웨어 의존적인 면이 강해서였다.

그리고 다음으로 했던 프로젝트인 벡터 드로잉 기반의 간판 업체용 프로그램은 그 개발에 알고리즘 도입이나 코드의 복잡성이 증가해서 점차 구조적인 프로그램 기법이 필요했다. 그러나 그 당시에 만들던 소프트웨어의 수준은 지금처럼 고차원적이지 않아서 정상적인 수준의 능력만 있다면 어느 정도 적응이 가능했다. 그리고 프로젝트를 하면서 뛰어난 후배들의 도움도 많이 받아 어려운 알고리즘이나 난해한 부분을 해결하며 프로젝트를 진행했던 추억도 지금까지 남아 있다. 물론 나름 후배에게 기회를 준다는 명목으로 시킨 일도 있었다.

그 이후에 도전한 온라인 바둑 프로그램이나 기타의 보드 게임들은 프로젝트가 더욱 복잡해졌는데 만들어지는 코드가 너무 복잡해 뭔가 소프트웨어 공학적인 접근이 필요하다는 것을 생각하게 되었다. 지금도 그렇지만 다른 프로그래머가 만든 코드는 보통 보기 싫어한다. 아마 대부분은 작성자의 의도를 파악하기 어려운 점도 무시 못한다. 그 당시에 내가 만든 프로젝트의 코드들도 그랬을 것이다. 한마디로 원하는 동작은 하지만 그 분석이 어렵고 구성이 복잡하여 다른 프로그래머들이 보기 싫어하는 코드였을 것이다.

나는 3D 클라이언트로 변신을 하는 과정에서 우여곡절을 많이 겪었는데, 그 과정에서 외국에서 만든 이름난 소스코드를 분석하면서 세상에는 그 구조가 잘 잡힌 코딩 방식이 존재한다는 점도 알게 되었다. 특히 게임 개발의 규모가 커가면서 다수의 개발자가 프로젝트에 참여하게 되면서 전체 프로젝트의 구성이나 효율성이 중시되었다. 그래서 예전의 마구잡이식 코딩 방법이나 나 혼자만 알 수 있는 그런 방식의 코딩 방법이 큰 문제점으로 나타나는 현실을 피부로 느낄 수 있었다. 이런 경험을 하면서 소프트웨어 공학을 제대로 배웠으면 하는 생각도 깊게 하게 된 것이다. 그러나 다시 옛날로 돌아가서 공부할 수 있는 것도 아니어서 아쉬운 마음으로 작업을 진행했던 것 같다.

내가 소프트웨어 공학에 대해 절실히 느낀 계기는 3D 클라이언트용 엔진을 개발을 시작하면서였다. 여러 요소가 필요한 3D엔진은 기존에 내가 했던 두서 없는 방법으로 만들면서 많은 문제점을 내포하게 돼 계속 코드를 수정해야 하는 악순환에 빠지게 되었다. 따라서 방법을 찾아야 했다. 그 당시 고민 끝에 내가 그 어려움을 헤쳐 나가는 방법으로 선택한 것은 주요 기능은 외부에서 그 형식을 빌려오는 방법이었다. 스스로 정교한 코딩 형식을 생각해 내기 어려우므로 기존에 잘되어 있는 공개 소프트웨어에서 그 형식을 빌려오는 방법이었다. 이런 방법을 위해 외부의 많은 공개 소프트웨어를 열심히 분석했던 기억이 난다. 그런 시절의 경험은 지금도 많이 도움이 되고 있다. 그 이후에도 여러 프로젝트를 수행했지만 내가 생각했던 많은 부분은 주로 소프트웨어 공학이라는 측면으로 많이 접근을 했다. 그리고 그 활동을 특별히 자기 관리라고는 생각하지 않았던 것 같다.

개발자로서 계속 활동하기로 결정한 후 나는 어느 순간에 스스로 자기 관리가 필요하다는 생각을 하기 시작했다. 회사에서 필요로 하는 개발자가 되어야만 한다는 생각이 들어서다. 결국 필요한 개발자가 되지 않는다면 개발자로 남는다는 것이 의미를 가질 수 없다고 생각했기 때문이다. 스스로 개발자로 남겠다고 해도 현재하는 프로젝트에서 쓸모 있는 개발자가 아니라면 말뿐인 개발자에 불과하다고 늘 생각해 왔다.

나는 스스로 펌웨어의 개발에서 시작해서 3D클라이언트 개발까지 새로운 분야에 도전을 해왔다. 과거에는 필요에 의해 각 분야에 적응해 왔지만 이제부터는 반대로 필요 분야를 미리 공부하는 시기가 됐다고 생각한다. 소프트웨어 공학이 내 주위의 프로젝트에서 필요하다고 느꼈듯이 지금은 개발자로서 자기 관리가 필요하다고 느끼는 그런 순간을 맞이한 것이다.

그런 분위기를 느끼며 나는 몇 가지 자기 관리 노력을 계속해 왔다. 늘 했던 노력이 최신 OS에 대한 감각을 익히는 것이었다. 당장 필요가 없어도 새로운 OS 버전이 나오면 모두 인스톨하고 기본 테스트를 해 감각을 익히는 노력을 해 왔다. 특히 애플사의 Mac OS와 그 개발 툴로 사용되는 Object C는 사용법을 익히려고 많은 시간을 내서 공부했다. 내가 필요한 분야는 아니었지만 새로운 분야에 대한 두려움을 없애기 위해 열심히 버전별로 인스톨 하며 테스트를 해 보았다. 스스로 새로운 트렌트에 뒤지지 않으려는 마음가짐으로 했다. 또한 기존에 열정을 갖고 분석했던 외부의 공개 엔진에 대한 관심도 지속적으로 그 끈을 놓지 않으려고 노력해 왔다.

개발자의 자기 관리라는 측면에서는 많이 부족할 수도 있다. 지금은 전문 분야의 시대이니까. 그러나 나는 이런 수박 겉핥기 방식도 의미는 있다고 생각했다. 마음가짐이 더 중요하다는 점에서다.

나는 스스로 자기 관리가 필요하다는 생각을 했고 어느 정도의 실천을 해 왔다는 점에서는 자부심을 가지고 있다. 이런 자부심과 의식이 내가 개발자로서 남아 있을 수 있게 하는 토대가 되고 있다. 이처럼 쉽게 보이는 자기 관리 방법이 나에게는 아직도 마음 속에서 '너는 아직 게임 개발자야' 하고 의미를 부여해 주고 있다. 그래서 나는 아직 행복하다.

능력 있는 프로그래머와 평범한 프로그래머

그 동안 유명 명문대 출신에서 고졸 출신의 개발자까지 많은 직원들과 일을 같이 해봤다. 개발자의 능력은 학력에 비례하지 않는다는 것도 느끼고 인간적인 심성을 지난 개발자와도 일을 같이 해보고 소위 알려진 괴짜 성격의 개발자와도 일을 했던 적도 있었다. 이제부터 그런 다양한 출신의 개발자들의 능력에 대해 이야기 해보려고 한다.

회사를 시작하던 초창기의 구성원은 주로 대학 컴퓨터 출신의 동아리 선후배들이었다. 그리고 그들은 나름 학교 내에서 잘하기로 소문난 후배들이 많아서 프로그래머로서의 개인 능력도 뛰어났다. 초기에 회사가 사라지지 않고 근근이 매출을 유지하며 생존할 수 있었던 점도 그런 인원 구성에 있었음은 분명하다. 그들은 열정이 갖춰진 우수한 인력들이었다. 우리와 비숫한 시기에 등장한 벤처 회사의 인원 구성은 우리와 비슷한 경우가 많았다는 얘기도 많이 들었다.

이런 인력 구조가 초기 회사의 성장을 이끌었다면 본격적인 인력 변화가 생긴 계기는 게임 소프트웨어 회사로서 운영되는 계기가 됐던 MMORPG 게임 개발을 시작하면서일 것이다. 게임 개발은 필연적으로 대규모의 인원을 필요로 했다. 물론 규모에 따라 다르기는 했지만 PC용 번들 프로그램을 만들던 시절의 2~3명으로 구성됐던 팀은 RPG 게임 개발팀의 서버 한 팀의 인원보다도 작은 규모였으니 상대적으로 커진 규모를 짐작할 수 있을 것이다.

이 때부터 개발자를 외부에서 많이 채용하기 시작했다. 이 당시에도 아직 초창기라서 개발자들의 실력은 출중한 경우가 많았다. 스스로 개발자가 되겠다는 마음으로 공부하고 관심을 가지며 실력을 닦은 친구들이 많이 들어오던 시기였다. 이 때부터는 그래도 비교적 다양한 학력의 개발자들이 지원한 시기였다. 이 시기에 뽑힌 개발자들의 마인드는 처음 우리가 회사를 시작할 때의 마인드와 비슷했던 걸로 기억한다.

그 후 어느 정도 시간이 지나자 게임 개발사들이 갑자기 많아지는 시기가 도래했다. 그 때부터 개발자 인력을 구하는 데 문제가 생기기 시작했다. 우리와 같은 게임 개발사가 많았던 관계로 실력 있는 개발자를 뽑기가 쉽지 않게 된 것이다. 또한 능력 있는 인력은 좀 더 유명하거나 큰 회사로 옮겨가는 현상이 있어 개발력을 유지하기가 만만치 않은 시기에 접어 들었던 것이다. 이 당시 정부에서 중소기업을 지원하기 위해 병역 특례 제도를 도입했다. 일정한 조건을 갖추면 군대 대신에 회사에 근무를 하며 군 복무를 대신하는 제도를 게임 업체에도 준 것이다. 이 제도는 아마도 그 당시 중소 게임 개발사의 인력 수급에 단비와도 같은 제도라고 할 수 있었다. 우리 회사도 그 조건을 구비해 1년에 1~2명 정도의 병역 특례 인원을 받을 수 있었다.

병역 특례로 뽑는 개발자는 기본적으로 지원 경쟁률이 높았고 그래서 우수 인력이 선발될 가능성도 높았다. 또한 지방은 물론 서울의 유명 대학에서도 병특을 원하는 많은 지원자가 신청을 했다. 사회적으로는 이런 점을 이용해 특례로 입사한 개발자를 저임금으로 착취하는 부작용도 있었지만 우리회사는 다른 개발자와 동등한 임금 체계로 대우를 해 주었다. 그렇다고 임금을 많이 줬다는 얘기는 아니다. 그 당시 우리도 높지 않은 임금으로 일하고 있었으니 동등한 대우라도 본인들에게는 불만으로 느낄 수도 있었을 것이다.

국내 유수의 대학에서 병특으로 뽑은 직원들과 일을 같이하게 된 나는 그들과 일반 직원들이 서로 다른 생각으로 일한다는 점을 알게 되었다. 병특으로 들어온 직원들은 게임 개발이 좋아서 들어오는 경우는 극히 드물었다. 그래도 그들의 능력은 학교 레벨이 높아서 그런지 상당히 높은 편이었다. 그리고 당장은 아니어도 얼마 간의 시간이 지나면 실력이 빠르게 높아지는 면을 보여줬다. 따라서 경험이라는 시간에 비례하는 능력을 빼고는 얼마간의 시간이 흐르면 그들의 능력은 기존의 우수한 개발 인력과 대등한 수준으로 일을 처리해 줘 게임 개발에 상당한 힘이 되었다.

같이 개발에 참여하는 나를 비롯한 개발 팀장이나 프로젝트 매니저는 그런 사실을 잘 알고 있어 한편으로는 든든한 마음이 들기도 했다. 그러나 근본적으로 병역 의무를 대체하려고 들어온 관계로 게임에 대한 열정은 높지 않았으며 그에 비례해 회사에 대한 애사심도 높지 않은 경우가 많았다. 어느 정도 특례 기간이 끝나면 다른 회사로 이직을 하는 경우가 많아 회사에 오래 남는 경우는 거의 드물었다.

이런 단점은 게임 개발에 큰 문제점으로 다가 왔다. 보통 RPG 게임 개발은 3년 정도가 걸렸다. 개발에 문제가 생기면 1~2년은 쉽게 더해지기도 했다. 이런 장기간의 개발 과정 중에 특례 기간이 끝나거나 이직으로 인력 공백이 생기면 개발 프로젝트 전체에 큰 문제를 주기도 했다. 이런 경험을 몇번 한 개발 팀장들은 어느 순간부터 특례의 팀원 구성을 별로 좋아하지 않게 되었고 나도 그런 점에는 공감을 하게 되었다.

그러나 회사 전체로 보면 우수 인력을 유치할 수 있다는 매력적인 수단으로 인해 한동안 계속 특례 인원을 개발자로 채용했다. 나도 이런 특례 인원과 일반 개발자와 오랫동안 일을 하는 경험을 통해 유능하지만 열정이 부족한 개발자와 일하는 게 나을까 성실한 개발자와 일하는 게 나을까 하는 다소 철학적인 문제에 대해 생각하게 되었다. 다른 말로 표현하면 유능하지만 애사심이 적은 직원과 애사심이 강한 보통의 직원과 일하는 것 중 어느 것이 더 나을까 하는 생각을 하게 된 것이다. 그만큼 유능한 개발자와 일하면서 고생도 많았다. 물론 유능하면서 애사심이 강한 직원들도 있었지만 내가 겪은 직원들 중에는 보통 그런 경우가 드물었다.

프로젝트는 추진 과정에서 많은 어려움을 겪게 되고 이 때 이를 해결해 줄 수 있는 킬러 개발자의 존재는 프로젝트의 성패를 좌우하기도 한다. 이런 상황은 나도 여러 번 경험을 했었는데 그래서 어느 쪽이 정답이라고 쉽게 말할 수 없는 게 내 심정이다. 많은 문제를 그들과 같은 유능한 개발자들이 해결해 준 것은 사실이었다.

이런 고민과 몇번의 어려운 프로젝트를 끝내고 난 지금은 어느 정도 마음의 판단은 섰다. 나는 성실한 보통의 개발자를 더 선호하는 것 같다. 역시 인간적으로 서로 와 닿는 관계가 더 내 자신에게 와 닿는 것 같다. 좀 더 내가 뛰어난 판단력이 있어서 우수한 개발자와 같이 일했다면 좀 더 좋은 성과가 있었을지도 모르겠다. 그러나 시간이 흐르고 내 기억 속에 남아 있는 개발자의 모습은 나와 같은 모습의 개발자였다. 세상에서 일을 시작하는 것과 일을 끝내는 것은 다른 종류의 영역인 것 같다. 일을 끝내는 것은 대부분 성실한 능력의 소유자들이 더 많다.

서로 다른 능력의 사람들은 아마도 서로 다른 종류의 일을 해야 한다. 그래야 일을 끝까지 마무리 지을 수 있다. 이런 점을 좀더 일찍 깨닫고 행동했더라면 나는 좀 더 유능한 팀의 리더가 되었을 텐데 하는 아쉬움이 남는다.

프로그래머로서 아쉬운 선택의 순간

Borland-C와 MS-C의 선택의 갈림길

내가 처음 배운 컴퓨터용 언어는 애플 베이직이었다. 지금은 거의 잊혀지고 있지만 컴퓨터 보급이 이루어지던 초창기에는 붐을 일으킨 언어였다. 전문가라는 사람들은 포트란이나 코볼이라는 언어를 사용해 과학 기술용이나 사무용으로 사용했으나 나와 같은 아마추어 컴퓨터 초보자들에게는 베이직이라는 언어가 가장 쉬우면서도 유명한 언어였다. 이름 그대로 기본이 되고 쉬운 컴퓨터 언어로 컴퓨터를 다루는 데 기본이 되지만 전문적인 능력은 갖추지 못한 언어였다. 그 이후에 IBM이라는 회사에서 8086 CPU를 기반으로 하는 컴퓨터를 만들어 팔기 시작했는데 우리가 회사를 시작할 무렵에는 이 기종에서 발전된 PC를 대상으로 한 소프트웨어 개발을 시작하고 판매를 할 수 있는 시장이 작게나마 형성되고 있었다.

IBM 호환기종인 PC에서 돌아가는 프로그램을 만들려면 개발 언어가 필요했는데, 초창기에는 정말 다양한 회사에서 다양한 언어를 내놓았다. 그중 대표적인 언어가 파스칼과 C라는 언어였다. 파스칼이라는 언어는 전산학을 전공하는 학교에서 많이 사용하던 언어로 알고리즘을 구현할 경우 쉽고 편하게 할 수 있는 언어라고 해서 한 동안 많이 사용되고 있었다. 그리고 막 등장하기 시작한 컴퓨터용 언어가 C라는 언어였다. 그 당시 C는 첨단 분야를 대표하는 언어였다. 나도 그런 C를 배우며 나름 첨단을 따라간다는 자부심도 가지고 있었던 것 같다.

이런 C언어용 컴파일러를 만들어 배포하는 회사 역시 다양했는데 각 회사는 나름대로의 경쟁력이 있었다. 먼저 컴퓨터용 OS인 MS-DOS를 만들어 팔던 마이크로소프트(MS)사에서는 MS-C라는 개발 언어가 있었고, 그 다음으로는 가상 메모리 분야와 코드 최적화에서는 WATCOM-C라는 언어가 유행했다. 또한 빠른 속도를 자랑하는 TURBO-C라는 언어가 주류 시장를 형성하고 있었다. 나도 초창기에 이런 저런 종류의 언어를 써 보면서 나름 장단점을 살피고 각자의 사용법을 배우는 그런 시기를 보냈다. 그 당시의 개발 환경은 지금처럼 편하고 빠르지 않았다. 하드디스크 역시 높은 가격으로 인해 대중적이지 못했고, 그래서 가격이 저렴한 플로피 디스크라는 저장 매체를 가장 많이 사용하던 시기였다.

처음에 나를 비롯한 많은 개발자들이 선택한 언어는 TURBO-C라는 볼란드라는 회사에서 만든 언어였다. 이 회사의 개발 툴이 유명해진 데에는 이유가 있었다. 배포한 컴파일러의 크기가 작고 실행 속도가 매우 빨랐다. 그리고 가장 중요한 점인 프로그램을 개발하기에 편리한 IDE라는 개발 환경을 제공해 주기 때문이었다. 한마디로 말하면 그 당시 거의 대부분의 개발자들이 이 언어를 썼다고 할 정도로 인기가 좋았다. 반면에 MS-DOS라는 OS를 만들던 MS사는 MS-C 자체로는 언어 경쟁력을 가지고 있지 않았다. 또한 메모리를 많이 쓰는 해외 개발사에서 쓴다는 WATCOM-C라는 개발 툴 역시 우리에게는 그다지 인기가 많지 않았다.

이런 흐름은 그 이후에도 한동안 이어져 나를 비롯한 후배들은 버전이 높아지는 볼란드사의 C/C++ 언어를 애용하는 매니아가 됐다. 초창기 회사를 시작하면서 개발한 프로그램들은 그래서 이 개발 툴에 기반해서 개발한 것이 많았다. 정말 좋은 개발 환경이라는 감탄 속에서 우리는 이 언어를 기반으로 우리회사의 초창기 매출을 이끌던 간판 제작용 프로그램이나 대기업 PC에 공급되는 번들용 프로그램 등을 개발했다. 성능이나 개발 속도에 큰 불만이 없어서 시장을 장악했던 개발 툴과 언어를 회사의 대표 개발 환경으로 사용하던 그런 시기였다.

한편 우리회사에는 조그맣게 RPG 게임을 개발하던 팀이 있었다. 이 팀은 구성원 중 한 명이 파스칼을 애용하던 친구라서 게임 개발에 파스칼이라는 언어를 사용해 프로젝트를 진행하고 있었다. 게임 개발보다는 회사의 매출에 힘쓰던 나는 그런 파스칼이라는 언어에는 큰 관심도 없었고 게임 개발에도 큰 신경을 쓰지는 못했다.

우리가 애용했던 개발 툴에 변화가 나타나기 시작한 것은 MS사에서 윈도우즈라는 새로운 OS를 발표한 후였다. 텍스트 기반의 OS에서 그래픽 기반의 현재와 같은 OS로 전환이 시작되는 시기였다. 한마디로 말해 큰 변화의 흐름이 생기기 시작한 것이다. 그러나 이런 큰 변화의 흐름도 상대적으로 긴 시간을 통해 진행되어 우리는 변화에 대해 크게 체감을 하지는 못했다. 역시 먹고 사는 문제에 알게 모르게 빠진 회사원이 되어가고 있었다.

늦긴 했지만 어쨌든 회사에서는 윈도우즈 시대로 넘어가면서 자연스럽게 윈도우즈 프로그램도 개발을 하게 되었다. 개발 환경은 역시 볼란드사에서 제공하는 Borland C++이라는 TURBO-C의 업그레이드 버전을 계속 썼다. 그러나 점차 OS의 변화에 따른 문제점들이 하나 둘씩 나타나기 시작했다. 윈도우즈라는 OS가 업그레이드 될 때마다 우리가 사용하던 개발 툴이 그 변화에 따른 새 버전을 만들지 못하는 현상이 나타나기 시작한 것이다. 반면에 MS-C라는 개발 언어는 그 변화를 빠른 속도로 제공해 주기 시작했다. 좋은 말로 하면 결국은 OS를 장악한 MS사의 저력이 나타나고 있었던 것이고, 나쁜 말로 하면 자신에게 유리하게 환경을 조성해 경쟁자를 뒤쳐지게 하는 것이었다. 그 때 처음으로 우리는 OS를 장악한다는 것이 얼마나 중요한지를 깨달았다.

우리가 번들용 소프트웨어를 납품하던 기업에서는 새로운 윈도우즈 OS가 제공하는 기능을 적용해 달라는 압력을 가했다. 우리와 번들 프로그램 납품을 경쟁하던 업체의 빠른 대응도 들려 왔다. 우리도 새로운 OS의 개선된 인터페이스를 만들고 싶었으나 개발 툴에서 지원해 주지 않아 일일이 수작업으로 코딩을 해야 하는 어려움에 빠지기 시작했다.

개발 툴을 MS사의 제품으로 바꿔야 하나 하는 생각이 점차 회사 내부에 돌기 시작했다. 물론 쉽게 바꿀 수는 없었다. 그 동안 오랜 시간 작업을 한 결과물을 다 새로운 개발 툴에 맞는 환경으로 바꾸기는 쉽지 않았다. 그리고 더 문제인 것은 회사 내의 개발자들이 대부분 새로운 툴인 MS-C에 익숙하지 않아 원하지도 않는 그런 분위기였다.

지금 생각해 보면 이 순간이 매우 중요한 때였다. 우리는 개발 환경을 변경하지 못했다. 최소한 일부라도 새로운 개발 환경에 대비해 조금씩 준비를 했어야 했다. 심각한 문제에 부딪혀 좌절을 맛볼 상황은 그 후 오래지 않아 나타났다. 바로 게임 개발 분야에서였다.

우리가 채택한 개발 툴은 단순한 윈도우즈 UI 환경의 지원은 늦더라도 시간이 지나면 업그레이드 버전을 지원해 주었다. 그러나 윈도우즈에서 지원하는 DirectX라는 게임 개발 환경에는 전혀 그 변화를 따라가지 못했다. 또한 더 나빴던 상황은 게임 개발 환경의 변화가 매우 빨리 이루어졌고 이 변화를 MS-C/C++ 개발 환경은 거의 즉시 반영해 주었다는 것이다. 생각해 보면 당연한 결과였다. 우리와 같이 기존의 다른 툴을 사용했던 회사로서는 게임 개발이 거의 불가능한 지경이 돼 버렸다. 결국 우리는 뒤늦게 MS-C/C++ 개발 환경으로 전환을 결정하고 전체 프로젝트를 변경하게 되었다. 당연히 시간과 새로운 툴을 사용하는 기술이 부족한 상태에 빠져 회사로서는 힘든 시간을 보냈다.

외부의 변화는 느린 듯 보이지만 어느 순간에는 막다른 절벽으로 우리를 몰아 넣는다. 변화의 순간에서 이를 인지하지 못하면 그에 대한 대가를 치르는 것은 당연한 일이다.

나는 지금도 이를 미리 알지 못하는 한계를 가끔씩 느낀다. '이런 것도 인간적인 한계'라고 위안을 삼고 말이다.

리얼타임 MMORPG와 턴 베이스 MMORPG

우리회사가 처음 만든 **MMORPG** 게임은 회사의 한 구석에서 시작됐다. 게임 시장이 막 형성되려는 시기였지만 게임 산업의 시장성에 대해 크게 관심을 갖지 않았기 때문이었다. 그런 이유로 회사가 나중에 게임 회사가 되리라고는 생각지도 못했다. 일본 콘솔 게임에 빠져 있던 직원들의 제안으로 그들에게 기회를 준 것이 전부였다. 온라인 게임에 대한 분위기는 이미 시작되고 있었는데 바로 텍스트 머드 게임에서였다. 이를 즐기는 직원도 이미 회사 내부에 있었다.

내가 텍스트 머드 게임에 대해 처음 알게 된 것은 아마도 대학원을 다닐 때였던 것 같다. 후배 중에 몇명이 학교의 워크스테이션에서 머드 게임을 설치하고 재미있게 게임을 한다며 자랑하는 것을 본 것이 그 최초였다. 영어로 된 텍스트 메시지를 읽으며 재미있다고 게임을 진행하는 모습을 보면서 처음에는 이해를 할 수 없었다. 그래픽 이미지도 없고 단순히 텍스트 문자를 이용해 그림을 표시하는 수준으로 제공되는 장면과 메시지만을 읽으며 재미있게 게임을 한다는 상황을 실감할 수 없었다. 그렇지만 외국에서도 머드 게임에 빠진 젊은이들이라며 뉴스도 나오는 등 게임의 성장 가능성은 이미 보여주고 있었다. 그런 상황에서 한국에서는 그래픽 머드 게임이 출시됐다. 그와 동시에 게임 개발의 붐이 불처럼 일어나기 시작했다.

우리 회사는 그 때 사실 그런 분위기를 민감하게 느끼지는 못했다. 그러나 그 때 회사에 합류한 직원인 후배 몇명이 게임을 개발하자는 제안을 했다. 원래 하고 싶은 일들을 해준다는 초기 회사의 분위기가 있었고 그 당시 게임 개발에 대한 분위기도 어느 정도는 듣고 있었기 때문에 회사 한 구석에서 처음으로 게임 개발을 시작했다. 또한 평소 알고 있던 주위의 몇 회사가 게임 개발을 시작해 서로 모여서 게임을 동시에 출시하자는 그런 분위기가 조성되기도 했다.

우리와 이 때 같이 시작한 회사들은 일종의 게임 포탈 같은 협의체를 만들어 서로 협력을 하기 시작했다. 이때 우리를 포함해 4개사 정도가 모여서 서로 다른 장르의 MMORPG 게임 개발을 시작했다. 그리고 같은 도메인을 사용해서 서로 서비스 시너지를 높이자는 그런 협약을 했던 것 같다. 나는 그 협의체의 실무에 참여를 하지 않아서 주위에서 돌아가는 얘기만 들었을 뿐 자세한 진행 사항은 알지 못했다. 다만 게임 개발이 본격적으로 시작되면서 이미 외부의 다른 게임 회사들은 상업적으로도 어느 정도 성공을 했다는 그런 소문은 가끔 들었다.

이 때 회사 내에서는 기업용 PC 번들 사업에 어려움도 생기기 시작해 이를 대신할 새로운 사업 분야를 찾아야 하는 상황이었다. 게임 사업이 어느 정도 가능성이 있을 수 있다는 주변 환경의 변화도 점차 피부에 와 닿았다. 드디어 우리 회사도 본격적으로 게임 개발에 뛰어 들게 하는 그런 분위기로 바뀌게 되었다.

본격적으로 게임 개발에 들어가자 당장 문제가 생겼다. 그 동안 진행해 온 프로젝트의 개발 언어가 다른 개발자들이 익숙하지 않은 파스칼이라는 언어로 개발되어 온 것이 문제였다. 이때 프로젝트는 대부분 C/C++이라는 언어로 추진해 온 터라 처음부터 절벽에 부딪히는 상황이었다. 결국은 어쩔 수 없이 기존의 파스칼 언어로 게임 개발을 1차로 완성하기로 결정했다. 따라서 프로젝트에 추가 인원 투입을 많이 하지 못하고 기존의 팀원 위주로 진행하기로 결정을 내렸다.

1차로 완성된 게임은 개발 언어라는 문제도 있었지만 게임 장르의 문제가 더 컸다. 그 당시 주류는 지금과 같이 실시간 MMORPG라는 형식이었다. 그런데 우리가 개발한 게임은 그 당시 일본 콘솔 게임의 대부분이 채택했던 턴제 형식으로 만들었던 것이다. 턴제는 게임 제작을 주도했던 후배들이 좋아하는 장르의 게임이었다.

당연히 결과는 예상대로 좋지 않았다. 유저들이 별로 들어오지 않았다. 그 당시 우리와 같이 시작했던 협의체의 다른 회사는 시대의 흐름에 맞는 실시간 MMOPRG 장르를 선택해 나름대로의 성공을 거두고 있었다. 회사 내에서는 게임 장르 선택에 대한 반성이 일어났다. 그러나 이미 엎질러진 물이라서 어쩔 수가 없었다. 그렇다고 처음부터 다시 게임을 개발할 수도 없는 일이었다.

결국 회의를 거쳐 게임을 다시 리모델링 하기로 결정했다. 실시간 RPG 게임처럼 게임 세계를 캐릭터가 돌아다니며 게임 플레이를 하도록 고치며 가장 핵심인 전투 부분은 게임의 내용상 고치기가 어려워서 턴제를 유지하는 정도로 마무리 짓기로 했다. 턴제 게임의 가장 큰 약점을 보강하기 위해 상대편이 일정 시간 동안 플레이를 안하면 자동으로 컴퓨터가 알아서 플레이를 하는 일종의 인공지능 부분을 도입해 외견상 실시간 RPG 게임처럼 보이는 수정 사항도 추가하기로 했다. 그리고 이점을 강점으로 부각하기 위해 실시간 턴제 MMORPG라는 게임 장르를 마케팅의 포인트로 삼았다.

생각해 보면 억지스러운 모습이지만 그 당시 우리로서는 최선의 해결책이었다. 이런 아이디어를 낸 분이 당시의 회사를 이끌던 사장님이었는데 지금 생각해 보면 참으로 대단한 아이디어라고 생각된다. 이런 실시간 턴제의 영향은 그 이후 여러 부분에 영향을 미쳤는데, 현재 카드 게임이나 보드 게임에서도 '자동치기'라는 기능으로 도입돼 유저가 일정 시간 동안 응수가 없으면 컴퓨터가 자동 대응을 하는 방식으로 발전했다. 턴제 게임의 약점을 보강하는 방식에 영향을 미친 것이다.

우리가 다시 구성한 리얼타임 턴제 RPG 게임이 나온 건 그 회의 이후 몇 달이 지난 후였다. 게임은 우리가 처음에 기대한 것처럼 큰 성공을 거두지는 못했다. 그러나 다행스럽게도 어느 정도의 수익을 창출해 캐시 카우의 역할을 했다. 한참 후의 일이긴 하지만, 회사의 주수입원이 PC용 번들 프로그램이나 간판 제작용 프로그램 판매와 같은 외부 영업이 필요한 부분에서 다수의 일반인을 대상으로 돈을 벌 수 있는 수익 모델이 바뀌는 전환을 이룬 것이다.

실시간 턴제 MMORPG 게임을 출시한 이후에도 회사 내에선 게임 장르 선택에 대한 아쉬움이 계속됐다. 주류였던 실시간 RPG 게임을 선택하지 못해서 생긴 많은 어려움을 겪었기 때문이었다. 그 당시 우리와 비슷하게 시작했던 다른 게임 개발사들은 우리보다 훨씬 큰 상업적 성공을 거두었다. 비슷하게 시작한 우리 회사는 생각보다 매출 규모가 작아서 우리는 회사의 유지를 위해 또 다른 소프트웨어 용역 프로젝트를 계속 수행해야만 했다. 게임 개발사가 됐으나 완전한 모습은 아니었던 것이다.

게임 부분 매출이 회사의 주요 매출원이 되기까지는 그 후 오랜 시간이 걸렸다. 지금도 초기에 게임 개발을 제안 받을 때 장르와 진행 방식을 잘 선택했으면 하는 아쉬움을 느낀다. 그러나 다시 생각해 보면, 초기 우리 회사에 다가 온 기회는 턴제 RPG 게임이었다. 개발 인력이나 기회라는 측면에서 우리에게 가장 잘 맞는 조건이었다. 우리는 그것을 계기로 게임 분야를 시작할 수 있었으며, 그 이후 게임 회사로 변신을 이룰 수 있었다.

변신의 순간에서 한 선택이 우리를 다소 어려운 길로 인도를 했고 아쉬움을 남게 했지만 그것도 넓게 보면 우리에게 주어진 귀중한 기회였다고 생각한다.

직원에게 적용하는 공평한 대우의 득실

나는 지금까지 많은 직원을 뽑아서 같이 일을 해 왔다. 그런 생활을 오래 해 보니 '직원에 대한 대우를 어떻게 해 주는 것이 올바른 것인가' 하는 생각을 해본 적이 있다. 이런 생각을 하게 된 이유 중 하나는 내 생각에 능력이 있다고 생각되거나 같이 일하고 싶었던 직원을 많이 떠나 보낸 경험이 있어서다. 지금은 나이도 어느 정도 들었고 과거의 많은 경험 탓에 마음이 많이 무뎌졌지만 초기에는 같이 일하고 싶은 직원이 회사를 떠나간 일이 생기면 며칠 동안 마음이 아팠던 기억이 지금도 가끔씩 난다. 직원을 많이 떠나 보내는 경험을 겪으며 나는 그 동안 굳게 믿었던 내 생각이 흔들림을 느꼈다.

학교의 서클 선후배로 이루어진 회사 초창기에는 월급과 같은 경제적인 문제는 중요하게 생각하지 않았다. 우리는 공평한 분배를 기본으로 하고 각자의 생활에 필요한 최소 금액을 월급으로 나눠 가졌다. 그리고 결혼을 빨리 하거나 사정이 어려우면 좀 더 많이 챙겨주는 융통성도 발휘했다. 회사 사정이 좋지 않았으니 좀 더 챙겨준다는 것도 사실은 큰 차이가 없긴 했다. 따라서 그런 문화가 알게 모르게 우리의 의식을 둔하게 만든 면도 있었던 것 같았다. 즉 능력은 거의 다 비슷하므로 차별을 둬서 임금을 준다는 것은 불공평하다는 의식을 가지고 있었던 것이다.

물론 회사가 점차 커지고 외부의 인력이 더 충원되면서 완전히 공평한 임금 체계는 없어졌지만 전체적인 맥락으로 보면 직원 개인마다 큰 차이를 두고 임금 체계를 가져가지는 않았다. 어느 정도 회사 규모가 커지면서 개발자를 뽑고 면접을 보는 업무를 많이 했던 나는 예전의 그런 의식이 바탕이 돼서 직원들의 임금을 많이 결정했다. 게임 산업의 발전기라서 경력사원이 적었고 주로 신입사원 위주의 채용이 이루어졌으므로 특히 초기의 시작 임금은 거의 비슷하게 책정되었고 특별한 예외는 별로 없었다. 그리고 1년마다 하는 연봉 협상에서도 능력에 따른 차등 지급을 원칙으로 했으나 그 차이는 실질적으로 크지 않았다. 능력의 차이가 크게 나타나 보이지 않는 이유가 가장 큰 원인이라 생각했으나 지금 와서 다시 생각해 보니 초창기 회사의 기본 정신인 '임금 체계는 공평해야 한다'는 룰에 빠진 결과가 아니었는지 반성해 본다.

나는 동료간에 임금의 차이는 서로의 불만이나 협동 관계를 해친다는 생각으로 될 수 있으면 개인을 설득해 거의 비슷한 임금으로 맞추었다. 그 밑바탕에는 회사의 사정이 좋지 않아서 다른 회사처럼 높은 임금을 줄 수 없었던 현실적인 이유도 있었지만 내가 가졌던 기본적인 사고 방식 역시 무시할 수 없는 이유였다. 사회적으로 당연시되는 능력에 따른 임금체계가 조직을 활력있고 경쟁력 있게 만든다는 요즘의 논리와는 그 당시 조금 다르게 생각을 했던 것 같다. 비슷한 시기에 입사를 시킨 동료간에 임금의 차이를 크게 한다는 것은 회사 조직을 불안하게 만든다는 생각을 강하게 했고 어느 기간까지는 이런 생각이 옳았다고 생각했다.

당시 우리 회사 이직률이 상대적으로 낮았다는 생각도 있어서 한 동안 나는 이런 기본 원칙에 대해 의심을 크게 하지 않았다. 그러나 시간이 흐르고 직원들의 평균 연령이 조금 높아지면서 결국은 좋은 직원이 나가는 현상이 생겨 나기 시작했다. 다양한 퇴사 이유가 나왔지만 그 중 하나가 생활이 어렵다는 불만 어린 내용도 있었다. 그 당시 우리 회사의 임금 수준은 게임업계 평균 정도는 됐던 걸로 기억한다. 따라서 완전히 낮은 임금이 원인은 아니었다. 그러나 직원들마다 상황이 모두 다르므로 생활을 하다 보면 경제 생활의 어려움이 생기게 되고 이를 충족치 못하면 결국 스스로 다른 길을 찾게 되는 것이었다. 이런 현실적인 문제를 겪으면서 많은 생각을 하게 됐다.

우리도 보통의 직원은 임금을 낮게 주고 능력 있는 직원은 파격적으로 임금을 높게 주는 제도를 시행했으면 회사는 어떤 변화를 겪었을까? 하는 생각을 해본 적이 있다. 이런 당연시되는 사회 통념이 우리 회사에도 잘 맞았을지는 확신이 들지 않는다.

결국은 제도를 얼마나 잘 정착시킬 수 있는가가 정답일 것이다. 그런 면에서 우리 스스로를 돌아보면 공평한 분배라는 회사의 초기 생각이 우리에게는 더 정답에 가까운 제도라고 생각한다. 왜냐하면, 회사에 남아 있는 초기 맴버들은 공평한 분배를 어느 정도 인정하는 의식을 가졌고 그들이 지금까지 회사의 중요한 역할을 했기 때문이다.

우리가 가졌던 공평한 분배라는 정신이 우리 회사에서 인력의 유출이 일어나는 계기가 된 건지 아니면 그런 정책 덕분에 지금까지 남아 있는 인력의 원동력이 됐는지는 분명하지 않다. 그 동안 우리 회사가 보여 준 나름대로의 탄탄한 조직력도 어쩌면 그런 비교적 균등한 정책의 결과일 수도 있다. 우리는 그 동안 어려움도 겪었지만 아직까지 회사가 유지되고 있고 기업 공개라는 성과를 이루었으니 어느 쪽이 꼭 옳았다고 판정하기에는 무리가 따른다.

균등과 차등이라는 주제에 대해 과거를 돌이켜 보면, 누구에게는 어쩌면 한가하게 들릴 수도 있겠지만, 나는 어떤 것이 독이고 어떤 것이 약인지 명확하지 않은 선택의 순간에 살고 있다는 엄중함이 느껴진다.

이것이 알고 싶다

Q. 저자에게 게임이란 어떤 의미인가요?

실험실입니다. 프로그래밍의 각 분야를 실험할 수 있는 장이죠. 저는 게임보다는 프로그래밍쪽을 더 좋아합니다.

Q. 게임 프로그래머로서 가장 후회해본 적은 언제인가요?

크게 후회한 적은 없습니다. 다만 다른 분야 특히 법률이나 의료 분야를 나오신 분이 자신의 전공 분야와 관련된 봉사를 하면서 다른 분들을 돕는 경우를 볼 때 부럽다고 느끼는 경우는 있습니다.

Q. 게임 프로그래머로서 가장 기뻤던 일을 꼽는다면?

바둑 프로그램을 만들고 오픈했을 때였습니다. 회사 초창기였고 힘들게 만든 프로그램이 어느 정도 순위에 들 정도로 인기가 있어서 더욱 기뻤던 것 같습니다.

Q. 게임 회사의 경영은 특별한 차이가 있나요?

저는 아직도 경영보다는 개발 관리쪽 일을 많이하는데, 참여했던 회사 경영의 차이점을 얘기하라고 하면 저는 독특한 개성을 지닌 개발자들의 마음을 하나로 묶는 일이라고 생각합니다. 흔히 말하는 인간관계는 물론이고 개성이 강한 구성원들과 호흡을 맞추는 일이 생각보다 어렵고 회사 경영하는 데도 큰 영향을 미치는 일이라고 생각합니다.

Q. 현업에서 게임을 개발하다 관리자가 되고 경영자가 되는 분들에게 조언이 있다면?

개발자 시절의 마음을 잃지 말라는 얘기를 하고 싶습니다. 관리자나 경영자로서 위치가 바뀌면 현실적인 문제에 빠지다 보면 옛날 자신이 생각했던 마음을 잃어 버리는 것 같습니다. 노력하지만 저도 역시 그런 것 같고요. 그러나 게임 회사 역시 인간관계가 이루어지는 사회인데 각각의 구성원들과의 마음이 통하지 않는다면 잘될 리 없겠죠.

Q. 창업은 언제 하는 게 좋을까요? 창업의 신호라는 게 있을까요?

일찍 하는 게 좋죠. 특히 게임 개발 회사는 더욱 그렇다고 생각합니다. 다만 경영쪽에 관심 있는 분이라면 경영 교육을 받고 시작하는 것은 필요하다고 생각합니다. 실질적인 개발 관련 문제와는 별도로 다양한 난관이 기다리고 있으니 미리 어떤 종류의 난관이 있는지 좀 알고 시작하는 게 좋다고 생각합니다.

Q. 게임 프로그래머가 성장하기 위해서 가장 중요한 것은 무엇일까요?

열정이라고 생각합니다. 나이가 들면서 느끼는 게 타성에 젖어간다는 아쉬움입니다. 자기 자신을 한곳으로 몰고 가는 열정이 자기 자신을 성장시킨다고 생각합니다.

Q. 예비 게임 프로그래머라면 도전해볼 만한 게 있을까요? (가령 콘테스트 등)

게임을 만들어보는 일입니다. 간단한 게임이라도 만들어 보는 일이 중요합니다. 요즘은 마음만 먹는다면 만들 수 있는 환경이 잘 되어 있습니다. 스스로 만들다 보면 기회가 생기죠. 이렇게 만들어진 결과물은 자기 자신의 포트폴리오가 될 수도 있습니다. 천리길도 한 걸음부터라는 옛말이 저는 딱 맞는 말이라고 생각합니다. 그런 친구들을 저는 면접을 보면서 많이 봤습니다.

Q. 현업 게임 프로그래머라면 도전해볼 만한 게 있을까요?

저는 게임 엔진을 한번 만들어보라고 권하고 싶습니다. 도전하면서 배우는 게 많죠. 현실적으로 보면 "좋은 게임 엔진 많은데 왜 만드나?"하는 질문을 하는 경우가 많지만 개발자로서 성장하는 데 많은 도움이 된다고 생각합니다.

Q. 경영자는 무엇으로 사나요? 게임 프로그래머라면 월급과 일에 대한 열정으로 살 것 같은데요.

저의 과거 경험으로 보면 게임을 완성하기 위해 생존해야 한다는 생각으로 살아왔습니다. 좀 삭막한 말이지만 성공해서 돈을 벌자는 생각도 있었지만 만들던 게임을 끝까지 만들 수 있는 생존법을 늘 생각해 왔던 것 같습니다. 이런 생각의 밑바탕에는 역시 열정이 있었겠죠.

Q. 게임이라는 분야에서 가장 중요한 부문(기술)을 요약해주신다면?

기술적 분야에서 보면 게임 리소스 관리 분야입니다. 쾌적한 게임 플레이를 위해서는 게임 리소스를 잘 관리하는 게 정말 중요합니다. 클라이언트가 무거워 원하는 대로 게임 플레이가 안 되는 게임은 게임의 재미를 줄 수 없죠.

Q. 예비 게임 프로그래머인 대학생들은 어떻게 공부를 해야 할까요?

같은 취미를 가진 친구와 프로그래밍 공부를 같이 하기를 권합니다. 스스로 동기가 생기기도 하고 이런 과정을 통해 서로 마음이 맞는 동료를 만나면 미래에 같이 회사를 만들어 일할 수도 있으니까요.

Q. 게임이라는 분야가 프로그래머로서 할 만한 직업인가요? 왜 수많은 프로그래머 중에 게임 프로그래머일까요?

저는 가장 할 만한 분야라고 생각합니다. 그 이유로 저는 우선 다양한 분야가 포함되어 있어 자신이 잘 할 수 있는 분야를 찾을 여지가 많습니다. 그리고 생각보다 재미 있는 분야입니다.

Q. 어떤 회사가 좋은 회사입니까? (너무 노골적인가요?)

상식적인 대답일지 모르지만 뜻이 맞는 동료가 있는 회사가 좋은 회사라고 생각합니다. 친한 동료가 있으면 열정이 식지 않죠. 저는 그런 회사가 좋은 회사라고 생각합니다.

Q. 만약 지금 저자께서 20대이고 현재 소속되어 있는 회사에서 러브콜을 한다면 어떻게 하실 건가요?

어려운 질문이군요. 물론 참여해서 해야겠죠. 하지만 다른 분야의 일을 하면 어떨까 하는 마음도 한편에는 있습니다. 과거와 똑같은 일을 하며 다시 인생을 살기를 원하는 사람은 많지 않겠죠.

Q. 회사가 성장하면서 중요한 단계가 있을 것 같습니다.

예. 있는 것 같습니다. 그러나 인식하기는 쉽지 않다고 생각합니다. 제 경험도 그 순간에는 깨닫기 참 어려웠습니다. 시간이 지난 후에는 판단되지만 당시에는 어떤 상황이 그런 단계인지는 판단이 쉽지 않습니다. 매 순간 최선을 다하는 게 당연하지만 가장 좋은 방법이죠.

Q. 개인적으로 최고라고 생각하는 게임은?

'로드 런너'라는 게임입니다. 제일 열심히 했던 게임으로 초창기 애플컴퓨터에서
동작한 수작입니다.

김용준의

테크니컬 디렉터로 산다는 것

05

"

Q. 아들이 아빠의 뒤를 이어 게임 프로그래머가
되고자 하겠다면?

저는 초등학생 딸밖에 없는데, 딸에게 스크래치 프로그래밍을 가르쳤습니다.
틈틈히 언리얼이나 유니티 에디터를 사용해서 간단한 게임을
만들어서 플레이하곤 합니다. 요즘은 코드 한줄 없이
기본적인 프로토타입을 만드는 것이 가능하기 때문에 이런 식으로
아빠의 일을 딸에게 보여주고 있습니다. 나중에 시간이 되면 C/C++보다
먼저 파이썬부터 가르칠 생각입니다.

"

1996년 첫번째 프로젝트 이야기

1996년 당시 나는 첫 직장에서 정부 국책과제인 STEP2000의 CG/VR 연구 과제를 상용화하는 작업을 하고 있었다. 그 중에 우리가 개발에 착수한 것은 2차원 몰핑morphing 시스템에 대한 개발이었는데, 몰핑이란 영화 터미네이터2에서 사용된 뒤로 유명해진 기술로 하나의 이미지가 자연스럽게 다른 이미지로 전이되는 기술을 말한다. T-1000이라는 액체금속 터미네이터가 다른 사람으로 자연스럽게 변하는 모습을 보여주던 바로 그 기술이다.

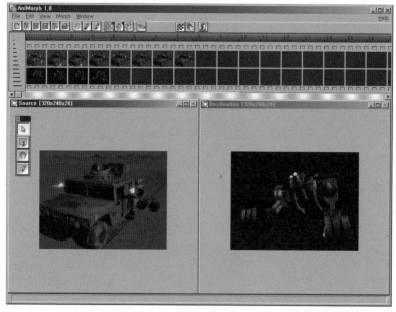

▲ 그 당시에 만들었던 제품 애니몰프(AniMorph)

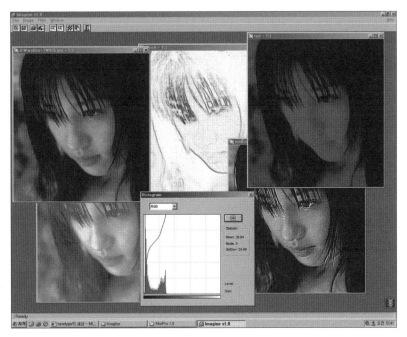

▲ 그 당시에 만들었던 제품 이매진(Imagine)

물론, 최종적으로는 좋은 결과로 끝맺은 프로젝트였지만, 당시 사장님 PT를 하루 앞둔 전날의 상황은 파국의 전조, 바로 그것이었다.

그 날 오후 6시쯤 연구소의 소장님 앞에서 리허설을 시작했다. 하지만, 안타깝게도 우리 프로그램은 작동하다 말고 1분에 한 번꼴로 오류를 내고 멈춰버리기 일쑤였다. PT 준비도 완벽하고 모든 준비가 끝났다고 생각했는데, 정작 상품에 문제가 있는 것이다. 최악의 상황이었다.

저녁 퇴근시간 무렵, 소장님이 한숨을 쉬며 한마디 했다.

소장님 : "다들 술이나 한잔 하러 가지."

팀원들 : "……………."

당장 몇시간 뒤면 사장과 임원진 PT가 있었음에도 우리 제품은 제대로 된 동작조차 못하는 상황이었다. 하지만, 술자리를 거부할수 있는 분위기가 아니었다. 우린 아무말 없이 소장님을 따라서 식당으로 향했다. 그날 처음으로 복어 요리를 먹었다. 충무로에 있는 부산복집이라는 곳인데, 이제는 내 지인들과 자주 찾는 단골집이 된 곳이다. 하지만, 그날 먹었던 복요리는 아무런 맛을 느낄 수없었다.

'이 복어요리를 먹고 죽으면 지금 이 암울한 상황을 피할 수 있지 않을까?' 따위의 절망적인 상상만이 내 머릿속을 지배하고 있었다. 덕분에 술을 마셔도 전혀 취하지 않았다.

술자리가 끝날 무렵 소장님이 다시 한마디 했다.

"다들 몇 달 동안 고생했어. 하지만, 안타깝게도 내일 PT가 끝나면 이런 술자리도 하기 힘들 것 같아서 미리 한잔 하는거야. 수고들 많았어."

무겁게 분위기가 가라앉았다. 자리를 파하고 회사로 돌아왔다. 대충 저녁 8시쯤이었을 것이다. 나는 조용히 내 자리에 앉아서 담배를 하나 꺼내 물었다. 하얀 화면에서는 내가 명령을 내리기만를 기다리는 커서가 멀뚱멀뚱 깜빡이고 있었다.

'처음으로 입사한 회사에서 내 자존심이 이렇게 무너지고 마는거야?'

'내가 이 정도밖에 안 되는 존재였어?'

'난 적어도 프로그래밍에서만큼은 자존심 하나로 버티고 살아왔잖아!'

'이대로는 쪽팔려서 죽어버릴 것 같다구!!!'

포기에서 오기로 변하는 순간이었다.

서서히 손가락을 움직였다.

'오류의 원인을 모르겠다면, 오류가 발생하는 모든 부분을 다 새로 만들어 버리겠어!!!'라고 생각했다. 그때부터 내 마음은 바빠졌다.

팀원들이 몇달 동안 만들어낸 프로젝트였다. 어느 부분에서 누가 오류를 범했을지 알 수 없는 상황이었다. 하지만 나는 차근차근 모든 가능성을 머릿속에 그리면서 내 나름의 방식으로 방어코드를 만들어냈다. 오류가 발생할 수 있는 모든 부분에 안전장치를 만드는 것이다. 그리고 불안정하다고 생각되는 기능들은 과감하게 진입경로를 차단해 버렸다. 내부에는 오류가 존재하지만, 사용자는 절대로 그 오류에 접근할 수 없도록 막아버리는 것이다. 내게 주어진 시간은 단지 12시간뿐. 앞으로 12시간 뒤면 아침 8시가 된다. 그때 최종 테스트에서 실패하면 끝장인 것이다.

내 손은 미친듯이 움직였다. 내가 가진 모든 역량이 집중되기 시작했다. 이미 뇌가 코드를 만드는 수준이 아니었다. 눈으로 보이는 내용들이 바로 손가락으로 전달되는 상황이었다. 모두 다 퇴근한 적막한 연구소에서는 타들어가는 담배 연기와 탁탁탁 타이핑 소리만이 울리고 있을 뿐이었다.

화장실에 가는 시간조차 아까웠다. 잠깐동안 담배에 불을 붙이는 시간 외에는 손이 키보드에서 떨어지지 않았다(당시는 실내 금연이 아니던 시절이다).

그러던 어느 순간 주변이 시끄러워지기 시작했다.

사람들이 출근을 시작한 것이다!

맙소사! 그렇다면 벌써 9시가 된 것이다. 오전 10시에 PT를 시작하기 때문에 늦어도 8시까지는 최종 테스트를 마쳐야 하는데, 이미 그럴 시간조차 없는 상황이 온 것이다. 도대체 13시간이 어떻게 흐른지를 도저히 가늠할 수 없었다. 난 그저 프로그래밍을 한 것뿐이다. 내게는 겨우 10분, 20분이 흐른 것으로 느껴졌을 뿐이었다. 하지만, 키보드 주위에 떨어진 무수한 담뱃재와 꽁초들이 시간의 흐름을 말해주고 있었다.

'제길…이번에 안 되면 끝장인데…'

솔직히 13시간 동안 단 한번도 컴파일을 하지 않았다. 컴퓨터의 프로그램은 단 한 글자만 오타가 발생해도 작동하지 않는다. 때문에 모든 프로그래머들은 간간히 작동 테스트를 한다. 난 그 모든 과정을 생략한 것이다.

"후우~~~"

나는 크게 한숨을 쉬고는 키보드의 실행 키를 눌렀다.

몇십 분 간의 기나긴 컴파일 시간이 걸렸다.

이윽고,

"띵동~"

맙소사! 경쾌한 시작음과 함께 프로그램이 정상 작동을 시작한 것이다. 그렇게 기나긴 시간 동안 작성한 코드에서 단 한 글자의 오류도 발생하지 않은 것이다. 이건 정말 기적이라고밖에는 말할 수가 없었다. 이제 프로그램의 기능들을 테스트할 차례다. 오류가 발생하던 모든 상황들을 테스트했다.

다시 한번 맙소사!

프로그램이 오류 하나 없이 완벽하게 작동을 한다. 온몸에 소름이 돋아서 나도 모르게 중얼거렸다.

"제기랄……해냈군….."

그 순간 누군가가 내 어깨를 툭 치며 한마디 했다.

누군가 : "밤샌거야?"

나 : "아! 팀장님? 네, 밤샜어요."

팀장 : "오늘 PT는 취소될 텐데 뭐하러 그런거야?"

나 : "아뇨! 취소시키지 마세요. 오늘 해요! 보세요! 완벽하게 작동
해요!"

팀장 : "뭐라구? 그럴 리가 있나? 몇주 동안 해결 못하던 걸 하루밤 사
이에 해결했다구?"

나 : "네! 모든 기능이 오류없이 정상 작동해요. 이걸 보세요."

(팀장이 프로그램의 기능을 테스트해본다)

팀장 : "맙소사! 당장 안부장님에게 보고하고 임원진 PT 예정대로 진행
하자고 해야겠군."

(연구소장님의 직급이 부장이었기 때문에 소장님보다는 안부장님이라
고 불렸다.)

나 : "네!"

팀장 : (한동안 말이 없다가)"….고생 많았어….진심이야……"

나 : (씨익 웃으며) "훗…. 제가 제일 좋아하는 만화주인공이 누군지 아
세요?"

팀장 : "누군데?"

나 : "강백호예요."

팀장 : "걔가 누군데?"

나 : "슬램덩크라는 만화에 나오는 녀석인데, 항상 입에 달고 다니는 말이 있죠."

팀장 : "무슨 말인데?"

나 : "나는 천재니까!"

팀장 : (호탕하게 웃는다) "하하하하하."

나 : (함께 웃는다) "하하하하하."

잠시 후 10시부터 시작된 임원 PT에서 우리팀의 제품이 최고의 칭찬을 받은 것은 말할 것도 없다. 사실, 그날 다른 부서의 이사들은 우리 연구소를 돈은 안벌고 쓰기만 하는 부서라고 공격하기 위한 최적의 순간으로 벼르고 있었던 상황이다. 전날 소장님이 우리에게 했던 말은 자신의 미래를 암시한 것이었다. 특히, 제품 판매를 담당하는 패키지 사업부의 김이사가 호시탐탐 우리의 목줄을 노리고 있었다.

하지만, 대머리 사장님의 머리에서 털이 숭숭 나더니 연구소 소장님 얼굴로 바뀌고, 다시 그 얼굴이 우리팀 여직원으로, 마지막에는 내 얼굴로 바뀌는 모습을 눈앞에서 확인한 순간 분위기는 완벽하게 역전되어 버렸다.

(한동안 침묵하던 사장님이 아무말 없이 박수를 친다. 어리둥절하던 임원들도 함께 박수를 치기 시작한다)

사장 : "흐음…드디어 우리 회사도 이런 미래지향적 기술을 갖게 되었군. 김이사!"

김이사 : "네!"

사장 : "김이사쪽에 패키지 사업부가 있었지?"

김이사 : "네, 제품 판매를 담당하는 부서입니다."

사장 : "좋아. 연구소에서 개발한 이 기술을 당장 제품화해서 팔 수 있도록 사업계획을 입안하도록!"

김이사 : "네, 알겠습니다."

사장 : "다들 수고 많았어! 역시 연구소는 연구소구만! 훌륭해!"

소장님 : "과찬이십니다."

다른 이사들 : (이구동성으로) "고생들 많았습니다. 훌륭하군요."

긴장했던 PT가 끝나고 우리는 회의실을 나왔다. 갑자기 소장님이 날 불러세운다.

소장님 : "야!"

나 : "네?"

소장님 : "너, 이거 하룻밤만에 전부 해결한거냐? 어제는 분명히 안 되던 거잖아."

나 : "어쩌다보니 그렇게 됐어요."

소장님 : (그냥 웃는다) "어처구니 없는 놈 같으니…"

나 : (그냥 웃는다) "제가 어처구니가 좀 없죠."

소장님 : "근데, 솔직히 말해서 아까 찔끔했다."

나 : "왜요?"

소장님 : "대머리 사장 머리에서 갑자가 머리가 자랐잖아."

나 : "아! 그거요? 재밌었죠?"

소장님 : "그때, 사장 얼굴 봤냐? 이것들이 날 엿먹일려고 작정했구나 하는 표정이더군."

나 : "하하하. 솔직히 조금 충격적인 화면을 보여드리고 싶었어요."

소장님 : "난 그 순간에 끝장이라고 생각했다구."

나 : "부장님답지 않게 왜 그러세요? 재밌었잖아요."

소장님 : "오늘은 사장이 기분 좋게 받아들였지만 담부턴 그러지 마라. 내 간이 쫄아든다."

나 : "넵! 명심하겠습니다."

그렇게 웃으며 PT를 끝내고, 돌아와 앉은 내 자리…어찌나 허탈하던지… 마치 온몸의 피가 다 빠져나가버린 것 같은 그런 공허함이 내 온 몸을 감쌌다.

'아~ 이게 바로 최선을 다한 뒤에 몰려온다는 그 허탈함이구나'

'정말 기분이 좋은 건지, 나쁜 건지조차 모르겠네. 그냥 공허하고 피곤하다는 것밖에는…'

'잠시 좀 자둘까?'

그렇게 생각한 순간 나는 고개를 파묻고 그대로 책상에 엎드려 잠이 들기 시작했다. 아마도 내 생애에서 죽는 순간까지 절대로 잊혀지지 않을 경험일 것이다.

밤새워 코딩을 하던 나의 열정과 절대로 포기하지 않겠다고 결심하던 순간의 오기, 그리고 그 모든 것에 화답하듯 만들어진 기적과 같은 상황, 겪어보지 않고서는 알 수 없는 마법과 같은 시간들.

가끔 비가 오는 날이면 그 시절의 추억이 깃들어 있는 충무로의 복집에서 술 한잔 하고 싶어진다. 특히 비가 오는 날이면 말이다.

게임 프로그래머는 무엇으로 사는가

프로그래머라면 누구나 한 번쯤 비슷한 경험이 있을 것이다. 이런 경험은 마치 마약과도 같아서 그 맛을 한번 느낀 자라면 그 즐거움을 버릴 수가 없다. 특히 게임 프로그래머라면 내가 원했던 기능이 제대로 작동할 때 크나큰 즐거움을 느낀다.

필자의 경우 무협 게임을 만들면서 드넓은 무림 세계를 경공으로 날아다니던 순간의 즐거움을 잊을 수가 없다. 경공 기능을 내가 만든 것은 아니었지만, 우리가 함께 만드는 게임 세계 속에서 내가 만들어낸 렌더링 엔진으로 다른 사람이 만든 경공 기능을 사용해서 아트팀에서 만든 드넓은 초원을 가르며 하늘로 날아 오를 때의 쾌감은 말로 설명할 수가 없다.

정말 그 세계 속에 내가 들어가서 무림의 고수인냥 땅을 가르고 하늘로 박차오르고 있었으니까 말이다. 그것이야말로 세상을 창조하는 게임 개발자만 누릴 수 있는 호사가 아닐까?

게임 엔진과 테크니컬 디렉터

다른 저자들의 원고를 보면 코드가 없다. 그러나 내 얘기에는 코드도 들어 있다. 게임 분야에서 사용하는 기술 용어들도 거침 없이 나온다. 그 용어들이 무엇인지 친절하게 설명하지도 않는다. 이 책의 독자 중 예비 프로그래머가 있을 수도 있다. 기술 용어가 있다고 해석할 수 없는 코드가 나온다고 두려워하지 말기 바란다. 처음엔 누구나 다 그렇다. 그리고 필자가 주고자 하는 메시지에 집중하기 바란다.

필자의 현재 개발 포지션은 테크니컬 디렉터_{Technical Director}다. 테크니컬 디렉터는 각 게임 개발 파트에서 문제가 발생해 SOS를 요청할 경우, 전체 프로젝트를 살펴보고 문제점을 파악한 후 이를 해결하는 것이 주된 역할이다. 또한 프로그래밍 파트와 아트 파트 간에 의견 충돌이 발생할 때가 많은데, 이런 경우에는 프로그래밍만으로 해결이 안 된다거나 혹은 아트를 통한 해결 방법도 없는 경우다. 이때 아트와 프로그래밍 양쪽의 기술을 모두 알고 있으면 의외로 쉽게 해결할 수 있는 문제들이 많다. 즉 테크니컬 디렉터는 두 파트의 중간에 위치하면서 의견을 조율하거나 기술적 해결을 제시하는 것이 주된 역할이라고 할 수 있다.

역할이 이렇다보니 일반적으로 테크니컬 디렉터(줄여서 TD라 부른다)는 개발중인 시스템, 특히 엔진에 대한 깊은 이해가 필수적이다. 대부분의 문제는 게임 엔진의 문제에서 비롯된다. 그래서 이번 파트에서는 게임 엔진과 TD라는 직군에 대해서 이야기 해보고자 한다.

엔진이란 무엇일까? 일단 위키백과를 통해서 정의를 알아보도록 하자.

게임 엔진에 대한 정의는 다양하게 이루어질 수 있는데, 일반적으로는 2가지로 분류할 수 있다. 먼저 게임 개발에 필요한 거의 대부분의 기능과 이를 통합한 IDE를 포함하고 있는 솔루션 형태가 있으며, 언리얼, 유니티, 크라이 등이 이에 해당한다. 또 한 가지는 단일한 형태로 특정 기능만을 제공하는 것으로, EmotionFX, Rad Game Toos, FMOD, Scaleform GFx, SpeedTree, ProudNet 등이 이에 해당한다. 일반적으로 소스코드나 라이브러리 형태로 제공되어 솔루션형 엔진이나 자체 제작 엔진in-house engine에 통합되어 작동하게 된다.

엔진형태	특징	대표 제품
통합 형	• IDE에 대부분의 기능이 통합되어 있다. • 별도의 Compile/Link가 없는 경우도 있다(유니티).	Unreal, Unity, Lumberyard, Stingray
미들웨어 형	• 단일한 용도로 사용된다. • 별도의 Compile/Link가 필요한 경우가 많다.	EmotionFX, Rad Game Toos, FMOD, Scaleform GFx, SpeedTree, ProudNet, Cocos2D-X

사실 우리가 지금까지 엔진이라고 대충 사용해 왔던 말은 통합형 엔진과 미들웨어형 엔진 두 가지의 의미를 가지며, 최근 엔진이라고 하면 통합형 엔진을 가리키는 것이 추세라고 볼 수 있다.

과거 MMORPG 전성기 시절에는 엔진을 구매해서 사용하는 것보다도 직접 설계하고 제작해서 사용하는 인하우스 엔진의 전성시대였다.

인하우스 엔진을 사용할 경우에는 엔진의 핵심 기능이라고 할 수 있는 렌더링 품질, 속도, 리소스 관리 등에 집중하기 위해서 외부 미들웨어에 많이 의존했던 것이 사실이다. 즉, 렌더링 코어 모듈, 그리고 이 부분과 직접적으로 연관된 리소스 관리 부분은 자체 개발팀이 제작하고, UI 처리는 Scaleform, 사운드는 FMOD를 사용하는 식이다. 물론, Emotion FX를 사용하면 캐릭터 애니메이션을 위해서 개발해야 할 상당 부분을 의존할 수 있어서 국내에서 많이 사용되었다.

하지만, MMORPG 개발에 최소 3년에서 5년씩 개발 기간이 필요해지고, 100명 이상 되는 개발팀을 그 기간 동안 유지하다 보면 최소 300억에서 500억 정도의 개발비가 필요한 상황이 되었다. 이 정도의 개발비가 투입될 경우에는 인하우스 엔진보다는 이미 검증이 완료된 상용엔진을 사용하는 것이 회사로서는 리스크를 줄이는 방법이다.

만약 그 회사에 인하우스 엔진이 완벽하게 구축되어 있어서 이를 유지보수 하는 팀이 존재한다면 모르겠지만, 그렇지 않을 경우 엔진을 개발하면서 게임 콘텐츠를 개발하는 것은 2배의 시간이 필요하기 때문에 효율이 떨어지게 된다.

예를 들어서 엔진을 개발하게 되면 프로그래밍 팀에서 엔진 개발에 최소 1년의 시간이 필요할 것이다. 그 기간 동안 기획과 아트 팀은 엔진에 적합한 리소스를 제작할 수가 없다. 왜냐하면 현재 제작되는 엔진이 어디까지 지원되는지를 알 수 없기 때문이다. 기획 입장에서는 전체 맵의 크기가 어디까지 지원되는지가 중요하고, 밤과 낮의 시간을 변화시킬 수 있는지, 캐릭터는 최대 몇개까지 한 화면에 출력할 수 있는지, 혹은 닌자 같은 캐릭터가 필요할 경우 '은신 스킬' 같은 것이 사용 가능한지가 궁금할 것이다. 하지만 프로그램팀에서는 아무런 대답을 해줄 수 없다. 아직 안 만들었으니까.

그리고 아트팀 입장에서는 캐릭터에서 사용 가능한 최대 폴리곤 개수와 텍스처 해상도, 텍스처 개수가 궁금할 것이고, 배경 라이트맵은 차폐맵이 지원될 것인지와 최대 포인트라이트 개수는 몇개까지 사용 가능한지가 궁금할 것이다. 하지만 프로그램팀에서는 아무런 대답을 해줄 수 없다. 아직 안 만들었으니까.

그렇기 때문에 엔진이 완성되기 전까지는 기획과 아트 입장에서 볼 때 불확실한 상태에서 작업을 진행하는 셈이 된다. 최악의 경우 거의 1년 가까이를 실질적인 리소스 제작 없이 컨셉 작업에만 할애해야 할 수도 있는 것이다.

이에 반해서 상용엔진을 사용하게 되면 기획은 에디터를 사용해서 맵의 크기를 가늠해보고 몹을 배치해서 즉시 테스트가 가능하다. 아트는 맥스나 마야 등으로 모델링된 데이터를 FBX 포맷으로 저장(Export)해서 에디터에서 읽을 수 있으며 어떤 부분이 엔진에서 문제가 되는지를 즉시 판단할수 있다. 이 경우에는 오히려 프로그램팀에서 엔진에 적응하는 데 시간이 걸리겠지만, 직접 제작하는 것과 비교하면 큰 차이가 발생하지 않는다.

즉, 대규모 인력이 투입되는 게임일수록 상용엔진을 사용하면 개발 기간을 단축시킬 수 있고, 개발 기간 단축은 개발비를 줄일 수 있는 것이다.

물론, 상용엔진은 이미 검증된 퀄리티의 영상을 보장해준다는 것도 큰 장점이다. 상용엔진은 그 엔진만을 개발하는 회사의 전문인력들이 각종 최신 기술을 업데이트 하면서 최상의 품질을 유지해준다. 하지만, 인하우스 엔진의 경우에는 최신 기술을 해당 팀의 개발자가 직접 코딩해서 구현해야하는데, 이 경우 상용엔진보다 속도가 더딘 것이 현실이다.

이상과 같은 이유로 현재 국내에서는 거의 대부분의 회사들이 상용엔진을 통해서 게임을 개발하고 있는 것이 현실이다. 물론, 이 속에는 모바일로 급변한 개발 환경의 변화도 빼놓을 수 없는 이유기도 하다.

PC 기반 MMORPG를 개발하던 시절에는 Direct3D가 표준이었고, 대부분의 국내 인하우스 엔진들은 이에 기반해서 제작되었다. 하지만, 모바일로 급변하면서 OpenGL ES가 표준이 되었고, 초창기에는 이를 기반으로 엔진을 개발하려는 움직임도 있었으나, 너무나 다양한 단말기 파편화 때문에 엔진을 직접 개발해서 사용하는 것은 외국의 King.com이나 Supercell 정도만 하고 있고, 국내는 유니티와 언리얼 엔진이 완전히 장악했다고 볼 수 있다.

엔진을 잘 만드는 것과 엔진을 잘 사용하는 것은 매우 다른 기술이다. 최근의 개발 추세는 엔진을 만드는 능력보다는 엔진을 잘 사용하는 쪽에 초점이 맞춰지고 있다. 이와 같은 움직임이 가장 두드러지는 곳은 일본 게임사다. 일본은 전통적으로 콘솔 기반의 게임이 시장을 지배해왔고, 콘솔 게임의 상당수가 인하우스 엔진으로 개발되어 왔다. 그러나 최근 이와 같은 움직임에 큰 변화가 생겼다. 반다이-남코의 철권 시리즈가 이미 언리얼 엔진을 사용하여 개발되고 있으며, 같은 회사의 스트리트 파이터 시리즈도 이제는 언리얼로 개발되고 있다. 최근에는 스퀘어-에닉스의 파이널 판타지 7 리메이크가 언리얼로 개발중이라고 발표되었다.

불론 북미에서는 상용엔진을 사용하는 것보다 자사의 엔진을 기반으로 해서 현재 개발중인 게임에 최적화된 엔진으로 커스터마이징 하는 경우가 더 많다. 이러한 추세가 앞으로도 계속 될지는 지켜봐야 알 것이다.

게임 콘텐츠 개발사가 이처럼 상용엔진을 사용해서 개발하는 가장 큰 이유는 앞서 서술한 대로 보장된 렌더링 퀄리티와 안정적인 개발환경에 있을 것이다. 또한, 해당 엔진을 지속적으로 사용할 경우 그 엔진에 대한 노하우가 사내에 축적된다는 점도 매력적일 수 있겠다. 인하우스 엔진을 사용할 경우 가장 까다로운 문제점 중에 하나는 엔진을 유지보수하는 것에 있다. 엔진에 새로운 기능이 필요할 경우 해당 유지보수 팀에 요청을 해서 빠르게 구현될 수 있다는 점이 상용엔진보다 유리한 장점이다. 상용엔진은 엔진의 버그나 기능 개선이 필요할 경우 별도의 채널(언리얼의 경우 UDN)을 통해서 요청을 하고, 기다려야 한다는 단점이 있다. 이 경우 추가적인 비용을 요구할 수도 있다. 유니티는 소스가 없으므로 직접 개선하는 것이 불가능하지만, 언리얼은 오픈소스인 관계로 직접 개선할 수 있다는 장점이 있다. 하지만, 그 장점도 콘솔에서는 얘기가 달라진다.

콘솔 게임을 개발할 때는 언리얼 소스를 기반으로 콘솔에 특화된 별도의 추가 라이브러리를 다운받아서 엔진을 빌드해야 한다. 이때 콘솔에 특화된 라이브러리는 직접 코드에 접근하는 것이 불가능하기 때문에 문제가 생겼을 경우 직접 대응하기 어렵다. 특히 Sony VR처럼 기기 자체와 SDK가 지속적으로 업그레이드 중일 경우에는 더더욱 관리가 어려운 것이 현실이다.

필자가 겪은 경험 중에는 다음과 같은 경우도 있었다.

- OS 버전
- PS4 SDK 버전
- PS VR Firmware 버전
- PS4 Firmware 버전
- Unreal 버전
- Visual Studio 버전

이 각각의 버전이 제대로 맞아야만 빌드가 가능했다. 문제는 이들 버전을 적합하게 일치시키는 것이 끔찍하게 어려웠다. 가령 Unreal 9.x는 Visual Studio 2013까지만 지원하는데, Unreal 10.x로 업그레이드 되면서 Visual Studio 2015만 지원하게 바뀌었다. 문제는 PS4 SDK가 아직 Visual Studio 2013만 지원하는 시기였다. 이런 식으로 각각의 엔진과 펌웨어, SDK가 별도로 버전업이 되면서 상상할 수 없는 어마어마한 경우의 수로 발전하는 경우가 흔하다. 덕분에 1주일 동안 빌드에만 매달려서 겨우 성공했던 기억이 있다.

즉, 아무리 엔진이 훌륭하다 하더라도 해당 플랫폼에서 겪어봐야만 알 수 있는 경험들이 더욱 많다는 것이다. 또한 현재 사용하려는 엔진의 특성을 정확히 이해하고 사용하는 것도 매우 중요하다.

인하우스 엔진에서는 기획이나 아트팀의 요청에 따라서 엔진의 기능을 개발하고 개선하는 것이 가능하지만, 상용엔진을 사용할 때는 최대한 엔진 코어를 건드리지 않고 사용하는 것이 일반적이다. 그 이유는 엔진이 끊임없이 버전업 되기 때문이다.

예를 들어서 유니티와 언리얼은 모두 PBS_{Physically Based Shading}을 지원한다. 이는 기존에 법선벡터와 광원벡터의 내적($N \cdot L$)을 사용해서 확산광 Diffuse의 값을 근사치로 구하는 것과 전혀 다른 방법이다. 실제 물리적 현상에 입각해서 BRDF_{Bidirectional Reflectance Distribution Function} 기반으로 확산광, 반사광, 프레넬 등의 항을 계산하는 것이다. 때문에 상당히 복잡한 수학적 연산이 필요한데, 이들 대부분의 계산은 셰이더 코드 내부에 숨겨져 있다. 유니티는 #include 되는 UnityStandardCore.cginc 계열 파일에 포함되어 있고, 언리얼은 코드가 아닌 머티리얼 에디터를 통해서 외부로 Metallic이나 Roughness 등의 값으로 조절해야 한다.

일단 이들 값 중에서 방출광Emission에 대해서 두 엔진의 차이를 살펴보도록 하자.

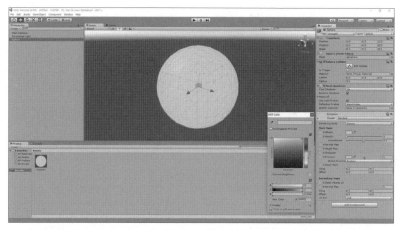

▲ 유니티에서 Emission을 RGB(0,1,0)으로 했을 때

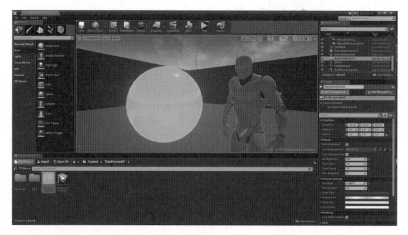

▲ 언리얼에서 Emission을 RGB(0,1,0)으로 했을때

두 엔진의 차이가 느껴지는가? 그림을 보면 알 수 있듯이 Emission의 값을 녹색(그림에서 보면 공 모양의 그림 부분이 녹색이다)의 최대값인 1로 했을때 유니티는 구$_{\text{Sphere}}$ 오브젝트 자체만 밝아진다. 하지만 언리얼의 경우에는 구 오브젝트 주변으로 녹색빛이 퍼져나가는 현상을 관측할 수 있다.

다음 그림을 보면 더욱 명확해진다.

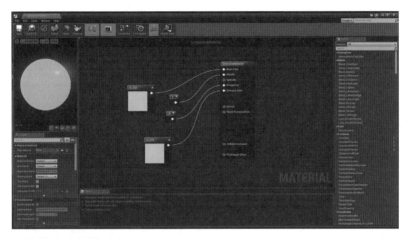

▲ 언리얼의 머티리얼 에디터

이는 Emission이라는 값을 다루는 방식에서 두 엔진이 차이가 있기 때문이다. Emission은 우리말로 번역하면 방출광이라고 한다. 즉, 그 오브젝트 자체가 내뿜는 빛이라는 뜻이다. 그러니까 이 값을 녹색의 최대값으로 설정했다면 언리얼처럼 보이는 것이 물리적으로 맞다고 볼 수 있을 것이다.

하지만, 그래픽스 프로그래밍, 그 중에서도 셰이더 프로그래밍을 해 본 사람은 알 수 있을 것이다. 저 현상은 단순히 방출광 값을 결과값에 더해주는 방법으로는 절대로 만들 수가 없는 화면이다. 셰이더는 구 오브젝트 자체에만 작용되기 때문에 저 화면처럼 빛이 방출되듯이 부드럽게 뿜어져 나오려면 후처리Post Processing를 반드시 사용해야만 한다. 문제는 후처리가 상당히 비용이 큰 연산이라는 것이다. 따라서 저런 효과를 엔진에서 기본적으로 제공한다고 해서 무턱대고 그냥 쓸 수는 없다는 것이다.

프로그래머 입장에서는 방출광이 오브젝트 경계면을 넘어서 출력될 수 없다는 유니티의 처리 방식이 오히려 직관적이고 논리적인 데 비해서, 아트 입장에서는 방출광의 특성상 언리얼처럼 처리되는 것이 더욱 자연스러운 것이다. 이러한 견해 차이는 좁혀지기 힘들다.

그래서 프로그래머와 아트의 견해차를 보완하기 위해서 대부분의 회사에는 TATechnical Art나 TDTechnical Director라는 직군이 존재한다. TA는 일반적으로 아트 직군쪽에서 경력을 쌓아서 프로그래머적 스킬을 습득한 사람들을 지칭하고, TD는 반대로 프로그래머 직군으로 출발하여 아트적 소양을 쌓은 경우를 일컫는 경우가 많다.

해외의 경우에는 TD가 다른 의미로 사용되곤 하지만 국내에서는 일반적으로 TA와 TD를 아트와 프로그래머 간의 경계에서 활동하며 양측의 어려움을 해결해주는 해결사로 보는 경우가 많다. 예를 들어서 유니티를 사용해서 게임을 개발중인데, 아트팀에서 언리얼의 방출광 방식을 도입하자고 했을 때 TA나 TD가 있다면 유니티에서 지원하는 뽀샤시Bloom 필터를 잘 활용하면 된다는 결론을 도출하고, 여기서 한발 더 나아가 뽀샤시가 모바일에서 사용하기에는 부하가 크기 때문에 퀄리티를 약간 희생하더라도 좀 더 고속화된 셰이더 코드를 제작해서 아트팀에 제공하는 것이다.

따라서 TA나 TD는 엔진의 특성에 대해서 더욱 잘 알아야 한다. 국내에서는 대부분 그 분야에 10년 이상 종사한 개발자들이 활동하고 있다. 최근 5~6년 사이에 국내에서 TD 분야에 대한 많은 관심이 모아져서 이들 직군이 활발하게 활동하고 있으므로, 프로그래머 중에서도 그래픽에 관심이 많은 프로그래머라면 TD의 역할에 많은 관심을 가져보는 것도 좋을 것이다.

테크니컬 디렉터는 주로 이런 일을 한다

필자의 경우는 특이하게도 TD 역할을 수행하는 데 있어서 맥스 스크립트_Max Script가 도움이 된 경우가 많았다. 프린세스 메이커 모바일 버전을 개발할 때였는데, 유니티 엔진으로 개발중이었고, 딸의 다양한 감정을 표현하기 위해서 얼굴에는 몰핑을 사용하고 있었다. 유니티 애셋스토어의 메가파이어_MegaFiers라는 외부 모듈을 사용해서 맥스에서 만들어진 표정 몰핑 데이터를 사용하는 방식인데 여기에 문제가 있었다.

▲ 프린세스 메이커 모바일 버전의 캐릭터 커스터마이징 화면

캐릭터의 표정 데이터가 너무 커 읽는 데 시간이 오래 걸려 게임을 플레이하면 로딩 딜레이가 심각하게 발생하고 있었다. 프린세스 메이커는 아르바이트나 교육을 수행하면 즉시 반응을 보이는 방식이라 로딩 딜레이(약 1초)는 치명적인 약점이 되는 상황이었다.

이 문제를 해결하기 위해서 일단 몰핑 파일이 얼마나 크기에 로딩 딜레이가 생기는지 확인해 보니 무려 1M(메가)나 되었다. 1M짜리 파일이면 PC에서도 살짝 딜레이가 느껴질 정도의 크기인데, 모바일이라면 눈뜨고 볼 수 없을 만큼 느려지는 게 당연했다.

폴리곤 1,000개도 안 되는 얼굴 메시에 이렇게 큰 몰핑 데이터가 만들어질 수가 없을 텐데 하는 생각으로 파일들을 조사해보니 이상한 점이 발견되었다. 거의 모든 몰핑 데이터의 크기가 일정하게 1M의 크기를 갖고 있었던 것이다. 도저히 이해가 되지 않는 상황이었다. 왼쪽 눈만 윙크한다거나,

입을 벌린다거나, 눈을 깜빡이는 등의 다양한 경우에 대해서 모두 일정하게 1M의 파일을 만들어 낸다는 것은 납득이 되지 않았다.

원본 맥스 모델링 데이터를 열어 보았다. 파일을 열어보니 얼굴 모델 데이터에 몰프 모디파이어를 적용했는데, 100개의 표정 애니메이션을 100개의 채널에 등록해 놓고 그 채널을 On/Off 시켜서 데이터를 조합하여 저장하고 있었던 것이다. 대강 어떤 문제인지 짐작이 되었다. 예상컨데 메가 파이어라는 외부 플로그인이 Off되어 사용하지 않는 데이터도 저장을 하고 있는 것이 아닌가 의심이 되었다.

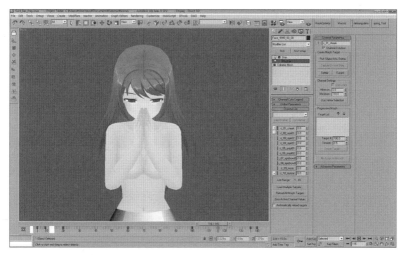

▲ 표정 데이터가 저장된 몰프 채널

그래서 사용하지 않고 Off되어 있는 채널들을 수동으로 모두 지우고 저장하자 몰프 데이터의 크기가 1/10로 줄어들었다. 이 데이터를 게임에서 읽어들였더니 10배 빠르게 읽었고 당연히 로딩 딜레이를 느낄 수가 없을 만큼 빨라졌다.

일단 프로그램 팀의 문제는 이렇게 해서 해결이 되었으나, 문제는 아트

팀이었다. 기존의 100개의 몰프 데이터를 모두 삭제하고, 일일이 사람 손으

로 채널을 지우면서 데이터를 처음부터 다시 저장하라는 것은 엄청난 노가

다일 것이다. 게다가 사람이 하다 보면 실수가 발생할 수도 있는 상황이

었다. 그래서, 이를 위한 전용 맥스 스크립트를 제작해서 아트팀에 제공

하였다.

```
macroScript MorphOptimizer category:"PMOTools"
(
    max_channel = 100
    m = $.morpher

    -- active state OFF of all channels
    for i = 1 to max_channel do
    (
        WM3_MC_SetActive m i false
    )

    -- active state ON if any key exist
    for i = 1 to max_channel do
    (
        if ( WM3_MC_HasData m i ) then
        (
            key_array = m[i].keys
            for j = 1 to key_array.count do
            (
                if key_array[j].value != 0.0 then
                  ( WM3_MC_SetActive m i true )
            )
        )
```

```
    )

    -- move active channel to back end
    move_start_index = 60
    active_channel_count = 0
    for i = 1 to (move_start_index - 1)  do
    (
        if ( WM3_MC_IsActive m i ) then
        (
            WM3_MoveMorph m i (move_start_index
                + active_channel_count)
            active_channel_count = active_channel_count + 1
        )
        else
        (
            WM3_MC_Delete m i
        )
    )

    -- move active channel to front
    for i = move_start_index to
      (move_start_index+active_channel_count) do
    (
        WM3_MoveMorph m i (i-move_start_index+1)
    )
)
```

이 코드는 키값이 있는 채널을 On시키고, On되어 있지 않는 채널의 값을 모두 삭제Delete한다. 그리고, 채널의 순서를 재조정해서 On되어 있는 값들을 앞으로 이동시키는 기능을 하고 있다. 이 스크립트를 사용해서 아트팀에서는 대부분의 수작업을 덜 수 있었고, 자칫 수동으로 했을 때 발생할 수 있는 실수도 미연에 방지할 수 있었다.

필자가 서술한 바와 같이 TD라는 것은 단순히 렌더링에만 관여하는 것이 아니라 개발 전반에 걸쳐서 요소요소에 발을 담그게 된다. 이러한 역할이 익숙해지면 회사의 다른 프로젝트에서도 SOS를 요청하는 경우가 많아지게 되고 자연스럽게 스스로의 존재가치를 올릴 수 있을 것이다. 게다가, 주변 사람들이 나로 인해서 기뻐한다는 것이 이 직업의 더할나위 없는 즐거움이기도 하다.

내가 만든 게임을 하며 플레이어가 기뻐하는 것도 즐겁지만, 함께 일하는 동료가 나로 인해서 행복해 한다는 것은 또 다른 즐거움이다.

사실 플레이어들은 내 게임을 하며 즐거워하기보다는 문제가 생겼을 때 욕을 하는 경우가 더 많지만, 동료들은 이런 걸 만들어주면 정말 기뻐하고 고마워하기 때문에 이쪽이 더 보람이 느껴지는 것은 어쩔 수 없다.

세상은 정지해 있지 않다

필자는 지금까지 다른 사람보다 다양한 경험을 하면서 살아온 편이다.

시기	20대 중반	20대 후반	30대 초반	30대중반	30대 후반	40대
소속	연구소	교육기관	창업	대학교수	공공기관	게임사
역할	코딩	교육	CEO & 코딩	교육	국책사업 관리	코딩

표를 보면 알겠지만 남들보다 다양한 직업을 체험한 편이다. 특히 창업이나 공공기관에서 근무한 경험은 일반적인 프로그래머라면 느껴보기 힘든 일일 것이다. 게다가, 최고의 안정성을 보장하는 공공기관을 40대에 퇴사해서 다시 모험과 꿈을 찾아 게임 개발사로 이직하는 행위는 표준 상식으로는 납득하기 힘들다. 한 아이의 아빠라는 타이틀 덕분에 주변으로부터 근심 가득한 우려를 받은 것도 사실이다.

일단 30대 중반까지는 내가 살고 싶은 인생을 살았던 것이 사실이다. 잘 다니던 직장을 때려치운 것도, 창업을 한 것도, 모두 본인의 의지로 그렇게 선택한 것이니까 말이다. 한 마디로 내 꿈이 시키는 삶을 살아온 것이다.

우리 세대는 사회적으로 매우 풍요로운 혜택을 받고 살았던 세대다. "응답하라 1988"의 주인공들이 딱 내 나이 또래인데, 그 시기에는 대학 졸업과 동시에 4~5곳의 대기업을 본인이 선택해서 들어갈 만큼 취업의 문이 매우 넓었던 경제 호황기였다. 그 덕분에 많은 혜택을 누리게 된 것이다. 한 마디로 우리 세대는 매우 운이 좋았다. 그런 면에서 지금 세대에게 큰 빚을 지고 있다고 생각하며, 사회가 좀 더 따뜻해질 수 있도록 노력해야 한다고 늘 생각하고 있다.

첫 직장이던 연구소 시절에는 처음으로 윈도우 프로그래밍을 공부했다. 그 전에 대학에 있을 때는 DOS 기반의 Turbo-C나 UNIX에서 vi를 사용해 GNU-C 파일러를 사용했는데, 직장에 입사하고 보니 모든 것이 윈도우즈 기반으로 바뀌어 있었다. 윈도우즈는 main( ) 함수도 없고, 이벤트를 처리하는 방식이라 처음에 익숙해지기 매우 힘들었다.

그나마 다행인 것은 그 당시 선택할 수 있는 언어가 오직 C/C++뿐이었다는 것이다. 지금은 엄청나게 다양한 프로그래밍 언어와 환경이 존재한다. C/C++은 오히려 비효율적이라는 비난을 들을 만큼 플랫폼, OS, 용도에 특화된 언어들이 즐비하다. 가령 최근에 가장 각광받는 파이썬 언어Python만 하더라도 윈도우즈, 맥, 리눅스 등의 거의 모든 OS를 지원하면서도 효율적인 코딩이 가능하다. C/C++로 코딩한다면 수백 줄로 쓰여져야 할 코드도 파이썬을 사용하면 10줄 이내로 코딩이 가능한 것이 마법과도 같은 일이다. 또한 자바스크립트나 C#은 포인터를 제거함으로써 프로그래머가 저지를 수 있는 상당수의 문제를 언어 차원에서 제거하였다. 최근에는 구글에서 Go라는 언어를 발표하기도 하였고, 얼랭Erlang이나 하스켈Haskell 등의 함수형 언어들도 용도에 따라서 선택이 가능하다. 그야말로 용도에 맞는 언어를 적절히 선택하여 사용할 수 있는 시대가 된 것이다.

그럼에도 불구하고, 게임 프로그래머가 되려는 사람이라면 C/C++을 익혀두는 것이 유리할 것이라 생각한다. 그 이유는 C/C++이 가지고 있는 강력함 때문이다. 특히 C 언어가 가지는 강력함은 이 언어가 만들어진 이유만 봐도 알 수 있다.

최초 C언어가 만들어진 이유는 Unix라는 OS를 포팅하기 쉽도록 하기 위해서였다. 새로운 CPU와 컴퓨터가 만들어지면 그에 따라서 OS를 올려야 사용할 수 있는데, 문제는 매번 어셈블리로 OS를 포팅해야 했기 때문에 굉장히 비효율적이라는 것이다. CPU가 달라지면 사실상 거의 새로 OS를 만들어야 하는 상황이었으니까 말이다.

하지만, 어셈블리가 아니면 OS를 만들기 힘든 것도 현실이다. OS라는 것은 하드웨어에 대한 완벽한 통제를 통해서 사용자의 응용 프로그램이 작동할 수 있는 환경을 제공해야 하기 때문이다. 그러기 위해서는 하드웨어를 직접적으로 제어하는 기능이 필요한데, 당시에는 어셈블리 외에 별다른 대안이 없었던 것이다.

그래서 브라이언 커니핸Brian Wilson Kernighan과 데니스 리치Dennis MacAlistair Ritchie, 그리고 켄 톰슨Kenneth Lane Thompson이 주축이 되어 PDP-7용으로 만들어진 어셈블리 Unix를 PDP-11용으로 C언어를 만들어 포팅하게 된 것이다.

즉, C언어는 언어 차원에서 하드웨어에 대한 거의 완벽한 제어가 가능한데, 이러한 능력의 가장 핵심은 포인터에 있다고 할 수 있다. 물론 struct 같은 구조체도 한몫 하지만 C 언어의 가장 섹시한 매력 포인트는 포인터인 것이다. 그래서 고수준 언어인 C는 하드웨어에 대한 직접적인 제어 등을 할 수 있는 저수준 언어의 특징도 모두 가지고 있는 것이다.

게임 프로그래머들이 오래 전부터 C를 사용하게 된 것은 이러한 필연적인 이유 때문이다. 게임이라는 장르의 특징은 게임을 하는 플레이어로 하여금 몰입할 수 있게 해야 하는데, 그 몰입을 위해서는 최대한 끊기지 않는 프레임을 유지할 수 있어야 한다. 이를 위해서 게임 개발자들은 기계가 가진 능력을 최대한 뽑아내야 한다. 즉, CPU, 메모리, GPUGraphic Processing Unit 등의 하드웨어가 가지고 있는 능력을 100% 활용할 수 있어야 플레이어를 모니터 앞에 잡아 놓을 수 있는 것이다.

그러기 위해서는 C 언어만한 것이 없다. 다른 언어들은 하드웨어에 대한 직접적인 접근이 불가능한 경우가 대부분이며, 한줄의 코드에서조차 최적화를 고민하면서 코딩하는 것이 가능한 언어는 C가 유일할 것이다.

예를 들어서 다음 코드를 한번 살펴보자.

int a = 0; a = a + 1;	int a = 0; a += 1;	int a = 0; a++;	register int a = 0; a++;

이 코드는 모두 a라는 변수의 값을 1 증가시키게 된다. 놀랍지 않은가? C는 값을 하나 증가시키는 데 무려 4가지 방식이 있는 것이다. 그러나, 이 코드가 컴파일되면 전혀 다른 실행 코드를 만들게 된다.

①	②	③	④
int a = 0; a = a + 1;	int a = 0; a += 1;	int a = 0; a++;	register int a = 0; a++;

mov dword ptr
[a],0
mov eax,dword
ptr [a]
add eax,1
mov dword ptr
[a],eax
	mov dword ptr
	[a],0
	add dword
	ptr[a], 1
		mov dword ptr
		[a],0
		inc eax
			xor eax,eax
			inc eax

여기서 제공된 어셈블리 코드는 컴파일러가 작성한 것이 아니라 필자가 손으로 어셈블리 코드를 직접 만든 것이다. 실제로는 이렇게 컴파일되지 않을 수 있지만, C언어 문법에 충실하게 x86 인텔 어셈블리로 번역한다면 제시된 코드와 비슷하게 만들어질 것이다. 사실, 위 코드를 최신 컴파일러

로 컴파일해 보면 최적화Optimize를 진행하면서 모두 동일한 코드가 만들어질 확률이 높다. 그러나, C 언어를 사용하는 프로그래머라면 머릿속으로 이런 정도의 최적화까지 생각하면서 코딩할 수 있도록 설계된 언어라는 것을 보여주기 위한 예라고 이해하기 바란다.

①의 어셈블리 코드를 보면 일단 메모리의 a라는 변수가 있는 곳에 0을 넣어서 초기화를 하고, 그 곳의 값을 eax라는 레지스터에 읽어온다. 그리고 eax 레지스터에 1을 더한 후 그 결과 값을 a 변수가 있는 메모리에 저장한다.

②는 메모리의 a라는 변수가 있는 곳에 0을 넣어서 초기화를 한 후에 그 값에 1을 더한다.

③은 메모리의 a라는 변수가 있는 곳에 0을 넣어서 초기화를 한 후에 그 값을 하나 증가시킨다.

④는 eax라는 레지스터를 0으로 초기화한 후에 그 값을 하나 증가시킨다.

일단 레지스터라는 단어를 사전에서 찾아보면 서랍이라는 뜻이 있는데, 마치 CPU에 존재하는 서랍처럼 임시로 값을 보관하고, 읽고 쓸 수 있는 CPU 내장 변수라고 생각하면 된다. CPU에 내장된 변수니까 가장 빠른 속도를 보장한다. 그리고, 일반적으로 add 명령어보다는 inc라는 명령어가 더 빠르다. 이러한 관점에서 본다면 레지스터 변수와 inc를 사용한 ④번 코드가 가장 효율적이라는 것을 알 수 있을 것이다. 게다가 레지스터를 0으로 초기화할 때는 mov보다 더 빠른 xor 명령을 사용한다.

문제는 CPU의 레지스터는 개수가 한정되어 있기 때문에 모든 변수를 레지스터 변수로 만들 수 없다. 따라서 과거에는 for, while 등의 반복문에 레지스터 변수를 할당하여 코딩 단계에서 최적화를 직접 설계할 수 있었다. 요즘은 컴파일러가 이러한 일을 대신해주기 때문에 register라는 명령 자체가 거의 의미가 없는 상황이다.

여기서 말하고자 하는 것은 C언어가 만들어지던 당시의 컴파일러는 지금과 같이 효율적이지도 않았기 때문에 프로그래머가 코딩을 하면서 머리 속으로 최적화를 직접 진행하는 정도의 숙련된 감각을 요구했다는 것이다. 그리고, 그러한 최적화는 지금도 상당수의 C언어 사용자가 마치 버릇idiom처럼 사용하고 있다. 그렇기 때문에 변수 a의 값을 1 증가시키는 데도 4가지 방식이나 있는 것이다.

한마디로 C언어는 해커를 위한 언어다. 컴퓨터에 대한 거의 무한대에 가까운 권한을 주면서, 프로그램에 문제가 생겼을 경우에 대한 무한대의 책임도 프로그래머에게 주는 것이다. 최신 언어들은 프로그래머가 실수하더라도 프로그램이 죽는crash 경우가 없도록 하는 다양한 안전 장치가 마련되어 있다. C는 그런 것도 없다. 마치 돌쇠처럼 시키면 뭐든지 다하는 우직한 언어다.

지금도 틈날 때마다 대학이나 각종 교육기관에서 게임 개발과 관련된 수업이나 특강을 진행하고 있는데, 최근에 느끼는 심각한 문제점이 있다. 과거에는 C/C++, 자료구조, 알고리즘, STL, TCP/IP, Windows API,

DirectX, 수학, 3D API, 셰이더 등의 기술이 게임을 개발하는 데 필수 요소였기에 이러한 기술에 대한 학습이 선행되어야 했다. 그 이후에야 비로소 게임 개발에 참여할 수 있는 자격이 마련되는 것이다. 그런데, 최근에는 유니티나 언리얼 등의 엔진만을 사용해서 게임을 개발하다 보니 프로페셔널로 현재 업체에서 게임을 개발하고 있는 사람임에도 불구하고 이들 기술에 대해 무지한 경우가 있다는 것이다. 예를 들어서 게임의 영상 퀄리티를 업그레이드 하거나 그 게임의 아트 컨셉에 맞게 게임을 만들려면 셰이더 기술이 필연적이다.

문제는 셰이더라는 기술이 단순히 셰이더 문법을 안다고 해서 만들 수 있는 것이 아니다. 셰이더를 이해하기 위해서는 3D 프로그래밍의 전반적인 지식이 바탕에 깔려 있어야 하며 렌더링 파이프라인에 대한 이해가 필수적이다. 이에 대한 학습은 Direct3D나 OpenGL등의 API를 직접 사용해서 프로그래밍 해보거나, 혹은 이들 API를 가지고 엔진 비슷한 물건을 만들어 본 경험이 없으면 그 구조를 이해하기 힘들다.

과거에는 클라이언트 게임 개발자가 되기 위해서 필수적으로 거쳐야 했던 과정이기에 다들 Direct3D나 OpenGL로 직접 코딩을 해서 엔진 프로그래밍과 비슷한 경험을 할 수 있었다. 이 과정에서 렌더링 파이프라인뿐만이 아니라 반직선$_{ray}$과 평면$_{plane}$의 교차판정, 삼각형$_{polygon}$과 경계입체$_{bounding\ geometry}$의 충돌$_{collision}$ 등을 직접 프로그래밍 해야만 했고, 이를 통해 그래픽스와 관련된 벡터$_{vector}$, 선형대수$_{linear\ algebra}$, 행렬$_{matrix}$을 C++ 코드로 구현하는 학습을 필연적으로 할 수 있었다. 사실 3D 프로그래밍에 있어서 가장 큰 학습 효과는 이 부분에서 발행했다고 볼 수 있다.

그러나, 지금은 이 모든 것을 엔진에서 처리해주다보니 손쉽게 구현할 수 있게 되었지만 반대로 엔진에서 지원하지 않는 기능을 직접 만들어야 할 때 경험이 없는 개발자는 상당히 어려워하는 문제가 발생하였다. 게다가 엔진에서 지원하는 기능 중에서 이게 왜 있는지 혹은 이걸 왜 써야하는지를 모르는 경우도 많아지고 있다.

엔진은 화면에 렌더링을 할때 데이터를 무작위로 처리하는 것이 아니라 일정한 원칙에 따라서 정렬sort하고, 특정 데이터는 일괄처리batch를 통해서 속도 향상을 꿰하게 되는데 내부에서 처리하는 원리를 정확히 알고 있지 못할 경우에 오히려 렌더링 속도가 저하되는 문제가 발생한다. 이는 직접 3D API를 사용해서 게임을 만들어보게 되면 이렇게 처리해야만 제대로 된 속도가 나온다는 것을 체험해봐야만 납득할 수 있는 기능이기도 하다.

가령 유니티 엔진은 일괄처리를 위해서 오브젝트에 batched static이라는 속성을 줄 수 있는데, 이 속성의 오브젝트들은 하나로 모아서 렌더링을 하게 되므로 그리기 호출Draw Call 횟수를 줄일 수 있다. 실제 유니티 메뉴얼이나 각종 문서에서도 그리기 호출 횟수를 줄이는 것이 중요하다고 강조한다. 따라서 batched static을 배경 오브젝트에 많이 사용하면 효율적이 될 것이라고 생각하기 쉽다. 과연 실제로도 그럴까?

일단 batched static으로 지정된 오브젝트의 메시는 실행파일을 빌드할 때 하나의 메시로 합쳐지게 되는데, 이렇게 합쳐진 오브젝트는 당연히 하나의 메시라서 한번의 그리기 호출로 렌더링이 된다. 언뜻 보면 매우 효율적일 것 같으나 위험한 함정이 있다.

엔진의 가장 중요한 기능 중 하나는 화면에 데이터를 잘 그리는 것이 아니라 불필요한 데이터를 그리지 않는 것에 있다. 이를 위해서 2진 트리 BSP, 4진 트리Quad Tree, 절두체 차폐Frustum Culling 등의 다양한 기법이 동원되는 것이다. 3D 공간 자체가 상당히 방대한 규모로 만들어지는 경우가 많고, 실제 게임을 플레이하는 유저는 그 공간에서도 극히 일부만을 볼 수 있기 때문이다. 따라서 불필요한 데이터를 쓸데없이 렌더링하지 않도록 미리 선별해서 렌더링 리스트에서 제거하는 기능이 중요한 것이다.

▲ 절두체 차폐 처리 과정 – 1

▲ 절두체 차폐 처리 과정 – 2(X표시된 부분이 차폐된다)

문제는 batched static으로 지정된 메시들이 하나의 메시가 되기 때문에 덩치가 커질 수밖에 없고, 이렇게 커진 데이터는 절두체 차폐에서 차폐되는 않는 경우가 많아지게 된다. 즉, 화면에 보이지도 않을 쓸데없는 데이터를 계속 그려야 하기 때문에 결과적으로 더 느려지는 현상이 발생하는 것이다. 물론, 메시가 통합되는 과정에서 패키징되는 데이터의 크기가 증가하는 것도 추가적으로 발생하는 문제다.

흔히 말하는 "공짜 점심은 없다(There's No Such Thing as a Free Lunch)"라는 것이다. 무엇인가 이익이 있으면 어딘가에서 희생되는 부분이 생기게 되는데, 그 희생되는 부분의 덩치가 커지면 초반에 이익이었던 부분이 불이익으로 바뀐다는 것이다. 이러한 문제를 잘 파악하기 위해서는 3D그래픽스의 기초 원리에 더 많은 이해가 필요한 것이다.

수많은 고성능 엔진들이 출시되고 그중 일부는 유료, 혹은 부분 유료, 또 어떤 것은 무료로 배포되고 있다. 그러나 중요한 것은 이들 엔진을 잘 사용해서 최고의 효율을 뽑아내는 것이 우리들 게임 프로그래머의 역할이라는 것이다. 이를 위해서 지금부터라도 기초적인 부분에 틈틈히 투자를 하는 것이 좋다. 지금 혹은 앞으로 우리가 사용하게 될 엔진들은 결국 Direct3D 나 OpenGL, 혹은 Vulcan같은 3D API에 기반하고 있고, 이들 API는 3D 그래픽 처리를 위한 수학적인 구조에 그 뿌리를 두고 있는 것이다. 편리한 엔진이 모든 것을 보장해주지는 않는다. 잊지 말도록 하자. 절대로 공짜 점심은 없음을!

계속 전진해야 하는 게임 프로그래머의 숙명

세상은 급변한다. 지금은 엔진을 잘 활용하는 것으로 게임을 개발할 수 있지만, 새로운 기술이 나왔을 때 그것을 얼마나 빠르게 수용하느냐가 관건이 될 수 있다. 대표적인 예가 다음에 소개할 기계학습 분야다. 이 분야는 수학에서도 확률과 미분, 적분이 밀접한 관계가 있다. 그리고, 상당수가 파이썬$_{Python}$으로 구현되어 있다. 물론 그 밑바닥에는 CUDA라고 하는 C++ 기반의 범용 GPU 프로그래밍 기술이 근간을 이루고 있다.

우리가 만약 좀 더 똑똑한 게임을 만들고자 기계학습을 필요로 한다면, 리눅스 기반의 시스템에 GPU를 병렬로 연결하고 구글에서 공개한 텐서플로우TensorFlow 등의 기계학습 솔루션을 사용해야 할지도 모른다. 이를 정확히 이해하고 시스템을 구동시키려면 딥러닝 기술에 대해서 학습해야 하고, 그를 위해서 미적분학을 공부해야 할지도 모른다. 이 시점에서 상당수가 두 손을 들어버리고 포기를 선언할 것이다.

사실 최즌 20년간 게임 개발 기술이 발전할 때도 그랬다. DOS에서 윈도우즈로 바뀔 때 플랫폼에 적응 못한 상당수의 개발자가 포기했다. 2D에서 3D로 바뀔 때 수학을 모르는 상당수의 개발자가 포기했다. 3D에서 셰이더가 나왔을 때 렌더링 파이프라인의 내부 구조를 모르는 상당수가 포기해야 했다.

이처럼 신기술은 개발자에게 고통을 안겨준다. 하지만 이 고통을 감내하고 새로운 기술을 끊임없이 받아들이면 늘 새로운 즐거움이 함께 하는 셈이다. 독자들도 부디 그럴 수 있기를 바란다. 게임 개발 분야는 최신 기술이 끊임없이 업그레이드 되는 전쟁터니까 말이다. 그 전쟁터에서 나를 버텨주는 것은 기초체력뿐이다. C/C++ 기본 문법과 자료구조, 알고리즘, 그리고 무엇보다 수학(!)이라고 하는 기초체력만이 유일하게 나를 버텨주는 힘이다. 틈날 때마다 이들을 가까이 하자. 결코 후회하지 않을 스스로의 내공을 갖게 될 것이다.

필자의 경우에는 최근 미적분학과 공업수학을 다시 공부하기 시작했다. 요즘 각광받고 있는 기계학습에 관심을 가지게 되면서 내부의 작동원리가 너무도 궁금했기 때문이다. 구글의 알파고AlphaGo와 이세돌 프로와의 격

돌이 가능해질 만큼 인공지능 분야는 기계학습이라는 기술을 통해서 무섭게 발전한 것이다.

구글에서 공개한 텐서플로우나 MS의 CNTK 등을 사용하면 누구나 손쉽게 접근해서 기계학습이나 심층학습Deep Learning을 테스트하고, 실제 활용할 수 있다. 하지만, 프로그래머의 오기가 발동해서 제대로 공부를 해보고 싶었다. 그러다보니 이 분야를 이해하기 위한 잘 몰랐던 학문들이 필요하게 되었다.

가장 먼저 필자를 반긴 것은 기초 학문인 수학 중에서도 확률과 통계였다. 기계학습이란 이 분야를 연구하는 사람을 데이터 사이언티스트라고 부를 정도로, 결국은 엄청난 양의 데이터에 기반해서 의미있는 값을 찾아내고 미래를 예측하는 것이 핵심이다. 대부분의 사람들이 그렇듯이 필자도 확률과 통계는 관심 밖이라서 이 기회에 새롭게 공부를 시작했다. 결론은 어렵다. 아직도 어려워하고 있다.

학습의 기반이 되는 역전파Backpropagation 알고리즘은 미분과 적분이 필수였고, 관련 논문과 자료들은 미분방정식과 선형대수가 기본이었다. 3D 프로그래밍을 하면서 선형대수에 익숙하다는 것이 그나마 위안이 되었다. 그럼에도 불구하고 생소한 수학 분야들은 여전히 어려움을 동반했다. 3D 그래픽스는 4x4 차원의 행렬을 사용하지만 딥러닝은 200차원까지도 확장되는 경우가 흔하기 때문에 쉽게 범접할 수 없는 분야다.

그럼에도 불구하고 게임 개발자로서 가장 큰 자부심을 느끼게 된 것은 이 모든 기계학습 기술이 CUDA라는 GPU기술에 밑바탕을 두고 있다는 것이다. 알다시피 CUDA는 게임 개발의 필수 기술인 셰이더를 발전시키는 과정에서 만들어진 것이다. 셰이더를 동작시키는 GPU가 너무나 고성능으로 발전하자 이러한 GPU를 좀 더 범용적으로 사용하기 위해서 만들어진 기술이 CUDA인 것이다. 이처럼 게임을 위해 개발된 GPU 기술이 이제는 기계학습과 결합되어 무시무시한 속도로 인류의 발전에 기여하고 있다.

GeForce Titan Z를 예로 든다면 Kepler 아키텍처로 구성되어 있으며 5760개의 CUDA 코어를 가지고 있다. 이는 동시에 5760개의 코어가 연산이 가능 하다는 것이고, 이러한 GPU를 SLI로 병렬 연결하면 연결할수록 동시 사용 가능한 코어 개수가 지속적으로 증가하게 된다.

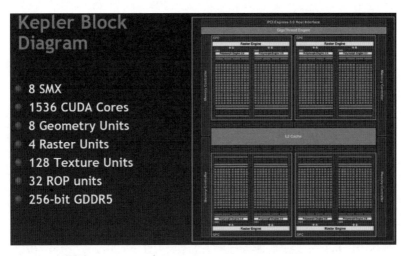

▲ kepler 아키텍처

페이스북에 사진을 올리면 자동적으로 얼굴을 인식하고 친구의 이름을 태깅해주는데, 이때도 기계학습이 사용되고 있는 것이다.

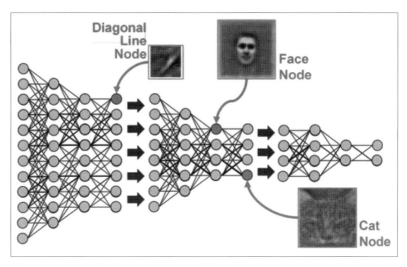

▲ 구글의 딥러닝을 이용한 이미지 판독 (출처: http://static.googleusercontent.com/)

　재밌는 것은 딥러닝을 위한 신경망 레이어를 구성할 때 노드와 연결강도라는 것이 핵심인데, 노드 간의 연결강도는 모두 실수(float) 값으로 다루게 된다. 엄청나게 많은 노드와 그 노드간 연결은 실수값이다. 무언가 연관이 느껴지지 않는가? 그렇다. GPU야말로 이러한 신경망을 구성하는 데 가장 적합한 시스템인 것이다. GPU는 CPU와 달리 개별 코어의 연산 능력이 뛰어나지 않은 대신 회로 자체를 간략하게 만들어서 단순한 연산, 특히 실수 연산에 뛰어나도록 만든 것이다. 그렇게 구성된 단순 코어를 엄청나게 많이 집적시켜 놓았기 때문에 병렬연산에 최적화되어 있다. 신경망 기반의 딥러닝 기술에서 본다면 이보다 매력적인 장비가 없는 것이다. 실제로 상당수의 딥러닝 기반 기술은 NVIDIA의 CUDA를 기반으로 설계가 되어 있어서 GPU를 사용한 연산 가속을 통해서 엄청난 양의 데이터를 병렬 처리하고 있다.

물론 그 내부에는 오차역전파Backpropogation 알고리즘이나, 합성곱 신경망CNN, Convolution Neural Network, 순환 신경망RNN, Recurrent Neural Network, 서포트 벡터 머신SVM, Support Vector Machine 등등의 이해하기조차 어려운 개념들이 집적되어 있다. 그리고 이들 이론의 뼈대가 되는 확률 통계학과 선형대수학이 든든하게 자리를 잡고 있다.

필자는 이렇게 개발된 기계학습을 게임에 응용하여 실제로 사람처럼 대화하고 행동하는 에이전트를 만들겠다는 목표가 있다. 그 목표에 따라서 필요한 요소 기술을 배우고 익히고 있는데, 생각한 것보다 방대한 기술들이 필요하다는 것을 깨닫게 되었다.

사람처럼 대화하는 에이전트(혹은 캐릭터)를 만든다고 가정하고 필요한 기술을 열거해보자.

1. 음성인식
   - 음성을 인식해서 문장으로 변경
   - 문장을 형태소/어절 단위로 분해하고 의미를 인식
2. 음성합성
   - 인식된 의미에 적합한 답변을 만들어서 텍스트화
   - 텍스트 데이터를 음성으로 합성
3. 문맥파악
   - 새로운 질문이 들어올 때 기존 대화 내용에 기반하여 답변

4. 가상현실(VR, Virtual Reality)

　– 3D캐릭터를 가상현실 기기에서 렌더링

　– 풍부한 표정과 다양한 제스처를 지원

1~3까지는 이미 iPhone의 Siri나 MS의 코타나 등을 통해서 이미 서비스가 되고 있는 것이다. 문제는 이러한 서비스를 우리가 개발하려는 게임에 접목시킬 수 없기 때문에 특화된 시스템을 만들 수밖에 없는 것이다. 물론, 해외나 국내업체 중에서도 이런 기술을 이미 개발하여 서비스중인 곳도 있다. 그러나, 필자는 이런 시스템을 만들어보고 싶은 것이지 사용해보고 싶은 것은 아님을 이해해주기 바란다.

음성인식은 구글 API 등을 통해서 모바일에서도 손쉽게 접근 가능하지만, 문장의 이해는 자연어 처리NLP, Natural Language Processing라는 이름으로 이미 깊이 있게 연구되고 있는 분야다. 이 분야는 대단히 광범위한 분야라서 관련된 자료만 해도 엄청나다.

재밌는 것은 자연어 처리나 기계학습에 사용되는 언어인데, 놀랍게도 파이썬이 가장 활발하게 사용되고 있다. "인생은 짧으니 파이썬을 배워라(Life is short, you need python)"에서 느껴지듯이 파이썬은 군더더기 없이 깔끔하게 핵심 기능을 구현할 수 있게 해준다. 특히 엄청나게 많은 딥러닝 관련 모듈들이 이미 만들어져서 활발하게 사용되고 있기 때문에 더욱 가속이 붙고 있는 상황이다. 만약 딥러닝 분야를 학습하기 위해 파이썬을 사용하겠다면 아나콘다anaconda를 추천한다. 파이썬에서 사용할 수 있는 많은 수의 모듈들을 추가 설치 없이 한방에 설치할 수 있기 때문에 많은 수고로

움을 덜어준다.

필자의 경우 오히려 4번째 요소인 가상현실은 거의 모든 엔진들이 기본적으로 제공하고 있기 때문에 구현에 별다른 어려움을 느끼지 못했다. 언리얼, 유니티 모두 PS VR이나 Oculus VR을 기본적으로 제공하기 때문에 클릭 몇번으로 VR용 게임 개발이 가능하다. 다양한 체스쳐나 표정 등도 기본 데이터 셋을 많이 만들면 해결할 수 있을 것이다. 하지만, 실제 살아 있다는 느낌을 주기 위해서 단순히 애니메이션을 재생하는 것이 아니라 다양한 모션들과 자연스럽게 합성하여야 할 것이며, 장애물이 있을 때 적절하게 회피해야 할 것이다. 이를 위해서는 렉돌ragdoll을 이용한 물리 시뮬레이션이 필수다. 이래 저래 갈 길이 먼 것을 느낄 수밖에 없다.

그래도 언젠가는 인간처럼 다정하게 대화하는 인공지능 에이전트를 내손으로 만들 날이 올거라고 믿고 있다.

마치며

게임 프로그래머는 매우 즐거운 직업이다. 특히 필자의 경우 엔진을 직접 만들어 볼 기회가 있었고 그러한 작업이 적성에 잘 맞는다는 것을 깨닫게 되었다. 그리고 현재는 테크니컬 디렉터(TD)로서의 역할을 회사에서 수행하고 있고, 많은 동료들을 기쁘게 해주는 데 주력하고 있다. 그렇지만 개발자는 항상 깨어 있어야 한다. PC MMORPG가 사라지고 모바일이 주력이 되면서 C/C++보다 C#이 주력 언어로 사용되고 있듯이 기술의 변화를 주시하면서 살아갈 필요가 있다. 게임 프로그래머는 매우 낭만적인 직업인 동시에 지극히 현실적인 생활인이기도 하다. 수많은 프로그래머 중에서 게임 프로그래머가 된 것은 게임 개발이 즐겁기 때문에 선택한 것이긴 하지만, 결국 먹고 살기 위한 생활을 영위하기 위함이기도 하다. 그 점은 부인할 수 없는 현실의 일부다. 그렇기 때문에 더욱 기술의 변화에 민감해야 한다. 다른 어떤 분야보다도 기술의 변화 속도가 빠른 곳이기 때문이다.

필자가 알고 있는 업계의 고수들은 지금도 1년에 하나씩 새로운 프로그래밍 언어를 익히고, DirectX 12로 틈틈히 자신의 엔진을 포팅하고, 눈이 쌓이는 현상을 모델링하기 위해 미분방정식을 만든다.

이분들에 비한다면 필자도 초라하기 그지 없을 것이다. 그럼에도 불구하고 이 책을 읽을 독자들을 위해 글을 쓰는 이유는 내가 잘나서도 아니고 대단해서도 아니다. 다만 내가 아직도 노력하고 있고, 여전히 성장하고 있기 때문이다.

작년의 나는 유니티 엔진에서 셰이더 프로그래밍을 할때 #pragma를 사용해서 셰이더 폭발을 줄일 수 있다는 것을 알지 못했다.

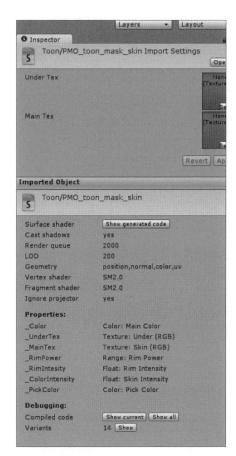

▲ 셰이더 변종이 14개

또한 셰이더 코드에서 discard 명령어를 { }로 감싸지 않으면 PowerVR 의 병렬 처리 구조상 if()문 내에서 discard나 return문이 있을 경우에 원치 않는 코드가 처리될 수도 있다는 것도 몰랐다.

잘못된 코드	잘된 코드
```inline void surf (Input IN, inout SurfOut o) { fixed4 mask = tex2D(_MaskMap, IN.uv); if(mask.b <= _Cutoff) discard; fixed4 main = tex2D(_MainTex, IN.uv); fixed4 n = tex2D(_BumpMap, IN.uv); . . . } ```	```inline void surf (Input IN, inout SurfOut o) { fixed4 mask = tex2D(_MaskMap, IN.uv); if(mask.b <= _Cutoff) { discard; } else { fixed4 main = tex2D(_MainTex, IN.uv); fixed4 n = tex2D(_BumpMap, IN.uv); . . . } } ```

그리고, 파이썬의 Numpy로 수치 데이터를 분석하고, KoNLPy를 사용해서 한글 텍스트를 형태소 별로 분류하는 방법은 2016년이 되어서야 알게 된 것들이다.

게임 프로그래머라는 직업을 택한 순간부터 우리는 벗어날 수 없는 길에 들어선 것이다. 새로운 것에 궁금해하고, 어떻게 하면 그 기술을 내가 혹은 우리가 만들려는 게임에 적용해서 플레이어들을 놀래켜 줄 수 있을까 하는 그 숙명의 길 말이다. 어차피 우리가 선택한 길이라면 즐거운 마음으로 걸을 수 있었으면 한다.

우리가 아직 걷지 못한 그 길에서 무엇이 우리를 기다리고 있을지 하는 두근거림과 함께 말이다.

이것이 알고싶다

Q. 저자에게 게임이란?

내 기술적 한계를 시험할 수 있는 최고의 실험대

Q. 게임 프로그래머가 경력을 쌓아감에 따라 성취해갈 수 있는 기술직군의 로드맵을 소개해줄 수 있는지요?

콘텐츠 프로그래머, 툴 프로그래머 → 엔진 프로그래머 → 테크니컬 디렉터

Q. 요즘 게임 프로그래머들은 유니티나 언리얼 등의 개발환경에 익숙해져 있다고 하셨는데, 그렇다면, 이들에게 필요한 지식은 무엇인가요?

엔진 내부에서 어떤 일이 벌어지는지를 이해할 수 있는 능력이 필요합니다. 따라서, Direct3D나 OpenGL같은 API를 사용해서 직접 간단한 게임을 한 번쯤 만들어보면 매우 도움이 됩니다.

Q. 중년의 나이에 다시 게임회사에서 일하면서 얻는 보람이나 힘든 점이 있다면?

공공기관이라는 안정된 직장에서는 프로그래머로서 역량을 발휘할 일이 없었는데, 내가 가진 기술력이 필요하다는 이유로 코딩하는 그 시간들이 늘 즐겁습니다. 물론 출시 직전에 며칠씩 집에 못들어가는 상황이 벌어질 때는 체력적으로 힘든 것도 사실입니다.

Q. 게임 프로그래머는 어떻게 나이 들어가는 게 좋을까요?

(조금 우스운 질문일 수도 있네요. 게임 프로그래머로 멋지게 나이 들어가는 방법 정도?)

가장 중요한 것은 자신의 전문 분야를 만드는 것이라고 생각합니다. 제 경우에는 렌더링, 그 중에서도 셰이더 기술을 가장 열심히 갈고 닦았습니다. 이것저것 여러 분야를 기웃거리는 것보다는 한 분야의 전문가가 되고 나서 다른 분야에 관심을 가질 것을 추천드립니다.

Q. 게임 프로그래머에게 학습은 숙명인 것 같습니다. 매일 바쁜 개발 스케줄에 어떻게 하면 학습하는 게임 프로그래머가 될 수 있을까요?

게임 프로그래머가 바쁜 것은 사실이지만, 출시 직전의 크런치 타임이 아니라면 대부분의 경우에는 정시 퇴근이 가능합니다. 게다가 요즘은 프로그래밍과 관련되어 잘 만들어진 무료 학습 사이트가 많아서 그것만 잘 이용해도 충분합니다. 저는 파이썬을 공부할때 코드아카데미(www.codecademy.com)를 활용했고, 기계학습은 k-mooc(www.kmooc.kr)와 Coursera(coursera.org)를 사용했습니다. 모두 훌륭한 동영상과 학습 도구를 제공해 줍니다.

Q. 개발 업무, 끊임 없는 학습 등에 지속적인 열정을 쏟다보면 번 아웃되지 않을까요?

(너무 가혹한 질문일 수도 있군요.)

그렇기 때문에 스스로 즐기는 것이 가장 좋은 방법입니다. 프로그래머라는 직업 특성상 정도의 차이가 있을 뿐 끊임없이 신기술을 학습해야 하는 것은 운명입니다. 대신, 앞서 얘기한 것처럼 한 분야의 전문가가 되면 그 분야만큼은 신기술을 좀더 쉽게 이해할 수 있습니다.

Q. 게임 엔진을 스스로 공부할 수 있는 가장 좋은 방법이 있다면?

(예를 들어, 오픈 소스를 공부한다든지)

요즘은 대부분의 훌륭한 엔진들이 오픈소스화 되어 있습니다. 세계 최고라 하는 언리얼의 풀소스는 누구나 접근 가능합니다. 크라이 엔진의 기반이된 럼버야드(lumberyard)도 소스가 공개되어 있습니다. 너무 방대한 것이 문제라면 문제랄까요? 제가 추천하는 방법은 간단하게 게임을 만들어 보는 것입니다. 처음에는 게임 코드와 엔진 코드가 분리되지 않을 겁니다. 하지만 자꾸 하다 보면 어떤 모듈을 엔진으로 빼야 할지 느낌이 옵니다. 그런 경험이 쌓인 후에 오픈소스 엔진들을 들여다보면 한결 이해가 쉬울 것입니다.

Q. 아들이 아빠의 뒤를 이어 게임 프로그래머가 되고자 하겠다면?

저는 초등학생 딸밖에 없는데, 딸에게 스크래치 프로그래밍을 가르쳤습니다. 틈틈히 언리얼이나 유니티 에디터를 사용해서 간단한 게임을 만들어서 플레이하곤 합니다. 요즘은 코드 한줄 없이 기본적인 프로토타입을 만드는 것이 가능하기 때문에 이런 식으로 아빠의 일을 딸에게 보여주고 있습니다. 나중에 시간이 되면 C/C++보다 먼저 파이썬부터 가르칠 생각입니다.

Q. 미래의 게임 개발은 어떤 모습일까요?

지금처럼 하나의 공간에 모여서 게임을 개발하지 않을 겁니다. 개발자들이 전 세계에 흩어져서 클라우드를 기반으로 협업하는 형태가 될 겁니다. 이미 많은 엔진들이 그러한 기능을 지원하려고 노력하고 있습니다. 그리고, 아이언맨에 나온 것처럼 가상 화면에서 코드 블럭들을 조립하는 방식으로 코딩할지도 모르겠네요.

Q. 게임 프로그래머는 10년 후에도 매력적인 직업일까요?

10년 후를 예단할 수는 없겠지만, 충분히 즐거운 직업일 것이라고 생각합니다. 컴퓨터라는 도구를 가장 즐겁게 쓸 수 있게 해주는 것은 게임만한 것이 없으니까요.

Q. 예비 게임 프로그래머에게 반드시 필요한 기술적 소양은?

수학! 자료구조! 알고리즘! 그 중에서 하나만 고르라면 수학! 수학에서도 선형대수!

Q. 게임 프로그래머 인생에서 최고였던 순간은?

회사에서 오랫동안 해결하지 못했던 문제를 내가 입사하고 나서 바로 해결했을 때

Q. 게임 프로그래머 인생에서 최악이었던 순간은?

출시된 게임이 자꾸 오류가 나서 유저들이 게시판을 욕설로 도배했을 때

최영준의

게임 프로그래머 그리고
교육자로서의 삶

06

Q. 학창 시절 수포자가 과연 게임에 필수적인 수학을
정복할 수 있을까요?

짧은 시간 안에 정복하는 것은 어렵겠지만
오랜 시간 동안 꾸준히 공부를 한다면 일정 수준의 수학적 지식을
토대로 프로그래밍을 할 수 있습니다.
게임을 개발할 때 필요한 수학적 지식이라는 것도
어느 정도 그 양이 정해져 있기 때문입니다. 다시 한번 얘기하자면
수학자가 되기 위해 수학을 공부해야 하는 것은 아니니까요.

필자는 20대 초중반에 게임 프로그래머가 되겠다는 목표가 생겼고 그 목표를 이루기 위해 꽤나 부단히 노력했다. 결국 게임 프로그래머가 되었고 그렇게 몇년 간 실무 생활을 하다가 지금은 게임 프로그래머 지망생을 가르치는 일을 하면서 살고 있다. 이미 다른 장에서 현업에 관한 이야기를 많이 다루었으니 필자는 조금 다른 내용을 전하고 싶다.

이 장에서는 '게임 프로그래머로 산다는 것'에 먼저 선행되어야 할 '게임 프로그래머가 되기 위한 내용'을 다룰 것이다. 크게 내세울 것 없는 필자가 얘기할 수 있는 것들은 "난 왜 개발자가 되었나?" "개발자가 되려면 어떻게 해야 하나?" 이 두 가지에 대한 이야기들이다. 어찌 보면 참 단순한 주제들이지만 막상 제대로 알고 준비하는 학생들이 많지 않다. 여기에서 다룰 이야기들이 게임 개발자를 꿈꾸는 학생들에게 조금이나마 도움이 되었으면 좋겠다. 또한 현업에 있는 개발자라면 과거에 입문하려고 했던 시절을 떠올리며 읽어봐주기를 바란다.

게임 개발자가 되고 싶은 이유가 뭐야?

'하고 싶다', '되고 싶다'라는 모든 열망에는 다 그 이유가 있기 마련이다. 게임 프로그래머를 꿈 꾸는 사람이라면 반드시 첫 번째로 스스로에게 물어야 할 질문이 바로 게임 개발을 하고 싶은 이유, 게임 프로그래머가 되고 싶은 이유이다. 게임 프로그래머를 지망하는 학생들이라면 누구나 이 질문에 대해 명쾌한 답변을 내 놓을 수 있을 것 같지만 실상은 그렇지가 않다. 6년이라는 지난 시간 동안 천명에 가까운 학생들을 상담하면서 필자는 늘 학생들과의 첫 대면에서 게임 프로그래머가 되고 싶은 이유에 대해 묻곤 했다. 이 글을 읽고 있으면서 게임 프로그래머가 되고 싶은 독자라면 이 질문에 어떤 답을 할 수 있을까? 우선은, 잠시 책을 덮고 생각해보는 시간을 가져보자.

자~~ 생각을 좀 해보았는가? 이 질문에 대한 얘기를 이어가기에 앞서 우선 게임 프로그래머가 되려고 했던 필자의 이유를 먼저 이야기해보고자 한다.

비전공자가 게임 프로그래머가 된 이유

필자는 대학에서 경영학을 공부했다. 중간에 학교를 그만뒀으니 전공을 했다고는 얘기하지 못하겠다. 예나 지금이나 문과를 선택하는 사람들 중에 대부분은 인문학을 좋아해서라기보다는 수학을 싫어하기 때문에 문과를 택하는 경우가 많다. 수학이 싫었기 때문에 수학을 피해서 문과를 갔고, 대부분의 문과생들이 대학 진학 때 별 생각 없이 선택하는 과가 경영학이기 때문에 그렇게 경영학도가 되었다. 지금에 와서 돌이켜보면 그렇게 피하고 피했건만 결국은 게임 덕분에 수학을 공부하게 되었으니 운명이라는 것이 참 얄궂다는 생각도 든다.

필자는 오늘날 게임 산업이라고 불리는 그 게임이라는 것이 처음으로 태동하던 시절에 태어났다. 당시에는 '게임'이라는 용어보다는 '오락'이라는 말이 더 쓰였는데 코흘리개 시절에는 학교 앞 문방구에 놓여있던 조그마한 동전 오락기 앞에서 해질녘까지 친구들과 어울려 놀곤 했다. 요즘 어린 친구들 사이에 '엄마크리'(줄여서 '엄크'라고 불림)라는 말이 있다고 하는데, 예전에도 어린 초등학생의 삶이라는 것은 대개 어머니의 소환으로부터 결코 자유롭지 못했다. 때문에 이때의 오락이라는 것은 필자에게는 그저 방과 후 잠시잠깐의 여흥에 지나지 않았다. 필자가 본격적으로 게임에 빠져 살기 시작했던 것은 패미콤이라는 오락기를 갖게 된 이후부터이다. 사업을 하셨던 부모님 덕분에 유년 시절의 대부분을 혼자 집에서 보냈다. 아들이 안쓰러웠던 어머니께서 사주신 오락기가 이후 필자의 삶을 바꿔놓았다고 해도 과언이 아니다.

중학교에 입학할 무렵 PC라는 걸출한 녀석이 등장하면서 게임 산업은 급속도로 발전했다. 지금은 유물이라고 부를 수 있는 플로피디스크라는 512KB 저장 장치를 이용해 게임을 실행할 수 있었는데, 어떤 게임은 20여 장이 넘는 이 플로피디스크를 게임 플레이 중간중간 계속 갈아 끼워줘야 게임을 진행할 수 있었다. 몇분마다 이런 단순 반복적인 지루한 행위를 해줘야만 게임을 할 수 있었음에도 불구하고 이 지루한 노동이 하나도 힘들지 않았던 시절이었다. 어머니 눈을 피해 밤을 새워가며 게임을 하느라 당연히 학업은 뒷전이었다.

고등학교 2학년 때는 모뎀 통신이라는 것이 생겨났다. 전화선을 이용해 오늘날과 같은 온라인 기능들을 이용할 수 있었는데, 여러 사용자와 온라인 상에서 채팅을 하거나 문장들로 이뤄진 텍스트 RPG와 같은 게임을 할 수 있었다. 이 별것 아닌 단순한 게임에 푹 빠진 사람들 덕분에 오늘날 온라인 게임의 시초라 불리는 〈바람의 나라〉나 〈리니지〉와 같은 게임이 탄생할 수 있었다. 〈스타크래프트〉 영문판이 어둠의 경로를 통해 필자의 손에 들어온 시기도 바로 이 때이다. PC방은 이 게임들 덕분에 하나 둘씩 생겨났고 90년대 후반에서 2000년대 초반 엄청난 성황을 이뤘다.

학생의 본분은 학업이라지만 보시다시피 이런 환경에서 게임에 빠져 산 필자가 어떻게 학업에 집중할 수 있었겠나. 더군다나 청소년보호법도 없던 시절이었으니 수험생의 신분에도 날이면 날마다 친구들과 홍대 PC방에서 게임을 하고 신촌에서 술을 마시며 놀곤 했다. 여담이지만 청소년보호법은 필자가 대학에 입학하고 난 후 생겼다. 호프집에 합법적으로 고등학생이 반, 대학생이 반이던 시절이었으니 놀기로 둘째가라면 서러웠던 필자와 친구들에게는 참으로 호시절이 따로 없었다. 미친 이야기로 들릴지 모르겠지만, 수능 전날에도 우리는 PC방에서 밤을 새고 새벽 5시에 수능 시험을 치러 고사장에 갔으니 이만하면 얼마나 놀아댔는지 충분히 알 거라 생각된다. 분명히 학업은 뒷전이었는데 성적은 용케도 상위권이었다. 고등학교에 갓 입학했을 때에는 전국 등수로 상위 1% 안에 있기도 했었으니 지금 생각해도 참 놀라운 일이 아닐 수 없다. 대충 이게 답일 것 같다 싶어 찍으면 얼추 정답이었다. 지금에서야 중2병이었다고 확신하지만 당시에는 내가 천재인가 싶었다. 믿는 구석이 있었으니 대 놓고 더 놀았다. 감히 게임 폐인의 경지였다고 말하기는 어렵겠지만 분명 입문 수준은 충분히 되고도 남았다. 때마침 부모님의 사업 실패로 문자 그대로 집이 쫄딱 망했으니 방황이라는 그럴싸한 명분까지 생겼다. 사태가 이 지경이 됐으면 정신을 좀 차릴 수도 있었을 것 같은데 놀기 좋아하는 성격에 근거 없는 자신감까지 더해졌으니 세상이 참 만만해 보였다.

　게임으로 밤을 새고 비몽사몽간에 대충 치른 수능 성적을 가지고도 괜찮은 대학에 입학했다. 대충 답을 찍어 맞출 수 없는 수학은 아예 포기하고 나머지 과목의 성적만으로 진학할 과를 어찌어찌 고르다 보니 수학이 필요 없는 경영학과를 선택했다. 집은 망했고 부모님께서는 이혼을 하셨어도 여전히 정신은 차리지 못했다. 평생 공부라는 것을 해 본 적이 없었던 필자다. 부모님의 기대도 담임선생님의 잔소리에도 굴하지 않았는데 대학은 그 어느 것도 없지 않은가. 스스로 공부를 해야만 하는 대학 생활에 적응할 수 없었다. 공부는 하기 싫었고 등록금은 벌어야 했으니 온갖 아르바이트를 시작했다. 새벽까지 일을 하다 보니 학교에 가기가 싫었고 수업은 며칠밖에 듣지 않았다. 올 F에 학사경고 두 번을 받고 나니 제대했을 때의 필자의 학점은 0.0이었다. 꼴에 그 놈의 자존심, 자부심은 여전히 없어지지 않아서 제적을 당하느니 자퇴하는 것이 낫겠다 싶었다. 이런 저런 돈벌이를 하면서 천만원 가까운 월 수입을 벌기도 했으니 굳이 대학을 나와서 뭐하나 싶기도 했다. 그 동안 어머니의 실망이 어떠했을지는 굳이 언급하지 않아도 미루어 짐작하고 남을 일이다. 실망이라기보다는 절망이었다고 표현하는 것이 좋겠다. 어머니는 필자에 대한 기대가 높았던 만큼 그 절망도 크셨기 때문에 두 번이나 쓰러지셨고 집은 망했지, 아들은 저 모양이지 삶의 의미를 겨우 겨우 붙잡고 사셨다. 아들의 자퇴 소식을 접한 어머니께서 두 번째로 쓰러지셨다. 그리고 필자에게는 평생의 한으로 남는 일이지만 그 여파로 어머니는 한쪽 눈이 잘 보이지 않게 되셨다. 그 동안 성실하게 돈을 벌면서 사회가 얼마나 무서운 곳인지 조금씩 정신을 차려가던 중이었다. 이 때의 일로 정말 뼈저리게 정신을 차렸다. 남들처럼 평범하게 사는 것이 어머니의 소원이었다. 하지만 평범하게 산다는 것은 말처럼 쉬운 일은 아니다. 대학교를 자퇴했으니 고졸 학력으로 들어갈 수 있는 회사는 많지 않았다. 미생이라는 웹툰의 주인공처럼 20대 중반의 나이임에도 불구하고 학벌도, 그 흔한 자격증도 하나 없었던 필자는 처음으로 제대로 된 사회와 마주했다. 알량한 자존심도 근거 없는 자부심도 사라져버렸다. 평범한 회사원이 되는 것이 엄청 어려운 일이라는 것을 체득해야만 했다. 계획대로 풀리는 삶이라는 것이 있을까? 어쩌면 인생이라는 것은 우연이 겹치면서 뜻하지 않게 흘러가는 것은 아닐까? 한참 동안 마음 고생을 좀 하다가 우연한 기회에 어머니 지인 분의 소개로 작은 게임 개발사 면접을 볼 수 있었다. 운영 팀의 QA 업무를 하는 것으로 처음으로 회사원이 되었다.

게임은 그 동안 필자에게 있어서 단순히(?) 즐기는 여흥에 불과했다. 개발이라는 것을 상상도 해 본 적이 없었는데, 막상 게임이 만들어지는 과정을 목도하고 보니 모든 것이 신기할 따름이었다. 나름 낙하산이라는 이유로 낮은 연봉을 받았고 퇴근 후면 사장님의 운전기사 역할도 했던 탓에 입사 후 3개월 정도는 하루에 2시간도 채 자지 못했지만 그런 것은 아무렇지도 않았다. 게임이 개발되는 그 모든 일들이 매력적이었고 비록 개발과 직접적으로 상관 있는 업무는 아니었지만 게임에 빠져 살았던 것만큼 회사 일에 빠져 들었다. 1년 정도 일을 하면서 게임 개발이 무척이나 하고 싶어졌다. 정확히 말하자면 게임 개발 사업을 하고 싶었다. 프로그래머 형들에게 프로그래머가 되려면 어떻게 해야 하는지 틈나는 대로 물어 보면서 프로그래밍 공부를 해야겠다는 각오를 다지곤 했다. 조금 과장해서 말하자면 망나니였던 필자에게 처음 인생의 전환점은 게임 회사에 입사한 것이었고, 두 번째 전환점은 프로그래머가 되기로 한 것이다.

어린 시절부터 게임 프로그래머가 되고 싶다는 생각은 꿈에도 해본 적이 없었다. 그저 우연한 기회에 게임 개발이라는 것을 경험해 보고는 게임 개발이라는 것에 매료되었다. 이런 우연한 계기로 인해 필자가 게임 프로그래머가 되려고 했던 첫 번째 이유는 물론 게임을 좋아했기 때문이었다. 인생의 절반을 게임만 하고 살다가 그 게임이 만들어지는 것을 보고는 그 호기심이 배가 되었던 것 같다. 두 번째 이유는 게임 개발 사업을 해 보고 싶은 목표가 생겼기 때문이다. 게임을 개발해 사업을 하겠다는 사람이 프로그래밍을 몰라서는 안 된다고 생각했다. 게임 프로그래머나 개발 자체가 목적이 아니라 다른 목표를 위한 수단으로써 게임 프로그래머가 되고 싶었다. 반쪽자리 경영학도였지만 여러 일들을 통해 20대 초반의 나이치고는 돈도 제법 벌어보았다. 당연히 게임 개발을 통해 돈도 벌고 싶었다. 게임 프로그래머가 되려고 했던 세 번째 이유이다. 필자는 이런 여러 이유로 게임 프로그래머가 되고 싶었다.

필자가 그러했듯이 게임 프로그래머가 되고자 하는 사람들은 저마다의 이유가 있다. 하지만, 초기에는 정말 내가 잘할 수 있을까 하는 두려움이 많은 것이 사실이다. 앞날을 어찌 예측할 수 없는 것과 같은 이치다. 그래서 필자는 오랫동안 게임 프로그래머가 되고자 했던 학생들과의 상담과 그들의 성장 과정을 지켜보면서 느꼈던 이야기를 함께 공유해보고자 한다.

게임 프로그래머가 되려는 이유가 게임을 좋아해서?

글 서두에 언급했지만 학원에 상담을 오는 학생들에게 필자가 반드시 하는 첫 질문이 "게임 프로그래머가 되고 싶은 이유가 무엇인가"이다. 필자의 경험을 토대로 조금이나마 조언을 해 주고 싶기 때문이다. 이 질문에 대해 90%가 넘는 학생들이 바로 게임을 좋아하기 때문이라는 대답을 한다. 얼핏 맞는 말처럼 보인다. 실제로 많은 개발자들이 이런 이유로 개발자가 되었고 여태껏 길러낸 제자들 중에 상당수도 이런 이유로 처음 게임 프로그래밍을 공부하기 시작했다.

하지만 게임을 좋아한다는 단순한 이유만으로 게임 프로그래머가 되어 보겠다고 도전하는 것은 꽤 무모한 발상이다. 필자 역시 게임이라면 자다가도 벌떡 일어날 정도로 좋아했지만 막상 경험을 해 보니 게임을 하는 것과 만드는 것은 전혀 다른 일이었다.

많은 학생들이 게임을 만드는 것 역시 게임을 하는 것만큼 쉽고 재미있으리라는 착각을 하곤 하는데 이는 정말 잘못된 생각이다. 게임을 너무 좋아했기 때문에 개발이라는 것에 관심이 생겼다면 바람직하다고(?) 말할 수 있지만 결코 이것이 개발을 하고 싶은 이유의 전부여서는 곤란하다. 필자는 학생의 입학을 허가하기 전에 반드시 두세 시간 이상의 긴 상담을 하곤 한다. 확고한 목표 의식이 있는 상태에서 게임 프로그래머가 되겠다는 의지가 있어야만 게임 프로그래밍을 공부하는 동안의 여러 난관을 헤쳐나갈 수 있는데, 어떤 친구들은 아무 생각 없이 그저 게임이 좋아서 개발자가 되겠다는 대답을 하기도 한다. 십중팔구 이런 학생들은 공부하는 과정에서 낙오할 가능성이 높다는 것을 그 동안의 경험으로 알 수 있다. 프로그래밍은 생각보다 공부해야 할 것들이 상당히 많고 어렵기 때문이다. 처음에 불쑥 든 단순한 생각 때문에 꽤나 많은 시간적, 금전적 손실을 보게 되는 것이다.

앞서도 밝혔지만 필자는 학창시절 공부를 해본 적이 없다. 소위 말하는 수포자(수학 포기자)이기도 했다. 게임을 어느 누구보다 좋아했지만 게임 프로그래머가 되려는 이유가 게임을 좋아했기 때문만은 아니었다. 다른 이유들이 있었고 어느 정도 나름의 목표가 있었기 때문에 그나마 공부하는 동안의 어려움을 참고 견딜 수 있었다. 게임 프로그래머가 되고 싶은 확실한 다른 이유가 있어야만 게임 프로그래머에 이를 수 있다고 본다.

게임 프로그래머가 되려는 이유가 단지 게임을 좋아하기 때문이라는 것은 개발 공부를 하기 위한 에피타이저에 불과한 것이다.

게임 프로그래머가 돈을 잘 번다는 얘기를 들었는데

때로는 이런 대답을 하는 친구들도 있다. 1인 개발자나 창업을 염두에 두고 하는 얘기다. 요즘 게임 산업은 80년대, 90년대 필자가 학창시절을 보내던 그 때와는 많은 것이 달라졌다. 그 당시 게임은 게임이라는 용어보다는 오락이라는 명칭으로 불렸고, 게임 광고라고 해 봐야 당시에 성행하던 게임 잡지에 한 페이지 실리는 정도였지, 지금처럼 스타 연예인을 통한 대대적인 마케팅을 하지는 않았다. 오락기라 불리던 게임기를 만들던 닌텐도나 세가와 같은 회사들이 있다는 것만 알았지, 그 회사가 얼마나 많이 버는지, 또 막상 우리가 구입하는 게임기 팩 하나, 플로피 디스켓 하나가 얼마나 많은 수익을 가져다 주는지 알 수도 없었고 알 필요성도 못 느끼던 시절이었다. 대략 15년에서 20년의 시간이 흐르면서 오락기 시장은 말 그대로 게임 산업으로 변모했고, 그만큼 대중의 관심도 커졌다. 이제는 누구나 스타트업이라는 용어를 듣고, 또 그들이 혹은 게임 회사가 벌어들이는 천문학적 금액에 관심을 가지는 시대가 되었다. 게임 개발이라는 원래의 목적보다 그 게임을 개발해 벌어 들일 수 있는 돈에 더 관심을 갖는 이들이 많아졌다는 말이다.

필자가 게임 프로그래머가 되려고 했던 이유 중에 하나도 어느 정도 돈과 관련이 있기 때문에 이런 친구들에게는 경험담에서 우러나오는 조언을 해 주기도 한다. 필자 역시 개발자로 살기보다는 개발 사업이 하고 싶었고, 사장이 개발에 대해서 모르면 안 될 것 같다는 생각에 프로그래밍을 공부하기도 했다. 하지만 게임 프로그래머가 되고 난 후 필자가 다녔던 회사는 실제로 세곳이나 폐업을 했다. 물론 영세한 업체였기 때문에 자금적인 한계가 있었기 때문이기도 하지만 막상 게임 개발이라는 것을 통해 회사가 수익을 내기란 쉬운 일이 아니다. 더군다나 창업을 한다는 것은 이미 먼저 경험했고 지금도 하고 있는 필자로서는 살짝 걱정이 되기도 한다. 젊은 친구들의 창업 도전은 언제나 환영할 만한 일이지만 아무런 계획 없이 창업을 한다는 것은 섶을 지고 불 속으로 뛰어드는 것과 마찬가지이기 때문이다. 또 대부분 이런 이유일수록 별 생각이 없는 경우가 많고, 필자처럼 실패할 확률이 높다는 생각이 들기 때문이다.

창업이 아니라면 그럼 게임 프로그래머의 월급은 어떨까? 학벌이나 기타 스펙보다는 실력으로 평가 받는 직업이라는 게임 프로그래머의 특성상 실력이 높을수록, 규모가 큰 회사에 입사할수록 연봉이나 복지는 훌륭해지기 마련이다. 학벌이 썩 좋지 않아도 프로그래밍 실력이 출중하다면, 성과급을 포함해서 신입사원임에도 불구하고 4천만원 가까이 받기도 한다. 하지만 문제는 그런 실력을 갖출 수 있느냐다. 실제로 상당수의 제자들이 이 정도의 연봉을 받고 회사 생활을 시작하곤 한다. 이 정도의 실력을 갖추려면 온전히 프로그래밍 공부에 집중을 해야만 가능한 일이다. 개발 자체가 너무 하고 싶고, 그렇기 때문에 프로그래밍에 무한한 재미를 느껴도 쉽지 않은 일인데 이런 이유 하나만으로 게임 프로그래밍을 시작한다면 결국은 중간에 포기하게 될 공산이 크다.

이것저것 해 봤는데 잘 안돼

이런 이유도 있다. 대부분 늦은 나이에 처음 프로그래밍을 공부하려는 친구들이거나 다른 IT 업종에서 프로그래머로 근무를 했던 사람들이다. 대학을 나와도 남들보다 더 뛰어난 스펙 없이는 취업하기 쉽지 않은 세상인 것 같다. 취업이 잘 안 되거나 혹은 공무원 준비를 몇년 하다가 잘 안됐거나 등의 이런 저런 이유로 게임 프로그래머가 되고자 하는 이들이 의외로 많다. 또 이런 친구들 중에 게임을 안 좋아하는 친구들도 없다. 위에서 우리가 얘기한 이유들이 복합적으로 얽혀 있다. 뭐가 잘 안 되네. 취업은 어렵고 공부하는 것도 쉽지는 않고, 학벌이나 스펙은 부족한데 게임 프로그래머는 다른 직종보다는 학벌이나 스펙이 필요 없다고 들었어. 게임도 무척 좋아하고 그래서 한번 해보려고 한다는 등 꽤나 답답한 답변도 상담을 하다 보면 심심치 않게 듣는다. 원장으로서 필자는 이런 학생들과의 상담에 더 많은 시간을 쏟곤 한다. 아직은 프로그래밍을 공부해서는 안 된다는 생각이 많이 들기 때문이다. 게임 프로그래머가 되고 싶은 여러 이유 중 가장 심각한 유형이다. 스스로 왜 게임 프로그래머가 되고 싶은지에 대한 뚜렷한 이유도 없고 꼭 게임 프로그래머가 되겠다는 확고한 목적 의식도 없다. 만약 독자들 중에 이런 생각으로 게임 프로그래머가 되고자 하는 분이 있다면 다시 한 번 생각해 보기를 바란다.

거듭 말하지만 게임 프로그래밍은 결코 쉬운 공부가 아니다. 프로그래밍 전공자든 아니든 지금까지 취업에 성공한 제자들은 자발적으로 또는 강제로 일년이라는 시간 동안 하루에 열 몇 시간이라는 강도 높은 공부를 견뎌냈다. 물론 취업한 친구들 중에는 이런 이유로 학원을 찾은 친구도 있긴 했다. 상담 때 이런 사례를 설명해 주면서 집으로 돌려보내는 이유는 스스로 납득할 만한 대답을 찾길 바라기 때문이다. 이것저것 해봤는데 다 잘 안 된 까닭은 어쩌면 그만큼 절실하지 않았기 때문이라고 생각한다. 모든 성공에는 분명한 이유와 확고한 목적 의식, 그리고 절실함이 있었기 때문에 가능한 것이 아닐까? 이런 이유에서 시작을 했지만 스스로 분명한 답을 찾은 학생들은 취업이라는 작은 성공을 이룬다.

게임 개발 그 자체가 하고 싶어

가장 쉽게 게임 프로그래머가 될 수 있는 이런 답변을 가진 학생들도 있다. 어떤 수단으로써 게임 프로그래머가 되려는 것도 아니고 단지 게임을 좋아하기 때문만도 아니며, 돈이나 다른 보상을 바라지도 않는다. 순수하게 게임 개발이 너무 하고 싶다는 것이 게임 프로그래머가 되려는 이유이다. 이런 친구들도 물론 게임을 좋아했기 때문이라는 이유에서 출발하는 것은 다른 사람들과 같지만, 게임 개발이 수단이 아닌 목적 그 자체가 된다는 점에서 다르다. 이런 학생들과 상담을 하다 보면 가르쳐 보고 싶다는 생각이 강하게 들곤 하는데, 자기가 좋아했던 게임들을 직접 자기 손으로 개발해서 사람들을 즐겁게 해 주고 싶다는 생각이 뿌리에 있다. 명예나 보상 같은 것들은 생각하지 않는다. 어떤 친구들은 어렸을 때부터 이런 목표를 정해두고 본인의 계획대로 고등학교, 대학교에서 프로그래밍을 전공해 온 친구들도 있고, 또 다른 친구들은 전공은 아니지만 이 꿈을 이루기 위한 열정이 가득 차 있기도 하다. 필자가 학생들에게 가끔 직업관에 대한 얘기를 해 줄 때가 있는데, 직업관은 직업이라는 것에 대해 생각하는 가치나 관념 혹은 목적을 말한다. 어떤 사람은 단지 생계 유지의 수단으로 직업을 가지려고 하며 또 어떤 사람은 자아 실현이나 능력의 발휘로, 또 어떤 사람은 사회 참여를 목적으로 직업을 갖기도 한다.

　사실 이 이유야말로 이 단락에서 필자가 말하고 싶은 주제이다. 게임 프로그래머가 되어야겠다는 이유가 여럿 있었다. 게임을 좋아했고 그래서 개발이 하고 싶었고 개발 사업을 통해 돈을 벌고도 싶었다. 게임 프로그래밍은 정말이지 쉽지 않은 공부였다. 나름의 목적은 뚜렷했기 때문에 중간에 포기하지 않을 수 있었지만 프로그래밍을 처음 공부하던 당시의 계획들은 취업 빼고는 하나도 이루지 못했다. 개발 회사를 설립하기 위해서는 투자를 받아야 하고, 투자를 받으려면 어느 정도 급(?)이 되는 개발자가 되어야 했다. 그러기 위해서는 소위 게임 업계의 대기업이라고 불리는 회사에 취업한다는 것이 당초의 계획이었다. 여기에는 개발 자체가 너무 하고 싶다는 순수한 열망 같은 것은 없었다. 나는 면접에서 다 떨어졌고 조그만 회사에 취업했다. 어려웠지만 잠을 줄여가면서 공부에 매진했다. 사실 제대로 배우지 못한 것도 한몫을 하기는 했지만 누군가 지금에 와서 필자의 계획이 이뤄지지 않은 이유를 꼽으라면 의도 자체가 순수하지 못했다고 대답할 것이다. 앞서 직업관을 이야기했지만 어떤 일이라는 것이 일 자체가 목적이 되어야지 수단이 되어서는 안 된다는 생각을 한다. 한 우물을 파라는 옛 속담이 적절한 비유가 될지는 모르겠지만 게임 프로그래머가 되려는 이유 중에 가장 좋은 이유는 게임 개발이, 게임 프로그래밍 자체가 하고 싶어서야 한다는 생각에는 지금도 변함이 없다. 필자의 이야기가 반드시 정답이라고는 할 수 없지만 게임 프로그래머를 꿈 꾸는 분들이라면 한 번쯤 스스로를 돌아보는 계기는 될 수 있지 않을까?

게임 프로그래머가 되기 위해 필요한 것들

앞에서 언급했듯이 게임 프로그래머가 되기 위해 가장 먼저 필요한 준비물은 바로 정확한 동기이다. 게임 개발이 왜 하고 싶은지, 왜 게임 프로그래머가 되고 싶은지에 대해 스스로 명확한 답을 내릴 수 있다면 앞으로 닥칠 여러 난관을 헤쳐가는 데 훌륭한 원동력이 될 수 있을 것이다. 훌륭한 결과를 만들어내기 위해서는 충실한 과정이 수반되어야 하고, 그 과정을 만들어가는 데 가장 필요한 것이 바로 동기부여이니 말이다. 게임 프로그래머가 되겠다는 확고한 각오가 섰다면 이제부터 갖춰야 할 것들은 실력과 인성이다.

게임 프로그래머에게 있어서 결과물을 구현해내는 프로그래밍 실력은 가장 기본이 되어야 할 부분이며, 게임 개발은 많은 사람들의 의사 결정 과정을 통해 만들어지는 것이니만큼 훌륭한 인성 또한 요구된다.

비전공자의 게임 프로그래머 취업기

왜 게임 프로그래머가 되고자 하는가에 대한 이야기를 하기 위해 필자의 이야기를 먼저 꺼냈듯이 게임 프로그래머가 되기 위해 필요한 것들에 대한 이야기를 시작하기에 앞서 또 지루한 필자의 경험을 들여다볼 것이다. 비전공자가 게임 프로그래밍을 공부하는 방법은 두 가지다. 독학을 하거나 배울 수 있는 곳을 찾는 것이다. 시중에 게임 프로그래밍에 대한 훌륭한 교재는 수 없이 많이 있고, 인터넷이라는 훌륭한 보고에는 뛰어난 무료 강좌나 동영상이 널려있다. 독학 역시 게임 프로그래머가 되기 위한 현명한 선택이다. 하지만 필자는 불행히도 공부를 해 본 경험도 또 어떻게 공부를 해야 하는지도 몰랐기 때문에 게임 개발을 배울 수 있는 곳을 찾았다. 잠시였지만 게임 프로그래밍이 어려우면 얼마나 어렵겠냐는 생각을 했다. 웬걸 영어와 숫자로 이뤄진 간단한 코드만 보고서도 정신이 번쩍 들었다. 프로그래밍은 논리의 학문이다. 규칙을 찾아서 코드로 만들어 내는 것이니 좌뇌의 영역이다. 공학적 머리가 없기 때문이다. 그 동안 공부를 안 해서 머리가 굳었다 등의 이유로 스스로 위안을 삼을 시간도 없을 만큼 만만히 볼 공부는 아니었다. 적어도 필자에게는 그랬다.

그날 이후로 평생 공부 한번 안 해본 필자는 평일에 하루에 두 시간 이상 자본 적이 많지 않았다. 처음 공부하는 사람에게 학습량과 더불어 가장 중요한 것은 체계가 잡혀있는 가르침이다. 불행히도 필자는 날로(?) 가르치는 선생을 만나 프로그래밍을 겉핥기로 배웠다. 처음 게임 프로그래밍을 공부하는 사람은 C++을 어느 정도 완벽하게 숙지해야만 한다. 특히나 객체지향의 꽃인 클래스란 녀석의 활용과 STL은 필수적인 요소인데 아쉽게도 배우지 못했다. 이론적인 개념은 얼렁뚱땅 배우긴 했지만 어떻게 써야 하는지는 알 수 없었다. 심지어 우리는 수업 시간 중의 절반은 선생님의 뜻(?)에 따라 점심을 먹느라 수업을 들을 수 없었고, 그나마 남은 시간에는, 분명히 수업 시간임에도 불구하고, 때때로 선생님과 스타크래프트 경기를 강제로(?) 감상해야 했다. 수업을 별로 듣지 못 했다는 이야기다. 프로그래밍을 조금이라도 배웠던 친구들은 조용히 불만을 얘기하기도 했지만 필자와 같은 처지에 있었던 비전공자들은 이렇게 배우는 것이 원래 프로그래밍을 공부하는 것으로 알았다. 이 덕분에 스스로 공부하는 힘을 기르기도 했으니 필자로서는 얼떨결에 얻은 수확(?)이었다.

애당초 공부라는 것을 좀 해 봤으면 그렇게 공부하지는 않았을 것이다. 검색을 해 보고 더 많은 공부 자료들을 찾아서 스스로 실력을 더 높일 수도 있었을 텐데 그렇지 못했다. 게임을 개발하는 데에 그토록 많은 수학적 지식이 들어가야 하는지도 나중이 돼서야 알게 된 사실이다. 졸업을 하고 나서 온갖 회사의 면접에서 대체 뭘 공부했냐는 무안을 당하고서야 비효율적으로 공부했다는 것을 알게 되었지만 나름 평생 처음으로 코피가 나도록 잠 안자고 공부하는 습관을 들였고 스스로 해보려는 힘을 길렀다는 것이 조그만 소득이라면 소득이었다. 결국 필자가 취업할 수 있었던 것은 그 후로 꽤 오랫동안 독학을 했기 때문이다.

이제 게임 프로그래머가 되기 위해 필요한 것들을 간단하게 이야기해 보자. 필자와 같이 고생하는 사람이 없기를 바라는 마음이지만 지면 관계상 하나하나 세세히 말해주지 못 하는 것이 아쉽다.

실력의 첫 걸음은 게임 프로그래밍 언어

실력을 키우기 위한 첫 걸음이 되는 것은 자명하게도 게임 프로그래밍 언어를 공부하는 것이다. 지구 상에 여러 언어가 존재하듯 프로그래밍 또한 다양한 언어가 존재하지만 그 중에 게임 프로그래밍의 기본이 되는 것은 C++이다. 시중에 수많은 C++ 언어 책이 나와 있고 관련 동영상이나 강좌도 셀 수 없을 만큼 많이 있기 때문에 공부하기도 수월하지만 실제로 게임을 개발할 때 가장 많이 쓰이는 언어이기도 하다. 객체지향이라는 개념과 프로그래밍 방법들에 대한 설명은 굳이 언급하지 않아도 되리라 생각한다. 다만 주요 골자만 조금 짚어보자면 포인터와 함수, 클래스와 STL을 복합적으로 사용해서 코드를 설계할 수 있어야 한다는 것이다. 학교 등의 대다수 교육기관에서 C++을 배우고 온 친구들이 교재에 나와 있는 예제코드를 따라 치는 식의 학습만 하다 보니 정확한 개념이나 문법, 그리고 이런 코드들이 어떤 방식으로 동작하는지 모르는 경우도 허다하다. 때문에 위에서 열거한 것들을 가지고 구조를 설계하는 연습을 많이 해 봐야 한다. 따로따로 떼어내서 코드를 작성해 보라고 하면 쉽게 할 수 있지만 복합적으로 사용하는 것은 초보자나 적당히 공부한 전공자들에게도 쉬운 일은 아니다. 조금만 관심을 갖고 자료나 강의 영상들을 찾아보면 프로그래밍 시야가 조금 더 넓어질 수 있을 것이다.

코드에는 정답이나 왕도가 없다. 더 효율적이거나 더 최적화가 잘된 코드가 있을 뿐이다. 코드를 많이 짜보고 동작 원리에 대해 끊임없이 고민해보고 연구해 보는 것만이 조금이라도 더 코드를 잘 짤 수 있는 지름길이다.

게임 개발은 프로그래밍 이론에 대한 이해보다는 구현에 더 초점이 맞춰져 있다. 처음부터 이론적인 것에 집착하기보다는 우선 구현에 더 힘을 쏟기 바란다.

코드가 완벽하지는 않아도 어느 정도 결과물을 구현할 수 있는 실력을 갖췄다면 디자인패턴Design Pattern과 메모리 구조에 대한 공부를 해보자. 디자인패턴은 구조를 조금 더 효율적으로 설계하는 데 도움이 되는 것이며, 실제로 디자인패턴을 적용해 코드를 짤 수 있다면 더 이상 아무것도 모르는 초보자라 불리지는 않을 것이다. 게임은 수많은 데이터를 다루는 거대한 프로그램이다. 그만큼 메모리에 대한 이해가 많이 요구된다. 디자인패턴이나 메모리 구조에 관한 책 역시 잘 쓰여진 책들이 상당히 많기 때문에 자기 수준에 맞는 책을 찾아서 공부하기 바란다. 간혹 쓸데없이 책 욕심만 많아서 수십 권을 사다가 책상 옆에 쌓아놓는 학생들이 있는데 책이라는 것은 읽고 공부하기 위해 구입하는 것이지, 남들 보라고 옆에 쌓아두기 위해 구입하는 것이 아니다. 꼭 공부 못하는 친구들이 책상에 온갖 것들을 쌓아두는 법이다. 꼭 필요한 책만 사서 차근차근 공부하는 습관을 들이자.

게임은 결국 수학

잘 짜인 코드 설계나 데이터의 관리는 게임 프로그래머로서 가장 기본이 되는 것이지만 결국 게임의 기반은 수학이라고 할 수 있다. 공격 데미지를 산출하거나 강화 확률과 같은 간단한 수학부터 3차원 상에서 렌더링에 필요한 행렬이나 벡터 등 게임 전반에 걸쳐 수학이 안 쓰이는 곳이 없다. 선형 대수나 이산 수학과 같은 어려운 수학 지식이 요구되지만 게임 프로그래밍을 처음 공부하는 학생들은 고등학교 수업시간에 배웠던 삼각함수나 간단한 방정식도 잊어버린 지 오래다. 앞서 얘기했지만 필자는 학창시절 때 공부를 해본 적이 거의 없다. 수학은 책의 열 페이지 이후로는 들여다 본 적도 없었다. 때문에 게임 프로그래밍을 공부하는 데 가장 애를 먹었던 것도 바로 수학이었다. 먹고 자는 시간 외에 하루에 모든 시간을 게임 프로그래밍을 공부하는 데 썼다고 가정하면 그 중에 절반은 프로그래밍 공부였고 나머지 반은 수학을 공부하는 데 썼다. 학창시절에도 펴본 적 없는 수학책과 문제집을 사다가 공부하느라 꽤나 힘이 들었고 수학의 개념들을 프로그래밍 코드에 적용하느라 멘탈이 붕괴되는 경험을 수도 없이 하곤 했다.

그나마 다행인 것은 우리가 수학자가 되기 위해 수학을 공부하는 것은 아니라는 점이다. 계산은 컴퓨터가 해 주니까 우리는 개념을 이해하고 그것을 코드로 옮기기만 하면 된다.

게임 프로그래머 지망생으로서 꼭 알아야 할 수학적인 개념을 몇 가지 열거하자면 다음과 같다. 게임 개발을 공부하면서 가장 처음으로 알아야 할 것이 바로 삼각함수다. 삼각함수는 2D나 3D 상에서 각도를 계산하기 위해 쓰인다. 예를 들면 적이 나를 향해 무언가를 쏠 때 적과 나 사이의 각도를 알아야 그 각도대로 피사체를 날릴 수 있지 않을까? 삼각함수를 이해하기 위해서는 함수를 알아야 할 것이고, 이후 삼각방정식을 사용하려면 당연히 1차 방정식부터 고차방정식까지 방정식에 대한 이해가 선행되어야 한다. 방정식은 이후에 직선이나 곡선에 대한 충돌 처리를 할 때 많이 사용되며 3D 상에서의 도형의 방정식을 사용해야 할 때에도 꼭 필요한 것이니 반드시 공부를 해야 하는 파트다. 이 외에도 벡터나 행렬 등은 3D 게임을 구현하는 데 필수적인 수학 개념들이다. 게임 프로그래밍을 공부한다는 것은 결국 수학을 공부하는 것이나 다름없다는 우스개 소리를 자주 할 만큼 게임 프로그래머에게는 프로그래밍 언어나 영어만큼이나 중요한 한 축이 된다.

엉덩이로 하는 공부

이것뿐만이 아니다. 게임 프로그래머가 공부해야 할 것들은 정말 산처럼 많다. 기본적인 물리 지식도 있어야 하며 어느 정도의 영어 독해 능력도 있어야 한다. 또한 프로그래밍 언어도 C++ 외에도 C# 등 당장 공부해야 할 것들이 몇 가지 더 있다. PC라는 개발 환경 외에도 콘솔 플랫폼이나 모바일 플랫폼까지 있기 때문에 각각의 환경에 맞는 OS나 API도 공부해야 한다. DirectX나 OpenGL과 같은 것도 공부해야 하고 시스템 프로그래밍에 대한 이해도 필요하다. 그뿐인가? 서버를 구축하거나 이해하기 위한 네트워크에 대한 학습도 필요하다.

큰 줄거리만 얘기해도 꽤 많은 것들을 열거할 수 있는데 각각의 카테고리에 걸려 있는 하위 단락들은 또 얼마나 많은가? 게다가 더욱 끔찍한 것은 이 모든 것들을 복합적으로 사용해서 날실과 씨실로 엮어내야만 한다. 이 모든 것들을 몇년에 걸쳐 완벽하게 프로그래밍 할 수 있다고 해도 끝이 아니다. 몇몇 직업들은 입사와 동시에 취업하느라 공부했던 것들을 더 이상 크게 공부할 필요가 없지만 게임 프로그래머는 다르다. 새로운 환경, 새로운 언어와 소프트웨어 및 하드웨어가 개발되기 때문에 평생 공부를 해야 하는 직업이다. 그렇기 때문에 게임 프로그래머가 되려는 명확한 이유가 있어야만 이런 것들을 즐겁게 즐길 수 있다. 게임 프로그래밍은 어쩌면 머리보다는 엉덩이로 공부하는 학문이라는 말이 더 어울린다. 게임 프로그래밍을 공부할 때에는 누가 더 오래 앉아 있는가, 누가 더 많이 코드를 짜 보았나가 프로그래밍 실력을 좌우하는 데 큰 영향을 발휘한다는 것을 명심해야 한다.

원활한 대인 관계

회사라는 단어는 '모일 회'와 '모일 사'로 이뤄진 한자이다. 말 그대로 사람이 모이고 모여서 같이 일을 하는 곳이라는 뜻이 회사라는 단어에 담겨 있다. 세상의 모든 일은 결국 사람과 사람이 만나서 이뤄진다. 더군다나 게임은 많은 사람들이 함께 만들어내는 협업의 결과물이다. 기획과 프로그래밍, 그래픽 영역 등 직접적인 개발을 담당하는 인원들 외에도 홍보나 마케팅, 운영 등의 개발 외적인 업무를 담당하는 사람들까지 모두가 모여 하나의 게임을 완성해낸다. 그만큼 큰 회의나 작은 미팅 등이 많기도 하다. 따라서 게임 프로그래머는 실력과 더불어 훌륭한 인성도 더불어 요구되는 직업이다. 원활한 대인 관계는 기본적으로 남을 배려하고 상대방의 말을 경청하는 자세에서 비롯된다. 성품이 온화하고 밝고 쾌활한 성격 이외에도 화술 등의 처세술도 필요하다.

세상의 모든 근심 걱정은 사람과 돈으로부터 비롯된다. 사람에 대한 문제만 해결할 수 있어도 고민의 반은 사라진다. 대인관계라는 것은 게임을 개발할 때도 필요한 것이지만 사회 생활을 해 나가는 데 있어서 반드시 필요한 것이라고 할 수 있다. 간혹 학생들을 지도하다 보면 고집이 세거나 외골수의 성격을 가지고 있다거나 소심해서 존재감이 없거나 하는 학생들이 있는데, 인성이라는 것도 스스로 고치려고 마음을 먹으면 고쳐질 수 있다. 혹여 자신의 성격이 약간 모난 구석이 있다고 생각된다면 게임 프로그래밍을 공부하면서 마음 수양도 해 보길 바란다.

좋은 게임을 개발하기 위해서는 개발자 개개인의 뛰어난 실력도 필요하지만 훌륭한 팀워크가 형성될 때 더욱 빛을 발할 수 있기 때문이다.

자주하는 질문들

여담으로 상담 중에 자주 받았던 질문을 몇 가지 소개하고자 한다. 대개 게임 프로그래밍을 처음 공부하고자 하는 학생들이 가장 궁금해하는 것들은 프로그래밍이나 미래에 대한 막연한 두려움에서 기인한다. 잘 할 수 있을지, 선행 지식이 있어야만 공부를 할 수 있는지, 학벌이나 나이 같은 것들이 게임 프로그래머가 되는 데 있어서 어느 정도의 영향을 미칠지, 평생 이 길을 걸어가는 데 있어서 이 분야의 전망은 어떤지 등이 주로 늘 나오는 질문들이다. 필자가 프로그래머 생활을 하면서 또는 원장이라는 역할 중에 경험했던 것들을 바탕으로 하다 보니 질문에 대한 대답이 반드시 정답은 아닐 수 있다.

프로그래밍에 대한 두려움

필자는 게임 프로그래밍만 교육하는 조금은 특이한 기관의 원장이다. 대부분의 게임 교육 기관들은 기획이나 그래픽 디자인 등 다양한 게임 개발 분야를 두루 교육하곤 한다. 그래서인지 본원을 찾는 학생들은 그나마 콕 집어 프로그래밍을 공부하겠다는 생각으로 많이들 찾아오는데, 그럼에도 불구하고 늘 상담 첫 머리의 질문은 자신이 이 공부를 잘 할 수 있을지에 관한 것이다. 특히나 프로그래밍을 처음 접하는 학생들에게서 자주 나오는 질문 중에 하나인데, 이에 관해 필자는 일말의 고민도 없이 언제나 모른다고 답변한다. 신도 아니고 점쟁이도 아닌 마당에 처음 보는 학생이 프로그래밍 공부를 잘 할 수 있을지 어떻게 안단 말인가? 질문한 당사자들이야 학원 입학 상담이니만큼 수강생을 유치하기 위해서든 마음의 위안을 얻기 위해서든 잘 할 수 있으니 걱정 말라는 대답을 원했을지도 모르겠지만 필자는 단 한 번도 그렇게 얘기해 본 적은 없다.

게임 프로그래밍을 공부하겠다는 의지가 있으려면 일말의 두려움은 없어야 한다고 생각한다. 필자가 아무것도 모르고 그냥 하겠다는 생각으로 덤벼들었듯이 때로는 무모한 것이 원동력이 되기도 하거니와 두려움이라는 것은 되려 그것을 직시할 때 사라지기도 한다. 일초의 망설임도 없이 모른다는 말과 함께 나는 점쟁이가 아니다라는 부연 설명을 들은 학생들은 그렇다며 웃곤 하는데, 잘할지 못할지 알 수는 없지만 잘할 수 있는 방법에 대해서는 설명을 해 준다.

필자는 프로그래밍 언어라는 것이 프로그래밍 특성상 논리적인 면도 분명히 있지만 그만큼 언어적 특성도 상당히 많다고 생각한다. 우리는 학창 시절 내내 10년이 넘도록 영어를 배우지만 정작 외국인을 만나면 말 한마디 제대로 못하는 경우가 많다. 또 지적 능력은 다소 떨어져도 한국인이라면 한국어를 유창하게 하는 친구들을 본 적이 있을 것이다.

언어는 그 언어를 쓰는 환경에 많이 노출되면 노출될수록 또 사용하면 사용할수록 유창해진다. 10년 넘게 영어를 배워도 회화 한마디 못하던 사람도 영어를 사용하는 외국에서 몇 개월만 거주해도 금세 영어가 느는 것이 그 방증이다. 프로그래밍도 결국은 프로그래밍 환경에 많이 노출될수록 또 많이 사용할수록 실력이 느는 것이다.

제자들 중 절반이 비전공자

유사한 질문으로 비전공자라 프로그래밍 공부는 처음인데 선행 지식 같은 것이 필요한지 묻는 친구들도 있다. 기존에 프로그래밍을 접해 본 친구라면 공부하는 데 더 수월하겠지만 반드시 선행 지식이 필요한 것은 아니다. 비록 공부하는 습관이 하나도 없었던 탓에 프로그래밍 공부에 애를 먹긴 했지만 필자도 비전공자였다. 취업에 성공한, 그것도 필자와는 다르게 큰 기업에 취업한 제자들 중에 절반은 비전공자였다.

여학생 A는 태권도 4단의 유단자다. 평생 운동만 해온 이 친구는 운동을 하는 것이 이제는 너무 싫고 평소에 게임을 만들어 보고 싶은 생각이 간절해서 여러 정보들을 찾아보고 고민 끝에 결심을 하고 찾아왔다고 했다.

당연히 게임 프로그래머가 되고 싶은 이유에 대해 물었고, 어떻게 공부해야 하는지, 얼마나 많은 시간을 공부와 씨름해야 하는지 설명해 주었다. 여학생 A는 운동할 때도 하루에 대부분의 시간을 운동에만 매진했는데 같은 시간 동안 공부에 매달리는 것은 충분히 할 수 있는 일이라며 자신했다. 이 학생은 필자처럼 공부를 해본 적이 없었다. 처음 한두 달 동안 얼마나 많이 헤매면서 수업을 따라오지 못했는지 말로 다 설명할 수 없다. 하지만 상담 때 했던 말처럼 정말 잠 자는 시간을 제외한 모든 시간을 공부에 쏟아 부었다. 여학생인데도 불구하고 학원에서 먹고 자면서 새벽에도 선생님들한테 질문을 하고 그 날의 수업이 완전히 소화될 때까지는 잠을 자지 않는 독한 학생이었다. 우리 스탭들은 이것을 근성이라고 부른다. 결국 이 친구는 W사에 당당히 합격해서 지금은 게임 프로그래머로 근무하고 있다.

이와 같은 사례는 얼마든지 있다. 적어도 150명이 넘는 비전공자 취업기를 쓸 수도 있다. 평생 기타만 연주하던 실용음악과 학생도 있었고 요리를 전공했던 친구들도 있다. 이 녀석들의 공통점은 포기하지 않는 근성과 하루에 대부분의 시간을 투자한 학습량이다. 물론 반대의 경우도 존재한다. 전공 학생이든 비전공 학생이든 학습량이 부족해 중도에 낙오한 경우도 있다.

검정고시 넥슨에 가다

학벌이나 나이에 관한 질문도 꽤 많다. 게임 프로그래머는 학벌이나 나이에 조금은 관대하다. 지금은 많이 사라졌다고는 해도 대한민국에서 학벌이 가지고 있는 그 지위는 여전하다. 특히나 타 직업들은 대학 졸업장이라는 것이 아직까지도 취업이라는 관문을 통과하는 하나의 열쇠가 된다. 게임 프로그래머는 학벌이나 나이보다는 실력이 우선이다. 명문대를 나왔지만 게임은 만들지 못하는 게임 프로그래머를 채용하는 회사가 많이 있을까? 물론 게임 회사들 중에 몇몇 소수의 회사들은 실력과 더불어 학벌도 중요한 입사 기준이 되기는 한다. 하지만 말했듯이 소수에 불과할 뿐, 대부분은 게임 프로그래밍 실력을 학벌에 우선하여 신입사원을 채용한다.

남학생 B는 필자처럼 학창시절 내내 공부하고는 담을 쌓고 살았다. 필자가 노는 것과 게임 때문에 학업에 손을 놓았다면 B는 모종의 사고를 치는 바람에 학업을 놓은 케이스이다. B가 상담 때 했던 이야기로는 그로 인해 학교에서 퇴학을 맞았고, 20대 후반의 나이까지 막노동을 하면서 살았다고 했다. 그러다 친한 친구가 프로그래머로 입사하면서 자신에게도 그렇게 세상을 원망하면서 살지 말고 프로그래밍을 공부해 보라고 했단다. 친구 따라 강남 간다는 식으로 게임 프로그래머가 되려고 한 것과는 달리 이 학생도 게임 프로그래머가 되려는 분명한 목표가 있었고 그만큼 확고한 열정도 있었다. B는 거짓말 하나도 보태지 않고 하루에 18시간 넘는 시간을 공부에 쏟았다. 그 중 절반은 중학교 수학부터 공부하는 데 썼다. 프로그래밍을 공부하는 동안 검정고시까지 준비하느라 B는 주중에는 내내 학원에서 자고 주말에만 집으로 갔다. 검정고시 합격이라는 학벌을 가지고 경력자와 같이 본 면접에서 합격하여 N사에 입사했다. 고등학교 졸업이라는 학벌을 가지고 게임 프로그래머로 입사한 사례도 꽤 많다. 게임 프로그래머는 학벌과는 상관없이 실력이 중요시된다. 그렇다고 지금 다니는 학교를 그만둬도 된다는 얘기는 아니다.

치킨 집 사장님

개발자의 끝은 치킨 집 개업이라는 우스갯 소리가 있다. 박봉에 야근 많은 3D업종인 데다가 정년도 짧아서 40대에는 돈을 모아서 치킨 집이나 차려야 한다는 이야기다. 많은 사람들이 알고 있는 이야기이다 보니 학생들도 정말 그러면 어쩌나 하는 생각에 묻곤 하는 질문인데 결론부터 말하자면 그렇지 않다. 연봉은 다분히 상대적인 것이라 게임 업계의 연봉이 많다 적다를 한마디로 잘라 얘기하기는 어렵지만 여담으로 연봉에 대해 말하자면 신입 사원의 경우 평균 연봉은 2천 만원 초에서 중반 선이며 규모가 큰 회사의 경우에는 3천이 넘는다. 야근도 케이스 바이 케이스라 야근이 잦은 회사도 있지만 그렇지 않은 회사도 있다. 40대 50대가 되어서도 여전히 개발 실무를 담당하고 있는 분들도 상당하다. 때로는 게임 개발 실무를 떠나서 필자와 같이 다른 쪽의 일을 하면서 게임 업계에 종사하고 있는 분들도 많다. 예전의 평생 직장이라는 개념은 이미 사라진 지 오래되었지 않은가? 게임 업계뿐 아니라 모든 직업이 다 마찬가지다. 단언컨대 필자는 게임 프로그래머가 되기 위해 공부를 한 것을 천운이라 생각하고 있으며 게임 업계에 종사하고 있다는 것을 자랑스럽게 여긴다. 그만큼 게임 프로그래머는 매력적인 직업에 틀림이 없다.

말이 나온 김에 야근에 대해 좀 더 이야기를 해 보자면 야근이 발생하는 경우는 보통 두 가지 경우 때문인데 하나는 개발 일정을 맞추지 못 했을 경우이고 또 하나는 새롭게 추가된 업무 때문이다. 개발 일정을 맞추지 못 하는 이유는 여러 가지가 있을 수 있다. 자신이나 팀의 역량 부족으로 기한 내에 업무를 마무리하지 못 할 수도 있고, 무리한 일정 때문에 발생하기도 한다. 때로는 개발자들 사이의 의견 충돌이나 분열로 인해 프로젝트를 뒤엎는 경우도 있다. 하지만 필자가 경험했던 대부분의 야근은 무리한 일정 때문은 아니었고, 거의 팀의 역량 부족이거나 의견 충돌, 또는 낮 시간 동료들의 업무 태만으로 벌어진 것이었다. 스스로 능력이 부족해서 벌어지는 야근은 이미 야근이 아니다. 그러니 불평할 만한 사항도 되지 못한다고 생각한다. 문제는 업무 태만, 의견 충돌, 갑작스럽게 추가된 업무 지시로 인한 야근인데 게임 개발자라면 야근이 당연시된다라는 생각보다는 업무 태만을 하지 않음으로써 야근을 최소화하는 것이 옳다.

회사도 마찬가지다. 꼭 필요한 야근이라면 어쩔 수 없겠지만, 가급적 야근은 지양하는 것이 옳다. 불필요한 또 빈번한 야근은 되려 생산성 저하로 이어지게 마련이다. 불필요하고 빈번한 야근은 또 개발자들의 업무 태만을 야기하기도 하는데 어차피 야근을 하게 될 거라는 생각 때문에 업무 시간에 집중을 하지 않기 때문이다.

게임 프로그래머를 꿈 꾸는 분들께 드리는 이야기

아무나 할 수 있는 일은 아니지만, 누구나 할 수 있는 일

　말 장난처럼 보일 수 있겠지만, 게임 프로그래머는 정말로 누구나 할 수 있는 일이다. 물론, 몇 가지 전제 조건이 필요하지만 말이다. 이 장에서 내내 필자가 이야기하고 싶었던 것은 결국은 '노력'이나 '열정'과 같은 몇 개의 단어로 귀결된다. 비단 게임 프로그래머가 아니어도 세상의 모든 일들은 누구나 할 수 있으면서도 아무나 할 수 없는 일들이다. 게임 프로그래머는 너무나 매력적인 직업이지만 생각보다 쉽지 않은 직업이기도 하다. 게임 프로그래머가 되기 위해 준비해야 하는 시간들도 상당히 고된 나날이지만 막상 게임 프로그래머가 되어도 힘든 것은 마찬가지다. 사회 생활을 하는 데 있어서 수월하지 않은 일이 어디 있겠냐마는, 몇몇 직업들은 취업과 동시에 조금은 편해지는 것이 사실이다. 게임 프로그래머는 좋은 게임을 개발하기 위해 늘 자기계발을 게을리 하지 않으면 안 되는 직업이라는 점에서 고달프다. 자고 일어나면 확확 바뀌는 기술의 발전만큼 프로그래밍 환경도 새롭게 바뀌고 사용하는 프로그래밍 언어도 진보한다. 그렇기 때문에 늘 공부를 해야 하는 직업이 바로 게임 프로그래머이다. 게임 개발이 좋고 프로그래밍을 하는 것이 즐겁다면 누구나 게임 프로그래머가 될 수 있다. 하지만 그만큼의 각오와 노력이 따라주지 않는다면 아무나 할 수 있는 일은 아니라는 점을 말하고 싶다.

천재와 노력하는 자, 그리고 즐기는 자

천재는 노력하는 자를, 노력하는 자는 즐기는 자를 이기지 못한다는 말이 있다. 물론 우스갯 소리로 반대의 이야기도 들린다. 즐기기만 하는 자는 노력하는 자를 이길 수 없고, 아무리 노력해도 천재를 결코 이기지 못한다는 말이다. 알다시피 전자는 노력뿐 아니라 하고 싶은 일을 즐기면서 하라는 조언이며, 후자는 전자에 대한 반론이다. 모두 공감되는 이야기인지라 어느 한 쪽의 편을 들기는 어렵지만 어쩐지 후자의 외침이 사회의 단면을 엿볼 수 있는 것 같아 씁쓸하기도 하다. 금수저니 은수저니 하는 요즘 유행하는 말처럼 어쩌면 아무리 노력해도 그 분야의 천재나 타고난 자는 넘어설 수 없는지도 모른다.

필자는 참 평범한 사람이다. 천재와는 정 반대에 서 있는 사람이라고 할 수도 있겠다. 천재를 이기지 못한다고 해서 자포자기 하고 가만히 있으면 뭔가 이뤄질까? 가능성이 적다라는 것은 적어도 제로는 아닌 것이라고 생각한다.

오늘 걷지 않으면 내일은 뛰어야 돼

현재의 직업이 직업인지라 프로그래밍을 공부하는 학생들을 수도 없이 보게 된다. 열심히 꾸준히 한 발자국씩 걸어가는 친구들이 있는가 하면, 초심을 잃거나 여타의 이유로 공부를 게을리 하는 친구들도 더러 보게 된다. 오늘 걷지 않으면 내일은 반드시 뛰어야 한다. 내일 퍼뜩 정신을 차리고 뛰기라도 하면 다행이지, 관성이 작용해서 계속 멈춰있게 되면 그때는 돌이

킬 수 없다. 늦었다고 생각할 때가 가장 빠르다는 속담도 있듯이 그나마 그런 생각이 난다면 다행이지만 그렇지 못하다면 늦었다고 깨달을 때 이미 늦은 것이라는 말도 있다. 필자는 게임 프로그래밍을 공부하면서 진작 공부를 할 걸 하는 후회를 많이 해 봤다. 어제 걷지 않았기 때문에 오늘 참 힘들게 뛰면서 살고 있다. 그래도 다행인 것은 오늘 뛰고 있으니 내일 더 가열차게 뛰지는 않아도 된다는 것이다. 이 이야기는 비단 게임 프로그래밍을 공부하려는 학생들에게만 해당되는 이야기는 아니다. 인생에 있어서 모든 것이 그렇지 않을까? 우연한 기회에 지인의 강제적인(?) 권유로 자격 미달인 필자가 글이라는 것을 쓰게 되었다. 필자는 이 글을 마감기한이 거의 다 되어서야 쓰고 있다. 그것도 밤을 새워가면서 말이다. 어제 미리 써 놓지 않았으니까 오늘 몸이 고달픈 것이다. 적어도 이 글을 읽는 분들은 필자처럼 바보같이 살지 않기를 바란다.

창업에 관하여

게임 프로그래머가 되려는 이유에 대한 이야기를 풀면서 창업이라는 것을 잠깐 언급을 했었다. 게임 개발사를 세우고 싶다는 목표가 있었는데 이런 저런 이유로 인해서 실패했다. 몇년 동안 게임 프로그래머로 살다가 또 전혀 생각지도 못한 방향으로 인생이 흘렀다. 급(?)이 되는 개발자가 되겠다는 계획이 무산되자 당연히 투자를 받을 수 있는 길도 요원해졌다. 어찌어찌 자비로 개발사를 세울 수도 있었는데 그런 경우에는 개발에 필요한 자금이 너무나도 한정적이었다. 상황이 이러니 높은 연봉을 앞세워 실력 좋은 개발자를 구하기도 어려웠다. 그래도 개발사를 차려 볼 요량으로 학원가를 돌아봤다. 학원에서 배운 학생들이라도 훌륭한 인재가 꽤 많을 텐데 6년 전에는 그렇게 뛰어난 학생들이 많이 배출되지도 않았고, 필자의 지극히 주관적인 경험 때문에 학원에서 배운 학생들에 대한 신뢰가 가지 않았다. 실력이 썩 좋지 않다면 필자처럼 적은 연봉에도 취업을 원하는 학생이 많을 것 같아서 여러 곳을 돌아봤는데, 시간이 지났음에도 필자가 배웠던 그런 교육이 여전히 모든 곳에서 성행하고 있었다. 정의감이 매우 뛰어난 사람이 결코 아님에도 불구하고 불쑥 화가 치밀었다. 홧김에 '에라 내가 쓸 애들 내가 직접 제대로 키워보자'라는 말도 안 되는 생각으로 난 학원장이 되었다. 그래서인지 난 제자들에게 반쪽자리 교육자라고 입버릇처럼 말하고 다닌다. 내가 원장으로서 학생들을 가르칠 자격이 있을까라는 생각을 하루에도 수십 번씩 하면서 반성을 하면서 산다. 6년이 지난 지금 게임 프로그래머가 되기를 잘했다는 생각이 들었던 것처럼 학생들을 가르치기를 잘했다는 생각이 든다. 좋은 사람들을 많이 만났고, 그만큼 도움도 많이 받았으며 돈을 못 벌어도 무엇보다 가르치는 보람이 있다. 6년 동안 조그만 사업을 운영하면서 느낀 것이 몇 가지 있는데, 그다지 대단한 것은 아니지만 공유해보고자 한다.

필자는 기본적으로 창업에 대해 열렬히 환영하는 입장이지만, 그것은 열심히 준비해 온 사람들에게만 보내는 응원이다. 많은 사람들이 창업이라는 것에 어느 정도의 환상이 있는 듯하다. 사업을 하겠다는 사람 중에 망할 것이라고 생각하면서 시작하는 사람이 몇이나 될까? 그만큼 모든 사람이 달콤한 환상에 젖어서 시작한다. 엄청난 부를 이룰 것이라는 희망, 오너라는 이름의 명예, 뭔가 대단한 일을 할 것이라는 착각 등이 바로 그것이다. 필자는 사업 수완이 형편없는 사람이기 때문에 부를 논할 수도 없지만 한 가지 얘기할 수 있는 것이 있다면 적어도 창업주가 창업 초기에 대단한 일을 하기는 어렵다는 것이다. 지난 시간 동안 필자가 해 온 업무의 80% 이상은 잡무였다. 경영과 운영, 회계 같은 것뿐만 아니라 쓰레기통을 비우는 것까지 창업주가 신경 써야 할 일들이다.

조그만 회사를 운영하면서 아주 절실히 느낀 것이 있다면 그것은 바로 사람이다. 앞에서 잠깐 언급했지만 세상의 모든 근심과 걱정은 사람과 돈으로부터 비롯된다. 회사는 사람이 모여서 일을 이루는 곳이기 때문에 결국 본질은 사람이다. 좋은 사람을 만나는 것도 중요하지만 사람을 어떻게 대하는가에 대한 문제가 더 중요하다고 생각한다. 필자는 다행스럽게도 지금 좋은 사람들과 일을 하는 행운을 누리고 있다. 하지만 수많은 시행착오 속에 이뤄진 것이었다. 물론 사람에 대한 고민은 지금도 여전히 하고 있으며 앞으로도 끝없이 하게 될 것이다.

창업을 생각하고 있는 분이 있다면 분업을 생각해 보라고 조언하고 싶다. 모든 것에 능통한 분이라면 이런 조언은 필요하지 않겠지만 필자와 같다면 적절한 분업은 전문성을 낳는다. 스스로 사업에 대한 수완은 뛰어난데 경영이나 운영면에서 약하다면 그것을 맡을 좋은 사람을 구하길 바란다. 그럼에도 불구하고, 자포스ZAPPOS의 토니 셰이가 인터뷰에서 이야기했듯이 수많은 잡무는 결국 창업자의 몫이다.

글을 마치며

"젊은 날의 매력은 결국 꿈을 위해 무언가를 저지르는 것에 있다."

앨빈 토플러가 한 말이다. 필자는 이 말을 늘 좋아했다. 꿈을 위해 무언가를 저지를 수 있는 것도 젊음의 특권이며, 꿈이 있어야만 무언가를 저지를 수 있는 용기도 생긴다. 무언가 일어나지 않으면 결국은 아무것도 바뀌지 않는다. 물론 필자가 이 문장 때문에 젊은 날 뭔가 사고를 많이 저지른 것은 아니다. 게임 프로그래머를 꿈꾸는 학생들에게 이 말을 인용해서 얘기하고 싶다. 명확한 꿈을 꾸기 바란다. 그 꿈을 이루고 싶은 분명한 이유를 가지기 바란다. 게임 프로그래머가 되고 싶다면 저질러 보라. 그리고 나서 그저 하루 하루 꾸준히 노력하면 된다. 젊기 때문에 뭐든 할 수 있지 않은가?

이것이 알고 싶다

Q. 저자에게 게임이란?

유희적 인간이라는 뜻의 '호모 루덴스'라는 정의처럼, 역사적으로 인류와 놀이는 뗄래야 뗄 수 없는 관계에 있습니다. 게임이라는 것은 이 놀이의 가장 발전된 형태가 아닐까 합니다. 놀이의 본질은 재미라는 점에서 게임 역시 일부의 부정적인 시각과는 전혀 다른, 또 다른 인류의 놀이 문화임이 분명합니다.

Q. 학창 시절 수포자가 과연 게임에 필수적인 수학을 정복할 수 있을까요?

짧은 시간 안에 정복하는 것은 어렵겠지만 오랜 시간 꾸준히 공부를 한다면 일정 수준의 수학적 지식을 토대로 프로그래밍을 할 수 있습니다. 게임을 개발할 때 필요한 수학적 지식이라는 것도 어느 정도 그 양이 정해져 있기 때문입니다. 다시 한번 얘기하자면 수학자가 되기 위해 수학을 공부해야 하는 것은 아니니까요.

Q. 수학과 물리학은 어느 정도까지 공부를 해야 하나요?

개발자들이 직접 연산을 해야 하는 경우는 실제 사칙연산 정도지만, 수학적인 개념을 코드로 옮기기 위해서 수학을 공부해야 하는 것입니다. 크게 클라이언트 개발자냐 엔진 개발자냐에 따라 공부해야 할 지식 수준은 달라진다고 볼 수 있습니다. 물리 엔진 등의 상용화 게임 엔진을 개발해야 한다면 수학이나 물리학을 꽤 많이 공부해야 합니다만, 다시 한번 얘기하자면 클라이언트 개발자는 수학자는 아닙니다. 본문에서 말씀 드린 정도의 수학적인 기본들을 공부한다면, 이미 라이브러리에서 제공해주는 함수들을 이용해서 원하는 것들을 게임 내에 구현할 수 있습니다.

Q. 게임 프로그래밍에 소질이나 관심이 있는지 판단할 수 있는 특별한 방법이 있을까요?

소질을 판단할 수 있는 특별한 방법은 없는 것 같습니다. 예술 분야라면 모를까 게임 프로그래밍은 소질이나 자질, 적성과 같은 것이 꼭 있어야만 할 수 있는 일은 아닌 것 같습니다. 본인이 얼마나 열정이 있느냐, 또는 얼마나 그 일에 대해 집중할 수 있느냐에 대한 문제라고 생각합니다. 그렇지만 굳이 어떤 성향에 대해 얘기를 해 보자면, 논리적인 사고를 통해 인과율에 따른 결과값을 도출하는 과정을 좋아하는 편이 게임 프로그래밍과 잘 맞을 수는 있겠습니다. 또 뭔가 배우는 것을 좋아하고 프로그래밍을 하는 것을 즐길 수 있는 사람이라면 천성적으로 잘 맞는 것 같습니다. 특이한 사례들도 더러 있는데, 사실 공부를 별로 안 좋아하는데도 잔머리가 뛰어나거나, 근성이 탁월하거나, 어려운 문제에 봉착했을 때 승부욕이 발휘되는 친구들도 게임 프로그래머로 근무하고 있는 사례가 많습니다.

Q. 게임 개발자에게 필요한 기반 지식(네트워크, 데이터베이스, 자료구조 등등)에 대한 공부에 대해 조언을 해주신다면?

모든 게임 프로그래머들에게 기반 지식에 대해 묻는다면 대다수가 C/C++이라는 대답을 할 겁니다. 우선 무엇보다도 프로그래밍 언어를 구사하기 위한 문법 공부가 최우선이라고 생각됩니다. 그 다음은 어떤 것이든 결과물을 만들어 보는 연습입니다. 그러다 보면 코드적으로 불편을 느끼게 될 것이고 그것을 해소하기 위해 아마도 손에 잡고 있는 것이 곧 데이터베이스와 자료구조, 디자인패턴이 될 것입니다. 다른 건 몰라도 자료구조에 대한 이해가 없으면 프로그래머가 아닙니다.

Q. 게임 프로그래밍을 위해 배워야 할 지식 중 가장 중요한 세 가지만 꼽는다면?

크게 본다면 결국은 국어, 영어, 수학이겠네요. 저 역시 학창 시절 이것들이 과연 중요할까 싶었는데 비단 게임 프로그래밍뿐 아니라 어디에서든 꼭 필요한 녀석들이었습니다. 프로그래밍 내부적으로 본다면 C++과 STL, 수학이 필수적인 기초 지식이 될 것입니다. 이 외에도 꾸준한 노력과 근성이 있어야만 결국 이런 중요한 지식들을 익힐 수 있는 원동력이 되지 않을까 합니다.

Q. 초보자가 만들면서 배울 수 있는 오픈 소스의 게임을 추천한다면?

훌륭한 오픈소스들이 많이 나와 있습니다만, 초보자는 처음부터 공개 소스를 보지 않은 것이 좋다고 생각합니다. 수학 문제를 풀 때 정답 해설을 보면서 푸는 것과 같다고 할까요? 우선 간단한 게임들부터 스스로 모작을 하면서 공부하는 것이 더 좋다고 생각합니다. 나중에 어느 정도 실력이 갖춰졌을 때 오픈소스들을 보면서 자신의 코드와 비교 분석하며 공부하는 것도 하나의 방법입니다. 우리 선생님 중의 한 분의 의견을 소개하자면, 풀 오픈 소스의 게임은 아니지만 앵그리버드라는 게임은 PC 버전의 리소스가 패킹되어 있지 않아 모작하기 쉽다고 합니다. 실제 게임에 사용된 Box2D 물리 엔진이 box2d.org 에서 완전한 오픈 소스로 공개되어 있으며, 게다가 제작자인 에린 카토님이 포럼에서 친절히 답변도 해주신다고 합니다.

Q. 창업은 정말 철저한 준비가 있어야만 할까요? 미친 듯이 좋아하는 것을 해보다가 그게 창업으로 이루어지는 케이스들도 많은 듯해서요.

사실 맞는 말입니다. 이윤 추구와 같은 목적 없이 그저 순수하게 좋아하는 것을 하다가 창업으로 이어진 성공 사례는 주변에서도 찾을 수 있습니다. 애플이라든지 페이스북 같은 경우가 그런 사례가 되겠지요. 하지만 본문에서 말씀 드린 창업의 의미는 이것과는 다릅니다. 진정 사업적인 마인드 하에서 이윤 추구라는 목적으로 창업을 하려는 사람들 중 많은 사람들이 본질인 '좋아하는 것'을 해보려는 생각보다는 '잿밥'에 관심을 두는 경우가 많은데, 이것을 경계하자는 얘기입니다. 과거 1인 개발자가 좋은 게임을 만들어서 성공했다는 이야기는 현재에는 어쩌면 신화와 같은 이야기라고 판단됩니다. 신중히 고려하지 않고 창업 전선에 뛰어드는 것은 너무 위험 요소가 많은 것 같습니다. 철저히 준비를 하거나 좋은 회사에서 좋은 개발 방식을 배우고 시작해도 늦지 않다고 봅니다.

Q. 혼자서 배우기 위해 혹은 취미로 게임을 만들기 위해 추천하는 과정은?

웹 상에 좋은 강좌나 오프라인에 좋은 교재들이 많이 있습니다. 게임을 개발하기 위해 요구되는 지식들은 굉장히 많기 때문에 독학에 시간이 다소 걸리겠지만 C/C++, API, 게임수학, DirectX, 엔진 프로그래밍의 순서를 골자로 잡고 디자인패턴이나 자료구조, 알고리즘 등의 살을 붙여 나가는 방식으로 공부하면 좋겠습니다. 단순 취미라면 아무래도 시중에 나와 있는 게임 따라 만들기 정도의 교재를 보는 것이 흥미 유발에는 좋겠네요.

Q. 최고의 게임은 무엇이었으며 그 이유는?

어린 시절 밤을 새워가며 했던 게임 중에 하나는 KOEI사의 삼국지였습니다. 셀 수 없이 많은 게임들을 좋아했지만 굳이 몇 가지만 꼽으라면 구룡쟁패, WoW(월드 오브 워크래프트) 등이 많은 추억을 안겨 준 게임이었습니다.

Q. 게임 개발의 흥미를 잃지 않고 오래 지속할 수 있는 비결은 무엇일까요?

당연히 게임 개발을 좋아해야겠지요. 게임을 개발하는 것이 너무나 좋아서 공부를 시작한 친구들도 간혹 입사하고 나면 실제 자신이 꿈 꿨던 개발과 업무 간의 괴리로 인해 흥미를 잃어버리는 경우를 종종 봅니다. 개발을 진정 좋아하고 일을 즐길 수 있어야만 오래 할 수 있지 않을까요? 세상의 모든 일이 다 그렇다고 생각합니다. 또한 자신만의 분명한 목표가 있어야 되겠지요. 개발 자체가 목적이 된다면 실제 업무에서 오는 회의감 같은 것도 적을 수 있다고 생각합니다.

Q. 소프트웨어 전공을 하지 않았는데, 게임 개발을 하고 싶다면 꼭 교육기관을 통하는 게 좋을까요?

당연히 그렇지는 않습니다. 비록 제가 교육 기관의 장이지만, 독학 역시 아주 훌륭한 공부 수단입니다. 인터넷 상에 훌륭한 강좌나 교재로 삼을 만한 것들이 이미 충분히 많습니다. 가끔 학원에 찾아오는 친구들 중에 독학으로 공부했지만 어느 정도 높은 수준의 성과를 이룬 친구들을 본 적도 꽤 많습니다. 하지만 그렇다고 해도 독학에는 시간이 많이 걸린다는 단점도 분명히 있지요. 이것은 다분히 효율의 문제가 아닐까 합니다. 이론적인 부분 외에도 응용력이나 구현력 등이 많이 요구되는 것이 게임 프로그래밍입니다. 짧은 시간에 체계적인 교육을 통해 효율을 추구할 수 있다는 것이 교육 기관을 통한 공부의 장점이라고 볼 수 있겠죠. 그러나 의외로 독학보다 더 못한 교육을 하는 기관도 상당히 많기 때문에 교육 기관을 통한 교육 역시 많은 주의를 요합니다.

Q. 게임 프로그래머로 시작하고자 한다면, 큰 기업이 좋을까요? 스타트-업은?

자신이 추구하는 목표나 나이와 같은 현재 상황 등에 따라 달라질 수 있는 문제입니다. 큰 기업과 스타트업은 각각 장, 단점이 있다고 생각합니다. 생활에 있어서의 안정적인 측면만을 고려한다면 나이가 많을수록 큰 기업이 선호되겠죠. 게임은 종합적인 콘텐츠 산업의 소산물이기 때문에 게임이라는 것이 어떻게 서비스되고 유통이 되는지에 대한 개발 외적인 부분은 게임을 런칭하고 서비스 경험이 많은 큰 기업을 통해서 얻을 수 있다고 생각합니다. 스타트업은 큰 기업과는 달리 자신이 경험해 볼 분야가 상당히 많다는 것이 장점이 됩니다. 다만 리스크가 클수 있기 때문에 보통은 나이가 어릴수록 선호하는 경향이 있습니다.

Q. 게임 분야로 전직하려고 하는 다른 분야의 프로그래머들에게 조언을 해주신다면?

엔진이나 스크립트 언어를 통해 개발이 불가능한 것은 아니지만 결국 요구되는 능력은 코어 언어에 있습니다. 갑작스럽게 결정하기보다는 신중히 고려한 뒤, 게임 개발에 시간적 여유를 발휘할 수 있을 때부터 전직을 시도해보는 것이 옳다고 생각합니다.

Q. 게임 개발자는 끊임없이 배워야 한다고 하는데요. 배움으로 루트나 방법 등에 대한 조언이 있다면?

현직 개발자들은 컨퍼런스나 정기적인 스터디 활동을 통해 친목을 쌓거나 지식에 대한 교류를 하곤 합니다. 특정 사이트를 일일이 열거하기는 어려움이 좀 있습니다만, stackoverflow라는 사이트를 비롯해서 국내외 다양한 프로그래밍 개발 사이트나 커뮤니티들이 존재합니다. 프로그래머 지망생이라면 조금만 관심을 갖고 찾아보기 바랍니다. 강좌나 교재는 얼마든지 있으므로 배우는 데 있어서 많은 도움이 되리라 생각합니다.

게임
프로그래머로
산다는 것